电脑应用即时查系列丛书

精选实用网址速查2000

九州星火传媒 陈 伟 编著

电子科技大学出版社

内容提要

本书是《电脑应用即时查》系列丛书之一，本书从实际应用出发，列出了2000个实用网址并以附录的形式介绍了一些必备的 Internet 基础知识与上网操作技巧。

本书可作为初、中级电脑用户的学习参考书，也是电脑爱好者的必备工具手册。

图书在版编目（C I P）数据

精选实用网址速查 2000 / 陈伟编著.—成都：电子科技大学出版社，2007.4
ISBN 978-7-81114-337-9

I. 精… II.陈… III.因特网－网址－汇编
IV.TP393.409.2

中国版本图书馆 CIP 数据核字（2007）第 007149 号

精选实用网址速查 2000
九州星火传媒　陈　伟　编　著

出　　版：电子科技大学出版社（成都市一环路东一段 159 号电子信息产业大厦　邮编：610051）
责任编辑：罗　雅
发　　行：新华书店经销
印　　刷：四川墨池印务有限公司
成品尺寸：144mm×210mm　　印张 13　　字数 439 千字
版　　次：2007 年 4 月第一版
印　　次：2007 年 4 月第一次印刷
书　　号：ISBN 978-7-81114-337-9
定　　价：19.00 元

◆ 邮购本书请与本社发行部联系。电话：（028）83202323，83256027
◆ 本书如有缺页、破损、装订错误，请寄回印刷厂调换。
◆ 课件下载在我社主页 www.uestcp.com.cn“下载专区”
电子邮箱：uestcp@uestcp.com.cn

前　言

你在学电脑吧？是不是觉得电脑很神秘，有点无从下手？家里买了电脑，因为经常出问题，但自己不知道该怎么修理，常常求助于朋友，搞得很头疼？看着别人在网上玩游戏玩得很痛快，自己不知道咋玩，但又碍于面子不好请教？

电脑硬件日新月异，软件版本不断推陈出新，上网冲浪越来越流行，不可不会，工作、学习之中电脑使用得越来越频繁，怎么办？

不要着急，我们特意为你推出了《电脑应用即时查》系列工具读物，让你轻轻松松学会各种电脑操作，笑对电脑各种疑难杂症。

□　丛书简介

《电脑应用即时查》系列丛书是电子科技大学出版社精心打造的一套电脑工具读物，丛书包括《电脑维护、故障急救速查 1000》、《Windows XP 实用技巧速查 1000》、《精选实用网址速查 2000》、《注册表修改设置速查 1000》、《Office 2003 高效办公速查 1000》、《电脑组装与 BIOS 设置速查 1000》、《五笔字型常用汉字速查 6000》、《新手学上网速查 1000》、《新手学电脑速查 1000》和《DOS 与 Windows 命令速查 1000》。相信读者根据自己的需求，一定能从这套丛书中选择到适合自己的图书。

□　丛书特色

1．内容丰富全面

本套丛书作者从多年钻研电脑的经验出发，精心挑选了电脑硬件、操作系统、应用软件、上网浏览与应用、局域网、电脑打字、网址速查等方方面面的操作与应用，内容十分全面，是广大电脑用户不可多得的电脑工具宝典。

2．语言简洁精炼

本书在解析众多案例的时候，没有长篇大论，力求以最少的文字将问题描述清楚，以最省篇幅的形式将解决方案呈现给读者，便于读者阅读掌握。

3．步骤详尽清晰

虽然篇幅有限，案例众多，但本套丛书全部采用“一步一步”的写作形式，使得读者操作起来非常方便，条理清晰明了，宛如电脑专家言传身教，使读者迅速提高电脑操作技能，获得大量实际经验、技能和技巧。

4．专业的创作团队

本书由专业的、电脑应用经验丰富的团队所创作，在为你提供实用、丰富的书中内容的同时，还能保证随时解答你学习电脑的过程中遇到的各种疑难问题。

□ 使用说明

阅读本书之前，请将 Windows 窗口更改为“Windows 传统风格”，方法为：

（1）打开“我的电脑”窗口，然后单击菜单命令“工具”/“文件夹选项”。

（2）在打开的“文件夹选项”窗口中选择“使用 Windows 传统风格的文件夹”。

（3）单击“确定”按钮，就使窗口变回到了Windows 传统风格界面。

□ 读者对象

（1）初、中级电脑用户不可多得的学习参考书。

（2）电脑爱好者和家庭电脑用户随用随查的必备宝典。

（3）电脑培训班、大专院校师生的教学辅导用书。

□ 完善的售后服务

本书为广大读者提供技术支持网站 www.21pcedu.com（21 世纪电脑教育网），免费为读者提供在线答疑、软件下载、学习论坛、免费电子图书下载等服务，相信能对读者自学电脑提供更多便利和帮助。你也可直接写邮件到 jzxh@vip.163.com 与我们联系，道出你的困惑，我们将非常热情、认真地为你服务。

□ 致　谢

本书由力诚文化总策划，北京九州星火传媒编著。在此向所有参与本书编创工作的人员表示由衷的感谢，更要感谢购买本书的读者，你的支持是我们最大的动力，我们将不断努力，为你奉献更多、更优秀的电脑图书！

九州星火传媒　陈伟

目 录

第 1 章 响当当的名站

第 2 章　音乐、影视、游戏和 Flash 动漫

第 3 章 爱情交友、手机、贺卡与壁纸

第 4 章　论坛、聊天、幽默笑话

第 5 章　时尚、宠物与博采

第 6 章 教育部门、教育协会和高等名校

第 7 章 旅游、旅行社、健康、美容、美食

第 8 章 法律、新闻、报刊、出版社

第 9 章 网上购物、网上书店

第 10 章 IT 网站

第 11 章 电子邮箱、人才招聘与求职

第 12 章 家庭、儿童、鲜花、网上寻人

第 13 章 文学、艺术、美术与摄影摄像

附录

第1章

响当当的名站

1. 中国高校信息库

“中国高校信息库”网站汇集了全国各地的公办本科院校、普通高职院校、独立学院、分校办学点、民办普通高校和成人高校等高校信息。

网址为 http://www.gov.cn

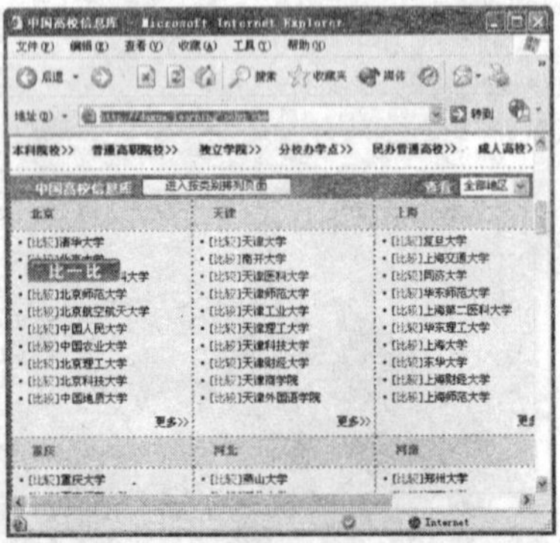

2. 中华人民共和国中央人民政府门户网站

中华人民共和国中央人民政府门户网站（简称“中国政府网”）作为我国电子政务建设的重要组成部分，是政府面向社会的窗口，是公众与政府互动的渠道，对于促进政务公开、推进依法行政、接受公众监督、改进行政管理、全面履行政府职能具有重要意义。

中国政府网是国务院和国务院各部门，以及各省、自治区、直辖市人民政府在国际互联网上发布政府信息和提供在线服务的综合平台。中国政府网现开通“今日中国、中国概况、国家机构、政府机构、法律法规、政务公开、工作动态、政务互动、政府建设、人事任免、新闻发布、网上服务”等栏目，面向社会提供政务信息和与政府业务相关的服务，逐步实现政府与企业、公民的互动交流。

网址为 http://www.gov.cn

3. 新浪网

新浪是一家服务于中国内地及全球华人社群的领先在线媒体及增值资讯服务提供商，它在全球范围内注册用户超过2.3亿，各种付费服务的常用用户超过6 000万，日浏览量最高突破4.5亿次，是中国内地及全球华人社群中最受推崇的互联网品牌。

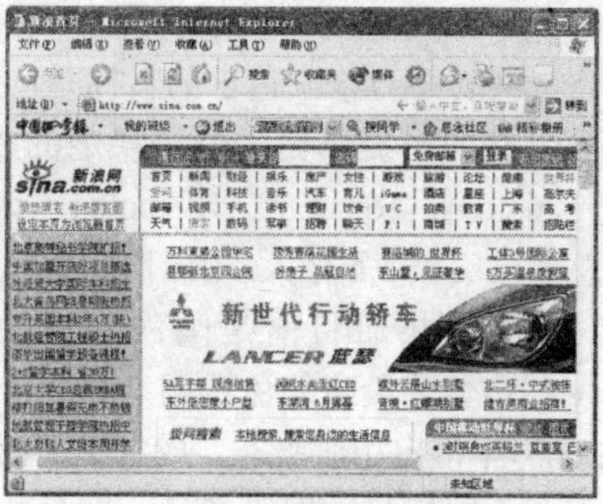

网址为http://www.sina.com.cn

4. 搜狐网

“搜狐”在中国是家喻户晓的名字。目前，搜狐拥有近1亿注册用户，日浏览量高达2.5亿，是中国网民上网冲浪的首选门户网站。截止2005年底，搜狐年收入超过10 830万美元。

目前，搜狐新闻和内容频道已成为主流人群获取资讯的最大的平台；搜狐庞大的社区体系，包括搜狐社区和ChinaRen社区，是年轻人休闲娱乐的主要平台；搜狗也已成为新近崛起的拥有最新技术的搜索引擎。目前，搜狐已经初步实现了从创立伊始确立的“让网络成为中国人民生活中不可缺少的一部分”的理想。

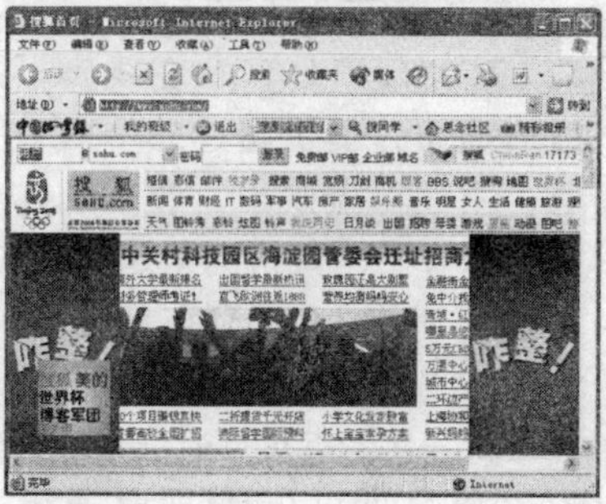

网址为http://www.sohu.com

5. 网易

网易一直以来追求的目标是向网民提供全国最好、最大的免费邮件服务，并同时提供更安全更稳定的收费邮箱系统。网易旗下六大电子邮箱（126.com、163.com、188.com、vip.163.com、yeah.net、netease.com）用户总数已突破 1.6 亿人，并且在免费邮件中提供最大的网络硬盘。

网易相册目前是国内容量最大、知名度最高的免费网络相册。2003 年推出相册服务，成为中国第一个无限容量的网络产品。网易相册拥有注册用户超过 1 500 万，用户上传照片数量达到 8.7 亿，并为每个用户提供个性化的域名以及方便易用的照片上传工具软件，将持续为用户提供无限容量和快速稳定的照片存储分享服务。

网址为 http://www.163.com

6. TOM 门户

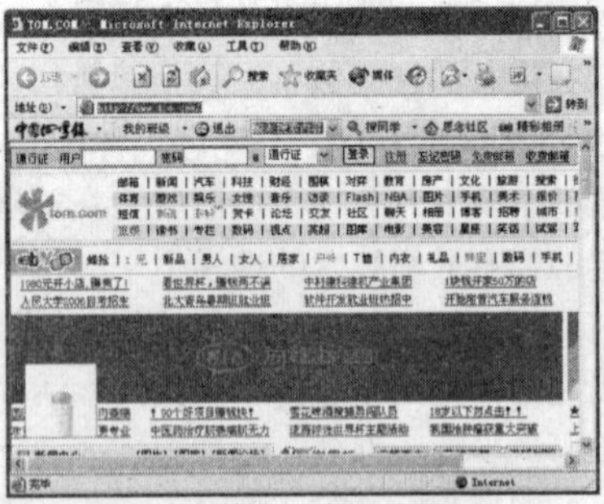

TOM门户是TOM在线旗下的门户网站，提供超过50个内容频道，主题涵盖娱乐、音乐、体育等，每日平均页访问量超过22500万次。此外，TOM在线通过与Skype成立TOM—Skype合资公司，推出新一代的点对点通信软件，使国内用户可以以IM即时通讯工具、语音及影像形式进行交流。截至2005年底，TOM-Skype已拥有743万注册用户。

网址为 http://www.tom.com

7. 阿里巴巴雅虎

阿里巴巴雅虎由原雅虎中国演变而成，其公司总部设于北京，隶属于阿里巴巴。目前，阿里巴巴雅虎拥有如下业务：搜索；门户社区；中文上网＋客户端软件；通信（电子邮箱＋即时通信）业务。搜索业务是核心业务。

网址为 http://cn.yahoo.com/

8. 淘宝网

淘宝网是国内领先的个人交易网上平台，由全球最佳B2B公司阿里巴巴公司投资4.5亿创办。淘宝网的创立，为国内互联网用户提供了更好的个人交易场所。淘宝，顾名思义—没有淘不到的宝贝，没有卖不出的宝贝。

淘宝网倡导诚信、活泼、高效的网络交易文化。在为淘宝会员打造更安全高效的商品交易平台的同时，也全心营造和倡导了互帮互助，轻松活泼的家庭式文化氛围，让每位在淘宝网进行交易的人，交易更迅速高效，并在交易的同时，交到更多朋友，成为越来越多网民网上创业和以商会友的最先选择。

网址为：http://www.taobao.com

9. eBay 易趣网

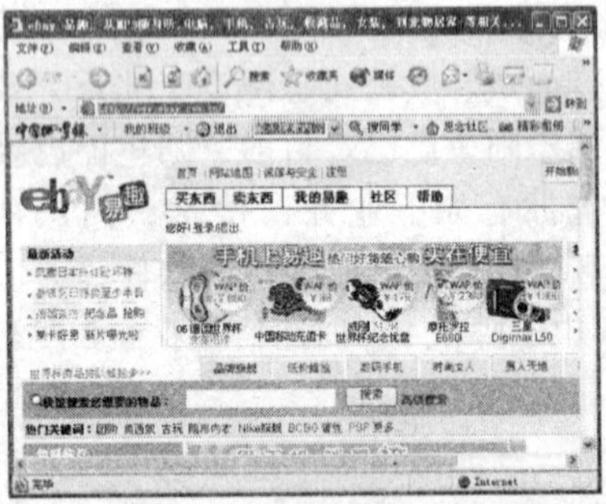

eBay易趣网是与淘宝网齐名的网上交易平台。

网址为 http://www.eBay.com.cn

10. 当当网

当当网是一个中文网上图书音像商城，面向全世界中文读者提供近 30 多万种中文图书和音像商品，每天为成千上万的消费者提供方便、快捷的服务，给网上购物者带来极大的方便和实惠。

网址为 http://www.dangdang.com

11. 腾讯 QQ

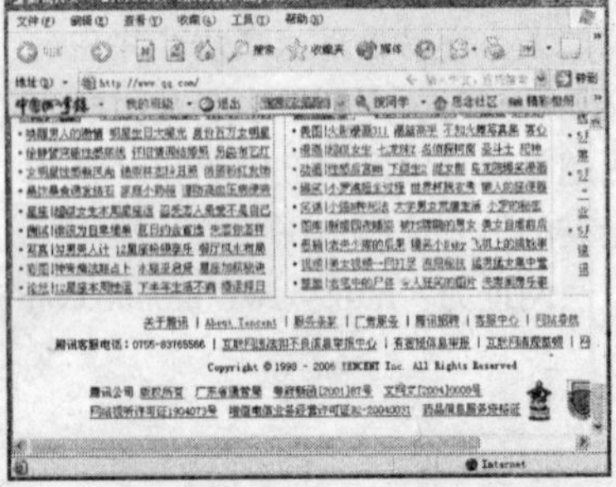

腾讯公司于 1998 年 11 月在深圳成立，是中国最早也是目前中国市场上最大的互联网即时通信软件开发商。1999 年 2 月，腾讯正式推出第一个即时通信软件——“腾讯QQ”。

网址为 http://www.tencent.com

12. 中国新闻

中国新闻网简称中新网。中新网秉承中新社“国际视角+亲和力”的报道风格，新闻资讯内容准确、丰富、时效强、文风轻松活泼，受到广大网友、特别是网络、新闻和财经专业人士的欢迎。

目前，中新网开设有新闻中心、首页和国际、中国台湾、港澳、华人、财经、汽车、房产、文娱、体育、科教、图片、时尚等频道，以及华文报摘、新闻浮世绘、中新时评等栏目，并开办了英文版、繁体字版和图片库等，提供准确、迅速、多样化的文字、图片和在线视频资讯。特别在新闻方面，中新网动态新闻及时准确，解释性报道角度独特，稿件被国内外网络和传统媒体大量转载。

目前，国内知名商业网站均是中新网的客户；在国外，许多中文网站与中新网链接。中新网旗下更有海内外各分社开设的上海、中国香港、东京、重庆、吉林、福建、江苏、新疆等 30 多个地方分支网站，向读者提供大量的地方新闻资讯。

网址为 http://www.chinanews.com.cn

13. 人民网

人民网是世界十大报纸之一《人民日报》建设的以新闻为主的大型网上信息发布平台，是国家重点新闻网站，也是互联网上最大的中文新闻网站之一。

人民网用中文（简体、繁体）、英文、日文、法文、西班牙文、俄文、阿拉伯文等 7 种语言，采用文字、图片、动漫、音频、视频、短信、彩信、博客等方式，向全世界发布信息。

人民网每天 24 小时滚动发布新闻，日信息更新量 6 000 条左右。设有“时政”、“地方”、“国际”、“观点”、“经济”、“体育”、“教育”、“娱乐”、“社会”、“IT”、“海峡两岸”、“多媒体”、“图片”、“人大新闻”、“军事”、“生活”、“奥运”等 40 余个频道。

人民网开通了遍及全国各省、市、自治区及台、港、澳地区的 34 个省级网站和 5 个城市网，正建设成为国际互联网上中国地方新闻信息中心。人民日报报系的 13 报 8 刊均在人民网设有电子版，全世界网民每天早晨 6 点即可通过人民网查询当日的《人民日报》，并可随意检索。

为了方便网民浏览、查询和反馈信息，人民网还推出个人化电子报纸订阅、免费邮件、资料库检索、在线调查等多种功能性服务。同时，提供新闻信息、政策信息、法律在线、短信服务等资讯产品。

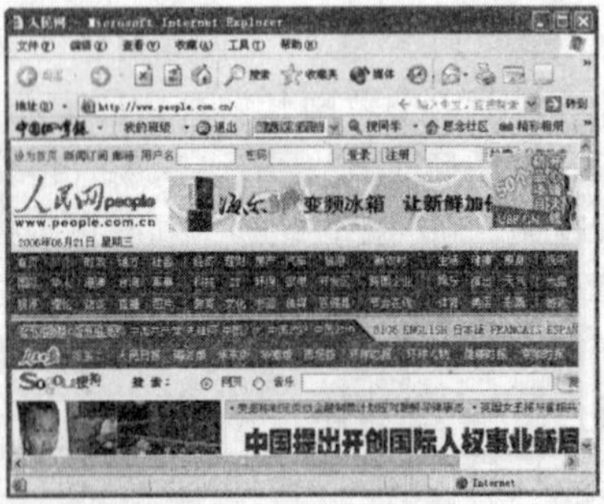

网址为 http://www.people.com.cn

14. 新华网

新华网是由党中央直接部署，国家通讯社新华社主办的中央重点新闻网站主力军，是党和国家重要的网上舆论阵地，在海内外具有重大影响力。

新华网的前身是新华通讯社网站，2000 年 3 月改名为新华网。

新华网的特色与优势是：权威性、准确性、时效性和贴近性。在这里你可以看到国内重要新闻，国家政策法规权威解读，中央、地方政府官员任免授权发布，国内外重大突发事件第一播报，以及重大活动现场直播。

网址为：

http://www.xinhuanet.com

15. 千龙网

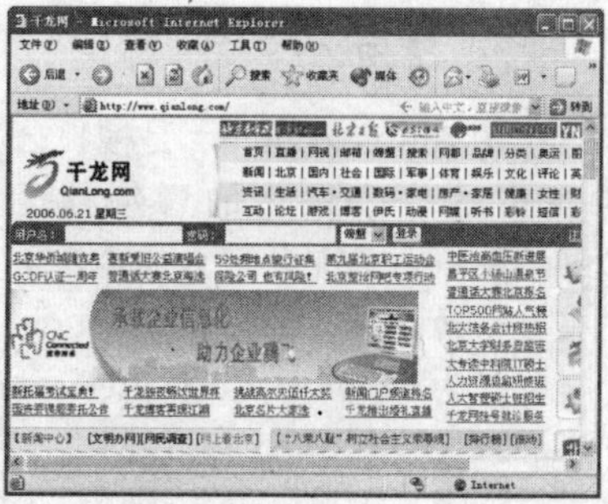

目前，千龙网是首都北京最有影响力的综合性新闻门户网站，是“北京了解世界，世界了解北京”的网络窗口。

网址为 http://www.qianlong.com

16. 早报网

早报网是新加坡报业控股属下的网站。早报网是世界著名华文网站，提供包括新闻在内的综合网络资讯服务。《联合早报》是早报网的主要新闻来源。

网址为 http://www.zaobao.com

17. 东方网

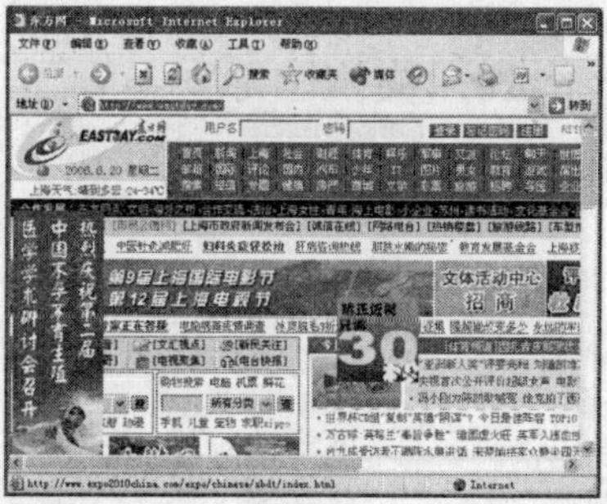

东方网是由上海主要新闻媒体和有关企业等 10 家单位共同投资组建的大型综合性互联网站。目前，东方网已经成为了全国以至境外第一时间了解上海权威信息的主渠道。

网址为 http://www.eastday.com

18. 中国人

中国人（ChinaRen）是搜狐公司旗下的华人最大的青年社区ChinaRen.com,它是年轻人休闲娱乐的良好平台。

网址为 http://www.chinaRen.com

19. 和讯网

和讯（www.hexun.com）——创立于 1996 年，是中国最早的专业 ICP 之一，现已成为中国最大的全面服务于中产阶级的网络门户和在线及移动财经服务提供商，目前和讯正处在全面成长的阶段。和讯立足财经，全面服务于中国新兴的中产阶级，为该阶层人士全方位提供专业的财经资讯服务，网络社区服务和独特的在线理财、商务、休闲娱乐服务。

网址为 http://www.hexun.com

20. 央视国际

央视国际（CCTV.com）是中国中央电视台所属网站，它是一个集新闻、信息、娱乐、服务为一体的具有视听、互动特色的综合性网络媒体，目前已实现 CCTV1、4、9、10、新闻频道等 12 套节目网上同步视频直播。此外网站对 CCTV 重点栏目、特别报道、大赛晚会还制作网上视频点播节目，并提供多种视频码流，满足不同上网条件用户需求。2005 年 12 月 27 日，CCTV.com 具有视听特色的栏目《视听在线》被国务院新闻办和互联网新闻信息服务工作委员会评为“2005 年中国互联网站品牌栏目”。

目前，中央电视台近 400 个电视栏目主要内容及其主创人员已实现网上传播，栏目内容整体上网 270 余个。CCTV.com 每年与电视在特别节目、晚会大赛中的直播互动达 100 多场，网上社区全年组织在线访谈近 300 场，社区可支持 10 万多人同时在线。

依托 CCTV 节目网站，还创办了英语、西班牙语、法语和台湾频道，用 CDN 技术向全球推送 CCTV 外宣节目，通过互联网扩大电视外宣覆盖面。海外网民来自美国、英国、法国、德国、西班牙、加拿大、巴西、阿根廷、澳大利亚、日本、韩国、中国台湾等 150 多个国家和地区。

网址为http://www.cctv.com

21. 凤凰卫视网

凤凰卫视网（www.phoenixtv.com）是一个集图文资讯、视频点播、专题报道、虚拟社区、免费资源、电子商务为一体的 Internet 站点；网站设有专栏，介绍凤凰卫视中文台、资讯台、电影台、欧洲台、美洲台和《凤凰周刊》。

网址为http://www.phoenixtv.com

22. 263 在线

263在线是一个分类信息交互平台，由北京首都在线信息服务有限公司负责经营和管理。263 在线向用户提供准确、有效的信息及高效的信息检索服务，并使匹配关系最佳的信息发布者与信息需求者之间可以快速简单地建立点对点的联系，以满足双方的需求。

网址为 http://www.263.com

23. 上海热线

上海热线于 1996 年建立。目前，它的日综合访问量达到了 2 500 万人次，首页日平均访问 200 万人次。是上海最大的门户网站。

网址为 http://www.online.sh.cn

24. 第九城市

第九城市是国内最大的网络游戏开发商和运营商之一。旨在通过世界“第九艺术”——游戏艺术，为都市人创造一种全新的在线娱乐生活方式。在这个“城市”里：激情、活力、浪漫时时相伴；平等、尊重、关爱充溢其间。

第九城市旗下的产品有《奇迹》(MU)、《快乐西游》、《魔兽世界》(WOW)、《卓越之剑》(GE)、《奇迹世界》(SUN)、《激战》(Guild Wars)、《超女世界 Online》和 Hellgate: London。

网址为 http://www.the9.com

25. 福建热线

福建热线是福建省电信有限公司信息产业分公司所属的综合型网站。福建热线集合了新闻信息、影视娱乐、生活资讯、金融证券、短信服务、媒体广告等为一体的多媒体综合在线信息服务。福建热线的新闻中心已覆盖了港澳台、国际、国内、军事、科技、经济、体育、娱乐及全省九地市等多种类别的新闻信息。

福建热线还提供网上模拟驾考、网上冲印店、网上购物、旅游信息、英语学习、育儿知识、短信点播订阅、生活信息查询、社区服务等丰富的资讯及应用服务，为更好地建设数字福建奠定了坚实的基础。

网址为 http://www.fjii.com

26. 太平洋电脑网

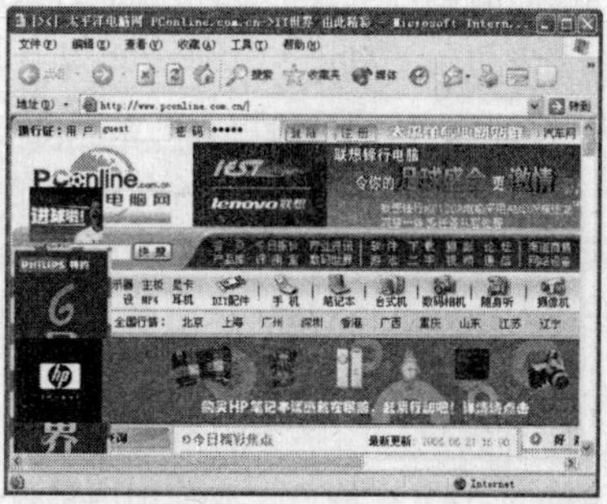

太平洋电脑网是首家以专业电脑市场联盟为基础专业网络媒体，致力于为各领域商家及消费者提供专业的市场和资讯服务，是最具商业价值和最具发展潜力的专业网站群，是企业持续发展的首选空间和消费者最佳资讯导购平台。

网址为：

http://www.pconline.com.cn

27. 中国同学录

中国同学录是国内首家以同学用户数据为基础的专业综合类网站，它是一个不断增长的、海量的、真实性较高的个人资料数据库，也是一个用户忠诚度很高的虚拟社区。目前，该网站已经有 1 400 万注册用户，35 万余所学校，每日访问量达到 400 万人次以上。不论是在校学生，或是已经毕业的同学，都可以在中国同学录网站建立自己的班级和学校，以便给同学们一个交流和联络的平台。

网址为http://www.5460.net

28. 碧海银沙

碧海银沙网站是湛江电信经营的品牌网站，它囊括了聊天室、贺卡站、原创文学、游戏城等多个各具特色的栏目，覆盖生活方方面面，关注网民时时刻刻。首页累计访问量已达 4 亿 6 千多万次，首页日访问量在 30 万人次以上。其中，聊天室和贺卡中心深受广大网友喜爱，是国内网站中人气最旺、访问量最可观的站点之一。

碧海银沙聊天室闻名全国，是国内最聚人气的聊天室之一，同时在线人数超过 55 000 人，聊天室首页日平均访问量 40 万人次；贺卡中心拥有大量分门别类的精美图片和独特的 JAVA 特色，成为国内最优秀的网上电子贺卡中心之一。

网址为 http://www.yinsha.com

29. 天极网

天极网是一家专注于 IT 产品、技术、应用及商情报价的专业 IT 门户，它每天为近 300 万最终用户提供硬件、软件、数码、游戏、e 时代、商情、下载、社区等方面的相关内容。

该网站的“天极评测实验室”是中国互联网上专业规范的评测机构。它定位于主流应用，强调客观、公正、专业、及时。评测内容涵盖硬件、软件、数码、游戏。第一时间为广大读者提供新产品、新技术的评测试用以及深度专题性测试报告。

为用户的 IT 产品采购决策，提供科学依据。面向广大计算机用户，软硬件、数码产品的爱好者和发烧友以及游戏玩家。单项产品深度测试，各类多产品专题型、横向测试并重。

网址为 http://www.yesky.com

30. 中国求才

中国求才网是国内的一家人力资源服务商。由国内著名的网络产业公司厦门书生文化传播公司注资并控股创立，面向大型公司和快速发展的中小企业提供一站式专业人力资源服务。

它提供的服务包括：网络招聘、联网招聘 、猎头服务、校园招聘、代理招聘、企业培训、人事委托、人才测评……其中的猎才中心的猎才范围主要包括：信息技术、制造业、金融业、电信、电力公关、广告、化学制品、消费品、药品和航天业等。

网址为http://www.qiucai.com

31. 阿里巴巴

阿里巴巴（Alibaba.com）是全球企业间（B2B）电子商务的著名品牌，是全球国际贸易领域内领先的、活跃的网上交易市场和商人社区，目前已经成功融合了B2B、C2C、搜索引擎和门户，帮助全球客户和合作伙伴取得成功。

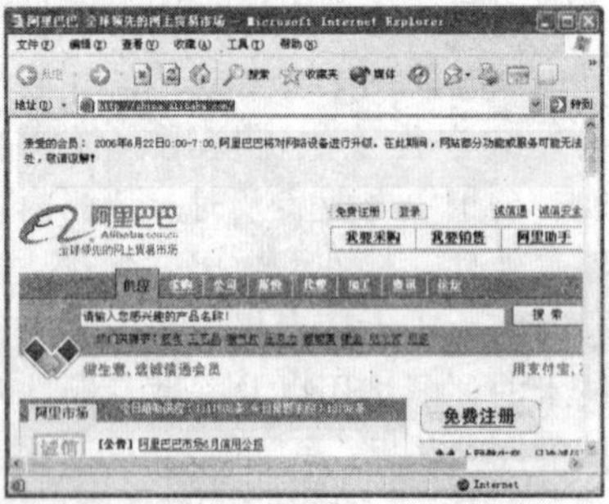

良好的定位，稳固的结构，优秀的服务使阿里巴巴成为全球首家拥有超过 800万网商的电子商务网站，遍布220个国家和地区，每日向全球各地企业及商家提供810万条商业供求信息，成为全球商人网络推广的首选网站，曾被《远东经济评论》读者评为“最受欢迎的B2B 网站”。

网址为 http://china.alibaba.com

32. 三九健康网

“39健康网”是一个颇有影响的互联网健康网站。它定位为“健康行业数字化应用服务提供商”，核心业务主要包括健康资讯服务业务、网络营销服务业务和数字化健康服务业务，为广大公众、专业人士、传统健康产业和企业等提供形式多样的服务。

网址为 http://www.39.net

33. 中关村在线 ZOL

中关村在线是一个极具商业价值的IT专业网站，它始终致力于销售促进型IT专业媒体的建设。其客户群主要来自中小企业用户、个人购买者和大量IT行业及相关行业的厂商、经销商。截至2006年1月，ZOL日平均访问量超过了2 500万人次，总注册用户超过150万。在ALEXA全球网站排名中位居前200位。ZOL在互联网 IT 产品与渠道商情、市场动态、技术应用、消费调研、电子商务的应用与服务等方面始终保持着业界的领先地位。

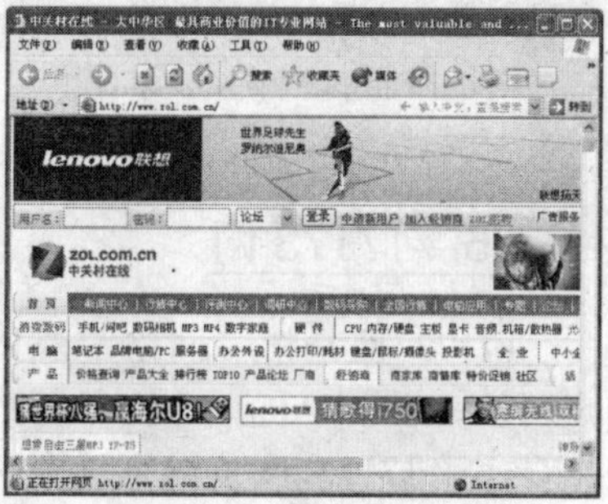

网址为 http://www.zol.com.cn

34. 携程旅行网

携程旅行网创立于 1999 年，总部设在中国上海，目前在北京、广州、深圳、杭州、成都、青岛、厦门、沈阳、武汉、南京有十个分公司，并在 33 个城市有分支机构，现有员工 4 000 余人。携程旅行网于 2003 年 12 月 9 日在美国纳斯达克成功上市。

目前，携程旅行网拥有国内外 5 000 余家会员酒店可供预订，它向超过 1 000 余万注册会员提供包括酒店预订、机票预订、度假预订、商旅管理、特惠商户以及旅游资讯在内的全方位旅行服务。

其每月酒店预订量达到 50 余万间。在机票预订方面，携程旅行网是中国领先的机票预订服务平台，覆盖国内外所有航线，并在 45 个大中城市提供免费送机票服务，每月出票量 40 余万

张；携程旅行网的度假超市提供近千条度假线路，覆盖海内外众多目的地，并且提供从北京、上海、广州、深圳、杭州、成都六地出发，是中国领先的度假旅行服务网络，每月为万余人次提供度假服务。

携程旅行网的 VIP 会员还可在全国主要商旅城市的近 3000 家特惠商户享受低至六折的消费优惠。

网址为 http://www.ctrip.com

35. 17173 网

17173 网是第一网络游戏门户网站，根据 Alexa.com 最新数据显示，17173 网位居全球中文游戏类网站第一名。

网址为 http://www.17173.com

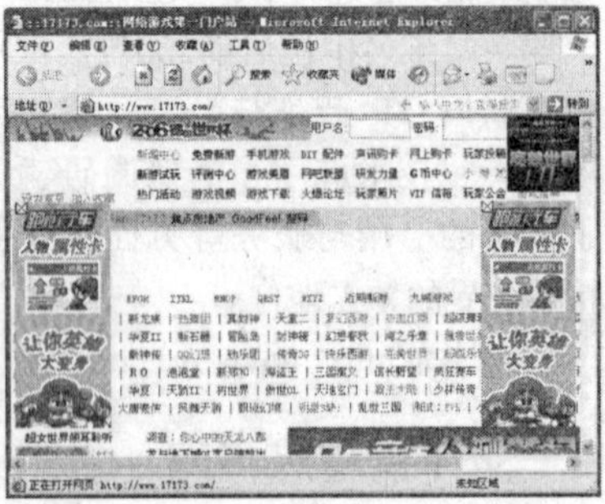

36. 联众世界

联众世界是一家服务于全球网民，以提供网络棋牌及其他网络游戏为主的综合网络休闲娱乐服务商。

网址为 http://www.ourgame.com

37. 中国移动通信

中国移动通信主要经营移动话音、数据、IP 电话和多媒体业务，并具有计算机互联网国际联网单位经营权和国际出入口局业务经营权。

网址为：

http://www.chinamobile.com

38. 互联星空

互联星空同各类 SP 进行合作，推出丰富多彩的服务内容，互联星空现阶段提供的服务内容包括影视、游戏、教育、音乐，财经、动漫、在线杀毒、通讯服务及其他综合服务。

对用户来说，只需进行一次账号登录，在通过密码认证后，用户就可通过互联星空享受到影视、游戏、教育等丰富多彩的互联网内容服务，而无需在每个网站重复身份认证。

网址为 http://www.vnet.cn

39. 动感地带

动感地带是中国移动为广大手机用户提供彩信、WAP、百宝箱、短信、手机钱包、邮箱、彩铃、无线上网等等互联网业务的一个网站。

网址为 http://www.m-zone.com.cn

40. 中国站长站

中国站长站是一家专门针对各大小网站提供技术及资源服务的网站，现拥有国内最大的源码发布下载中心以及站长、网管聚集的站长社区，下载中心已经成为国内大型的同类下载站之一，每日的下载量达 10 万次以上，提供下载的文件储量达 60GB 以上；站长社区已有十几万的用户群，并发表了 100 多万的技术相关帖子。

网站还提供了很多专门针对网站的特色服务，几年内已为国内数 10 万的中小型站点提供了数亿次的服务。

网址为 http://www.chinaz.com

41. 网页制作大宝库

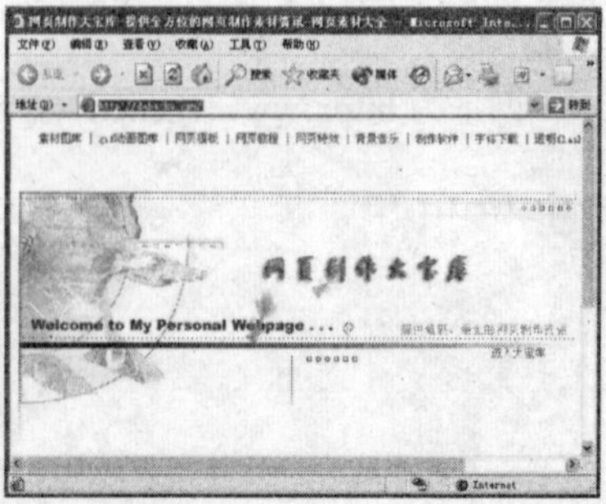

网页制作大宝库网站是你制作网页的好帮手，在这里，你可以找到所需的各类网页素材、gif 动画图库、网页模板、网页教程、网页特效、背景音乐、字体等等。

网址为 http://dabaoku.com

42. 华军软件园

华军软件园致力于中国软件产业的发展，免费提供大量的国内各类共享软件的下载，倡导软件技术的交流与研究，提供用户与软件开发者交流的平台，促进国内软件行业的发展。

目前，华军软件园已经在全国一半以上大中城市设立镜像站点及独立下载服务器，且还在不断增加中，以保证全国各地区用户浏览、下载的速度，是国内更新速度最快、软件数量最多、软件版本最新的共享免费软件下载中心和软硬件信息发布中心。华军软件园目前已收录42 000多个软件且在不断迅速增加，并将软件合理分类，加入软件搜索，便于用户查询。

本站收录所有软件全部为本地高速下载，更有国产软件专栏，是网上下载软件的好去处，是软件作者发布软件的好地方。在网络中享有很好的声誉，成为搜狐、新浪、网易、天极等众多门户网站的信息源，是人气最旺的 IT 类网站之一。本站在网民中知名度极高，形成了一种找软件到华军软件园的共识。

网址为 http://www.onlinedown.net

43. 瑞星反病毒资讯网

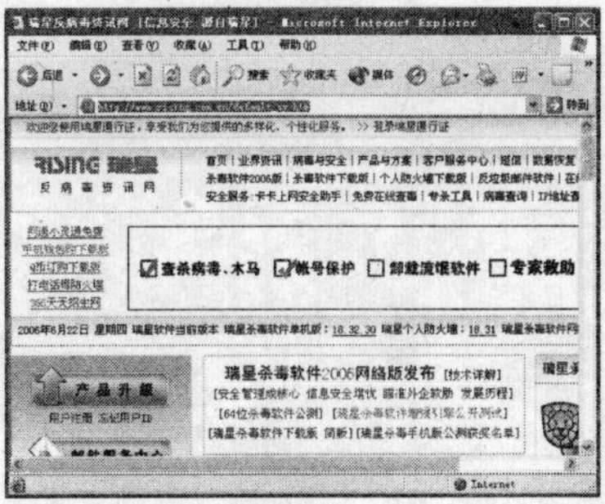

瑞星反病毒资讯网是一家提供业界、反病毒与安全以及自身产品等方面资讯。

网址为

http://www.rising.com.cn/default_sy.htm

第 2 章

音乐、影视、游戏和 Flash 动漫

2-1 音乐

1. 音乐天空站

http://www.yysky.com

华人男歌 华人女歌 华人乐队 影视合辑 日韩男歌 日韩女歌

日韩乐队 欧美歌手 闽南台语 合辑其他 音乐欣赏 DJ 摇滚

2. 音乐 MTV 站

http://www.yymtv.com

港台 MTV 大陆 MTV 日韩 MTV 欧美 MTV 舞曲 MTV

搞笑 MTV 免费点歌 彩信铃声

3. MP3 下载

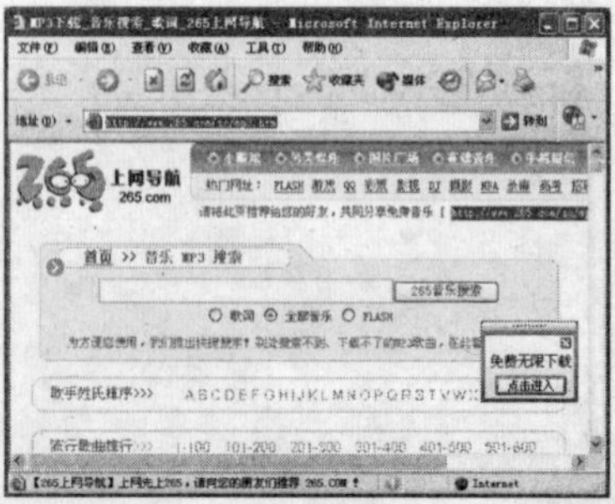

http://www.265.com/so/mp3.htm

免费的流行音乐

4. 在线音乐试听—可可西音乐网

http://www.cococ.com

最新歌曲 正在流行 影视金曲 经典老歌 热门对唱 劲爆舞曲 民歌精选 校园歌曲 军旅歌曲 相声小品 热辣演唱会 英文歌曲 轻音乐 热门歌手

5. 音乐极限

http://www.chinamp3.com

试听频道 男歌手 女歌手 组合 原声碟 杂锦碟 舞曲

mp3 下载 最新最全 mp3

6. 天虎音乐网

http://music.tyfo.com

星闻报道 在线音乐 精彩无限 音乐专题 排行榜 原创 电音派对

音乐百科 唱片公司

7. 九天音乐

http://www.9sky.com

音乐下载 在线狂听 明星俱乐部 唱片公司 电子杂志 九天金榜

翻乐 铃声 MV 彩铃 新闻专题 闪酷 TOP200 图库 论坛

8. 中华好歌网

http://www.haoge-china.com

音乐百科 好歌学院 音乐盟友 词曲超市 整蛊恶搞 明星坐客

T8C8 闪客吧 BBS 部落 短信 情感铃声 彩铃炫铃 彩信 DIY

WAP 频道 3G 视讯 IVR 语音 手机游戏

9. 去听去听

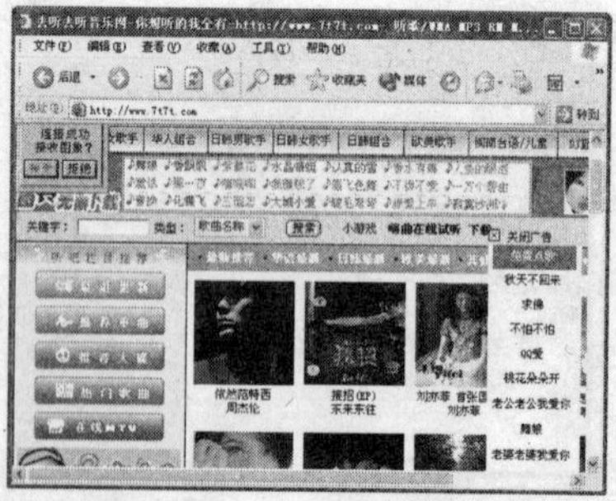

http://www.7t7t.com

华人男歌手 华人女歌手 华人组合 日韩男歌手 日韩女歌手

日韩组合 欧美歌手 闽南台语/儿童 DJ 摇滚 影视其他 音乐欣赏

10. 中国娱乐网音乐频道

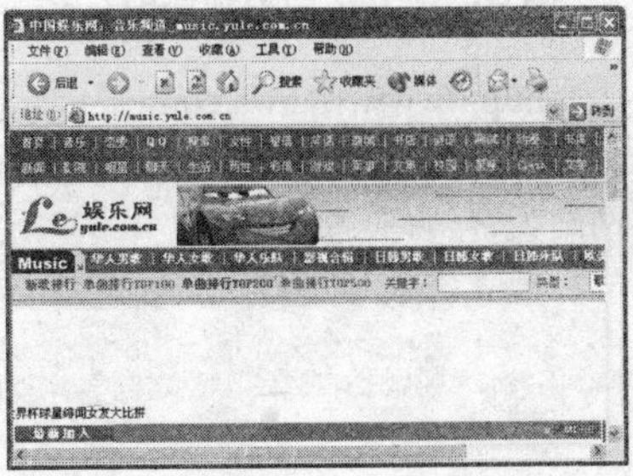

http://music.yule.com.cn

华人男歌 华人女歌 华人乐队 影视合辑 日韩男歌 日韩女歌

日韩乐队 欧美歌手 DJ 摇滚 另类其他

11. 搜刮

http://www.sogua.com

音乐搜刮 搜刮一下 歌狂唱吧 精华 精彩音乐心情 社区之星

12. QQ163 动画网—在线试听

http://www.qq163.com

音乐单曲排名 100　推荐单曲前 100 首　最新更新的 100 专辑

13. 网蛙音乐网站

http://www.wanwa.com

网蛙乐闻 网蛙电台 音乐社区 网站大赛 古典音乐

独立音乐 原创音乐 歌迷总会

14. 163 音乐网

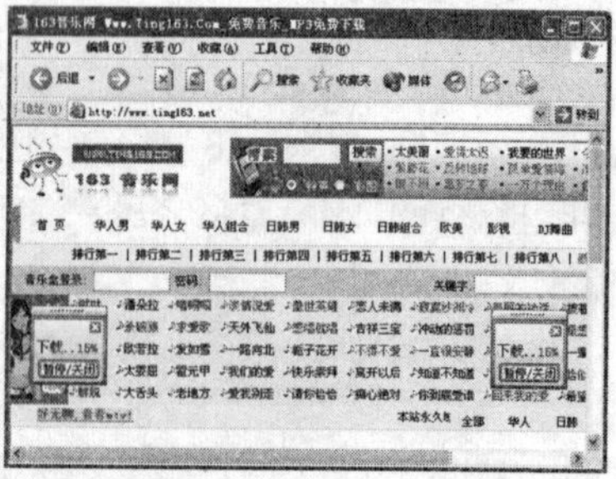

http://www.ting163.net

华人男 华人女 华人组合 日韩男 日韩女 日韩组合

欧美 影视 DJ 舞曲 纯音乐 儿童歌曲 闽南

15. 91F 音乐网

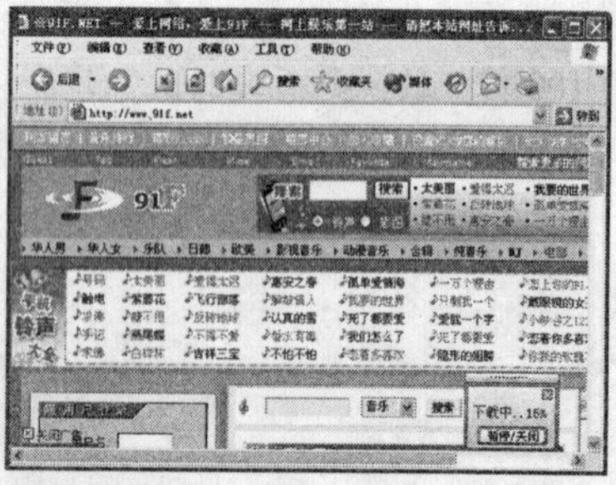

http://www.91f.net

网友留言 音乐排行 精彩 Flash 和弦美图 短信中心

加入收藏 V23 精彩网址 包月彩信

16. 爱乐中国网

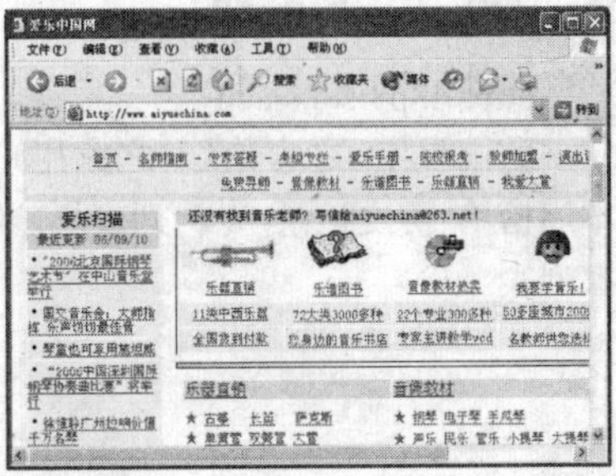

http://www.aiyuechina.com

名师指南 专家答疑 考级专栏 爱乐手册 院校报考 教师加盟

演出讲学 厂商加盟 免费寻师 音像教材 乐谱图书 乐器直销 我爱大管

17. MP3 听吧—西南娱乐网

http://mp3.xn16.com

港台男歌手 港台女歌手 大陆男歌手 大陆女歌手 港台组合乐队 大陆组合乐队 影视原声 DJ 摇滚 合辑杂锦 动漫音乐 韩国男歌手 韩国女歌手 韩国组合乐队 欧美男歌手 欧美女歌手 欧美组合乐队 日本男歌手 日本女歌手 日本组合乐队 游戏音乐

18. 听吧音乐网

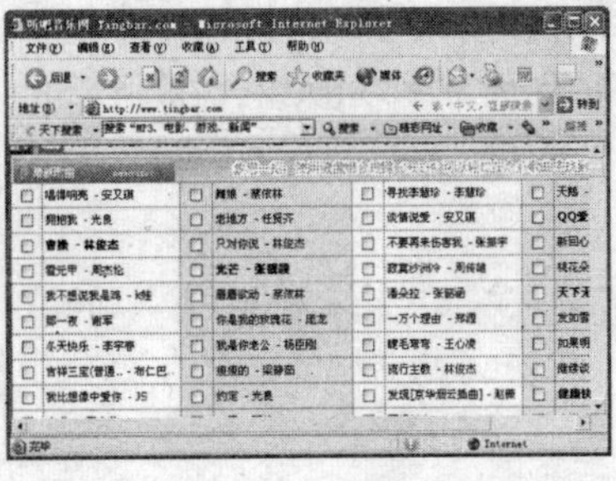

http://www.tingbar.com

最新歌曲 热门歌曲 动漫音乐

19. MP3之家

http://mp3.stn.sh.cn

欣雨星空 之家论坛 之家用户 本周榜单 历史记录 专辑列表 艺术家列表

20. 音乐红茶馆

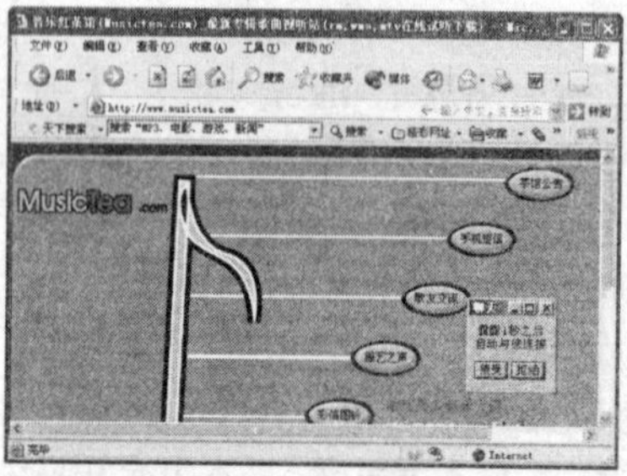

http://www.musictea.com

音乐视听 彩信图铃 综艺之声 歌友交流 手机短信 茶馆公告

21. VV宽频网音乐频道

http://www.cnvv.cn/music

华人音乐 欧美音乐 日韩音乐 男歌手 女歌手 乐队组合 最新音乐

22. 浪琴音乐网论坛

http://www.ourslife.com/showbbs2

浪琴音乐网客厅 城市夜未眠 中国摇滚/地下音乐 民谣流域 国外摇滚 轻音乐&纯音乐 原创小样发表 原创歌词 乐手专区 器乐技术 音频制作-电子音乐 情感的天空 原创文学·影视评论 靓图放送

23. 我爱音乐网

http://www.520music.com

DJ 舞曲 幽默笑话 语音聊天 软件下载 Flash MTV 精彩音乐

娱乐新闻 娱乐视频 彩信铃声 音乐 MTV 小游戏

24. 音乐时速

http://musicspeed.cnjx.net

最新动态 歌手目录 欧美唱片 情歌对唱 影视金曲 器乐之声

相关工具 友情链接 留言点歌

25. 新音乐

http://music.hdt.net.cn

九天星访 音乐百分百 动感 MV 音乐专题 娱乐头条 电子杂志 九天排行 九天翻乐行 精选单曲

26. 音乐视听网

http://5music.org/music

视听天空 音乐 MTV 幽默笑话 MP3 下载 Flash 动画 相声小品 影视 MTV 精品网址 手机铃声 IT 世界 游戏点卡 新碟上架

27. 其他音乐网站

九天听吧	http://www.ting88.com
音乐视听 2000	http://www.real2000.org
嘘嘘乐歌词	http://www.xuxule.com
云天音乐	http://www.midisky.com
在线音乐村	http://music.winjia.com
顶点娱乐	http://music.0733.com
雅然音乐天空	http://www.flamesky.org

宣科古乐网	http://www.xuanke.com
古典音乐网	http://www.classical.net.cn
中国乐坛	http://www.cmusic.com.cn
香港宝丽金唱片公司	http://www.polygram.com
一起吼吧音乐网	http://www.17o8.com
网易音乐频道	http://music.163.com
雅虎音乐	http://cn.music.yahoo.com
东方音乐	http://music.cnool.net
听听音乐网	http://www.ting365.com
放肆音乐通	http://www.yemusic.com
星星音乐谷	http://music.feifa.com
中国 MIDI 音乐网	http://www.midicn.com
中国流行歌曲榜	http://www.music.cn.net
音乐频道	http://music.wol.com.cn
中国新音乐网	http://www.chinanewmusic.com
久嗨 DJ 音乐网	http://www.9hai.com
玫瑰唱片全球资讯网站	http://www.roserecords.com
海盗音乐网	http://www.hdmusic.net
歌迷	http://www.songfans.com
MP3.com	http://www.mp3.com
MP3 秀—全球音乐下载	http://www.mp3xu.com
世纪青年 MP3 音乐站	http://mp3.21youth.com
MP3 流行歌曲天地	http://chinesesongs.stormloader.com
我找我歌 MP3	http://www.5find.com
中国大陆 MP3 音乐超市	http://www.cdjmp3.com
百度 MP3	http://mp3.baidu.com
中搜 MP3	http://mp3.zhongsou.com
爱问 MP3 搜索	http://m.iask.com
MP3 音乐—中国生意经 MP3 音乐	http://mp3.okwit.com
YYMP3 流行音乐网	http://www.yymp3.com
haomp3 音乐视听网	http://www.haomp3.com
TOM 搜索引擎	http://i.tom.com/site/mp3.html
俺要 MTV 娱乐网	http://www.aymtv.com
视听基地	http://www.mtvktv.net

MV 在线—新华音乐频道	http://www.xinhuanet.com/audio/mtv.htm
魔百—最全的在线 MTV 视听	http://www.meoo.com
精彩 MTV	http://www.mtvgood.com
K 歌之王—在线 MTV	http://www.kingmv.com
恨水在线—MTV 爱好者网上家园	http://www.henshui.com
9999MTV	http://www.9999mtv.com
8888MTV	http://www.8888mtv.com
翅膀 MTV 频道	http://mv.9jh.cn
MTV 秀	http://www.mtvshow.com
在线 MTV—中国原创音乐基地	http://mtv.5sing.com

2-2 影视

1. 搜狐宽频

http://movie.bb.sohu.com/jhdbb/index.html

电影 电视剧 动画 游戏 音乐 综艺节目

2. E 视网宽频

http://media.netandtv.com

电视看不到 娱乐风云榜 明星淑女爱郎 明星俱乐部

3. AVL 世纪前线

http://www.avl.com.cn

免费电影 免费剧集 XIN 剧场 前线影城 电视荟萃 音乐天地

高清电影 前线剧场 世纪动漫 摄影 名模 时尚 娱乐 旅游 夜店

体育 游戏 读图时代 汽车 数码 房产频道 影画 广播 教育招考

4. 上海影城

http://www.filmcenter.com.cn

影城介绍 电影查询 电影故事 明星荟萃 电影节 千姿百态

百年剧照 海报欣赏 预告片 观众之窗 影城快递 电影论坛

5. 天空影院

http://movies.skyhits.com

网友自拍 搞笑小电影 精彩广告片 精彩贴图 剧情剧照

明星写真 影视娱乐 影视动态 新片速递

6. 网易影视娱乐

http://ent.163.com

明星 图片 电影 电视 音乐 论坛 电影库 唱片库 电视库

超女观方站 为靓颖写剧本 百事巨星广告你做主

7. 中央电视台

http://www.cctv.com

新闻 体育 娱乐 奥运 经济 科教 青少 法治 电视指南 网络电视

直播 点播 手机 MP4梦想中国 购物 品牌 城市 CCTV广告

央视社区 论坛 访谈 博客 播客

8. 中广宽频

http://www.catv.net

古典音乐 由佳韩剧 王牌影视 动画大王 X档案 风尚男女

好色宝贝 视频直播

9. ChinaVB 宽带影院—九州院线

http://bbvod.chinavb.com.cn/film

动作 科幻 卡通 爱情 喜剧 恐怖

欧美 港台 日韩 大陆

10. DVD Guide

http://www.dvdspring.com

精装 D9 简装 D9　D5 碟报 动漫碟报 剧集碟报 原版播报

影片库 论坛 BBS 预告片

11. DVD 群英会

http:// bbs.dvdspring.com

与碟同行 运动贴图区 欲望都市 原版欣赏 动之乐园 与影同行

碟报汇总 下载乐园 电影原声 贵州碟友会 吉林碟友会

12. 在线电影下载 DVD—星期八影院

http://www.week8.net

动作片下载　动画片下载　情感电影　连续剧　科幻片下载

喜剧电影　悬念电影　战争电影　恐怖电影　综艺电影　电影杂志

13. ETGO—电影首页

http:// movie.etgo.cn

资讯　电影　电视　音乐　用户中心　社区

14. 碟报 DVD

http://www.dbdvd.com

业界新闻 最新影讯 碟片精选 最新碟片 经典影片 艺人档案

奥斯卡奖 业界杂评 DVD 常识 DVD 设备

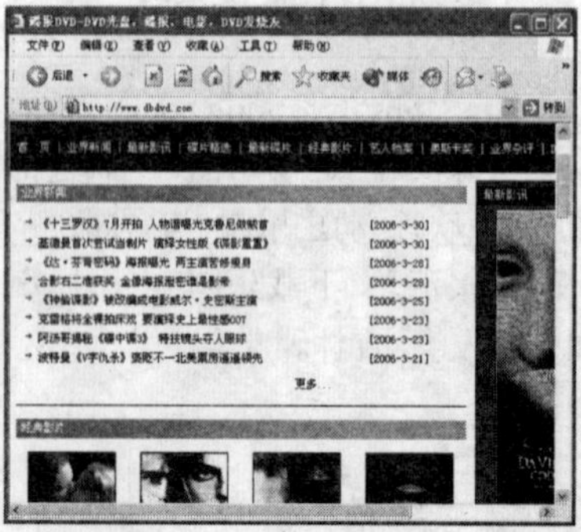

15. 帝美原版 DVD 俱乐部

http://www.dmeen.com

图片 专题 原版 DVD 高清 DVD 电影评论 HDTV

HDTV 下载和 BT 问题与咨询

16. DVD 新天地

http://www.dvd288.com

DVD_碟讯 DVD 碟报 评影评碟 动漫天地 影视前线

DVD_技术 专题荟萃 DVD_论坛

17. 超级 DVD 影院

http://www.315dvd.net

动作片 戏剧片 恐怖片 系列讲座 动画片 战争片 电视剧 综艺片

剧情片 科幻片 免费片

18. 91 电影—DVD 频道

http://dvd.dy.com.cn

娱乐 音乐 试听 电影 图库 91猜 明星 壁纸 屏保 专题 论坛 评论

电视剧 音乐盒 原声带 在线MV 影片库 预告片 影友记

搞笑贴图 娱乐八卦 热辣写真 歌词下载 伴奏下载 原唱翻唱

院线影讯 电影节 电影公司

19. DVD 电影资讯网站

http://www.dvd.net.cn

新片 动作片 喜剧片 战争片 爱情片 恐怖片 科幻片

迷情片 剧情片 电视剧

20. DVD 热力影迷会

http://www.heatmovie.com

碟海快报 碟评精品 正版发行 正版推荐 新鲜电影 热辣影评

家庭影院 菜鸟学堂 影乐飘飘 热力风采 感官世界 热力论坛

21. 漫迷宽频网

http://www.9comic.com

动画RMVB　动画AVI　休闲影视　漫画音乐

22. 中国影视网

http://www.tvnet.com.cn

电影 电视 导视 商务 演员社区 剧本交易

23. 电影下载

http://www.metocd.com

电影 电视 卡通 综艺 专题/专栏 纪录片 特色分类 明星名导专辑

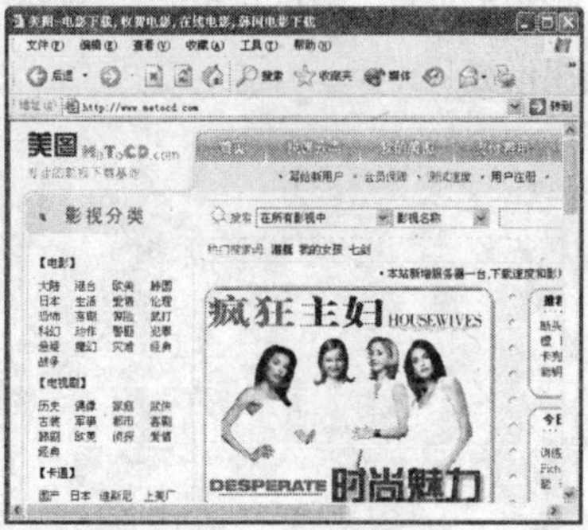

2-3 游戏

1. 中国电子竞技联盟—浩方对战平台

http://www1.cga.com.cn

热血传奇 传奇世界 龙与地下城 仙境传说 英雄年代 梦幻国度 神迹霸王 武林外史 泡泡堂 DJMAX 跳跳堂 疯狂赛车 冒险岛 盛大富翁 三国豪侠传 热血英豪 手机游戏 浩方对战平台 边锋棋牌 盛大音乐 游戏茶苑 起点文学 盛大点击书 游戏资讯 反恐精英 魔兽争霸 魔兽 RPG 视频中心 泡泡社区 浩方社区

2. 第九城市

http://www.the9.com

奇迹世界 魔兽世界 卓越之剑 奇迹 九城电玩 九城动漫

超女世界 天外 快乐西游 激战 幻想世界

3. 边锋网络游戏世界

http://gameabc.sdo.com

游戏下载 账号充值 竞技场 排行榜 游戏介绍

4. 热血传奇

http://mir2.sdo.com

新手帮助 下载安装 我要购卡 我要充值 补丁下载

5. 联群世界

http://www.ourgame.com

游戏 江湖 论坛 短信 杂志 彩票 联众秀　联众会员 联众商城

6. 网易游戏频道

http://game.163.com

游戏金殿堂 网络游戏 电脑游戏 电子竞技 电视游戏 手机游戏

玩家论坛 攻略秘籍 游戏下载 休闲小游戏 图片壁纸 视频 美眉

我猜 星座 投稿

7. QQ 手机游戏城

http://mgame1.qq.com

单机游戏 联网游戏 Q 味书屋 短信游戏

8. 17173 网络游戏第一门户站

http://www.17173.com

九城游戏 盛大游戏 金山游戏 久游游戏 新网游 手机游戏

一起秀 玩家投稿 DIY 配件 声讯购卡 单机站 游戏百科 游戏美眉

网吧联盟 小游戏 招聘信息 热门活动 游戏视频 游戏下载

火爆论坛 玩家照片 新游试玩 玩家公会 游戏宝典

9. 52pk 游戏网—中国资深玩家游戏网

http://www.52pk.net

下载中心 游戏论坛 游戏图客 游戏搜索 游戏交易 游戏卡店

游戏介绍 游戏评测 游戏资讯 攻略秘籍

10. TOM 游戏天地

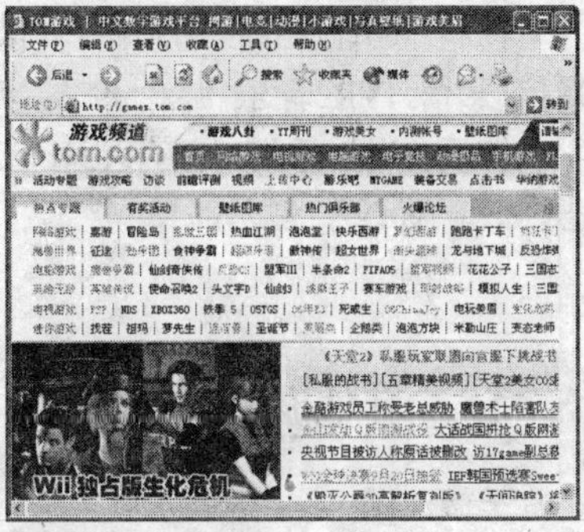

http://games.tom.com

游戏八卦　游戏美女 内测账号 壁纸图库 图片 音乐 网络游戏

电视游戏 电脑游戏 电子竞技 动漫极品 手机游戏 Flash 游戏

游戏下载 游戏论坛 活动专题 游戏攻略 访谈 前瞻评测

上传中心 游乐吧 MYGAME 装备交易 华纳游戏 WEG 视频站

网友俱乐部

11. 魔兽世界

http://www.wowchina.com

免费 认证 账户充值 安全锁

12. 游侠网

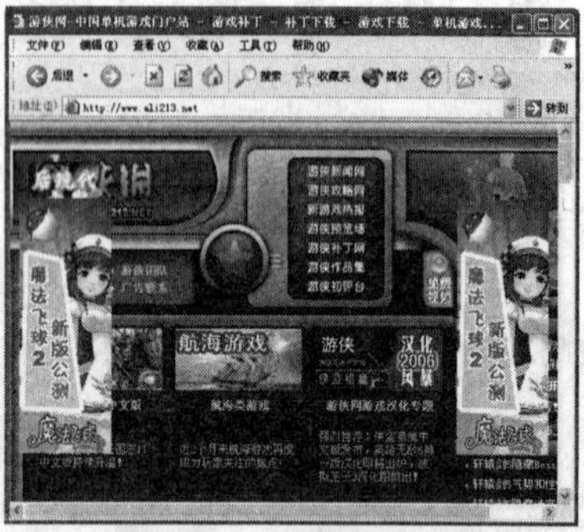

http://www.ali213.net

新闻 攻略 新游戏 预览场 补丁 作品集 初评台

13. 久游网

http://www.9you.com

视频 图酷 相册 动画站 社区 短信 彩信 IVR 音乐 游戏 交友

笑话 商城 手游 体育 星座 杂志 邮箱 随心秀 俱乐部

14. 其他游戏网站

笑傲江湖	http://www.xajh.net
游戏橘子	http://www.gamania.com.cn
Yahoo 游戏	http://cn.games.yahoo.com
游戏之王	http://www.gameking.com.cn
战神游戏	http://www.zhanshen.com
中国网络游戏联盟	http://www.cn-game.com
游龙在线	http://www.online-game.com.cn
电玩 Gogogo	http://www.gamegogogo.com
碧海银沙游戏城	http://game.yinsha.com
桃花源游戏频道	http://game.bdqingdao.com
易通游戏网	http://game.godcn.net
三国策 IV	http://www.sgconline.com.cn
渝乐吧	http://www.game165.com

奇迹 MU	http://www.muchina.com
云南信息港游戏天地	http://game.yninfo.com
新亚电玩网	http://www.chinagnet.com
263 游戏信息网	http://games.263.com
森蓝娱乐网	http://www.gamesoft.com.cn
游戏地带	http://www.gamezone.idv.tw
古城热线游戏频道	http://game.xaonline.com
eNet 游戏先锋	http://games.enet.com.cn
上游游戏中心	http://www.gamesh.com
大洋游戏	http://game.dayoo.com
21cn 游戏	http://game.21cn.com
天极网游戏中心	http://game.yesky.com
游戏基地	http://www.gamespot.net.cn
安游在线	http://www.ahgame.com
搜狐游戏频道	http://games.it.sohu.com
财神	http://www.caishen.com
三国演义	http://sg.online-game.com.cn
破天一剑	http://pcik.catv.net
中华网游戏频道	http://game.china.com/zh_cn
联众星云网	http://www.needgame.com
盛大互动娱乐社区	http://www.poptang.com
870 游戏网	http://www.870.com
天府热线游戏中心	http://game.tyfo.com
新浪游戏	http://games.sina.com.cn
北方网—游戏情结	http://game.enorth.com.cn
封神榜	http://fs.xoyo.com
梦幻西游	http://xyq.163.com
今日网游	http://www.wellgame.com
netbig 网大游戏	http://game.netbig.com
休闲游戏门户	http://www.games.net.cn
西陆游戏社区	http://game.xilu.com
中国游戏中心	http://www.chinagames.net
游戏 365	http://www.g365.net
网星游戏乐园	http://www.joypark.com.cn

2-4 Flash

1. 闪客帝国

http://www.flashempire.com

资讯 爬行榜 影院 精英 加游站 学堂 猫眼宽频 交流论坛 教程

会员秀 Flash MV 名人聊 金闪客 闪客文学 有问必答 闪客院线

2. 闪客天地

http://www.flashsky.com

我的房间 闪动巅峰Flash征集 Flash作品欣赏 几米彩信专列

Flash酷站 国外Flash精品 闪客Flash专集 Flash论坛 动画彩信

待机彩屏 专题彩信 专题彩屏 彩信论坛 Flash源程序 移动闪客部落

3. 闪客天堂

http://www.flasher.cn

新闻资讯 闪闪排行 动漫频道 教程站 CG 素材 资源 技术论坛

天堂博客 在线涂鸦 Flash 天堂

4. 闪客中国

http://www.flashchina.net

音乐 影院 小游戏 学习 社区 闪客榜 上传作品

5. TOM 动画频道

http://flash.ent.tom.com

爬行榜 最新作品 歌手 系列剧 闪客地方志 闪客帅哥 闪客美女

FlashMV 彩铃 爆笑 爱情 短片 游戏 广告 菜鸟 闪乐凶猛

新闻 研讨会 奥斯卡

6. 闪客 Flash 动漫娱乐网

http://www.myflash.cn

音乐 短片 专辑 小游戏 手机图铃

7. VV 动画

http://flash.sunvv.com

Flash MV Flash 游戏 Flash 短片 闪客专辑 精彩专题

节日专区 动漫图库

8. 万维 Flash 音乐动漫

http://www.flashwww.com/

港台男歌手 港台女歌手 大陆男歌手 大陆女歌手 欧美日韩

乐队组合 专题动漫

9. 小破孩

http://www.pobaby.net

新闻 漫画 电影工厂 桌面 屏保 游戏 彩信 论坛

10. 闪盟在线

http://www.flashsun.com

培训中心 资源中心 源码中心 设计欣赏 游戏研究 FlashMV

视频短片 商业合作 资源上传 交流中心 竞技场

11. 来客看吧

http://www.vlike.com

流行音乐 歌手专辑 MTV DJ 游戏 免费电影 QQ 表情 博客

论坛 小说 笑话 图片 动画

12. 闪游地带

http://flash.91.com

最新作品 战火排行榜 FlashMTV 故事片 宣传动画 游戏

互动教学 注册上传 论坛 贺卡 其他

13. 闪客的天空

http://www.cnflash.net

游戏动画 MTV 音乐 博客 漫画大全 Flash 作品 代码 字库

专题 教程 作品排行榜 茶馆音效 论坛 MTV 视听 近期更新

益智类游戏 策略类游戏 敏捷类游戏 体育类游戏 休闲类游戏

战争类游戏 专辑类游戏

14. 去看去看动漫

http://www.7k7k.com

音乐 专集 短片 小游戏 手机图铃

15. 千龙动漫娱乐网

http://flash.qianlong.com

动画 漫画 爆笑 闪天下 游戏贺卡 闪酷论坛 动漫下载

16. 音乐极限 FlashMTV

http://flash.chinamp3.com

娱乐动态 劲爆排行 星星档案 大陆专区 港台专区 欧美专区

日韩专区 手机短信 极限搜索 P8 数字娱乐

17. 闪吧

http://www.flash8.net

作品区 排行榜 闪客榜 音乐 MV 小游戏 闪吧杂志 供求区

新闻 教材 源文件 图库 字库 音效 酷站 软件 FM 综合

涂鸦 博客 论坛

第3章

爱情交友、手机、贺卡与壁纸

3-1 爱情交友

1. QQ 交友中心

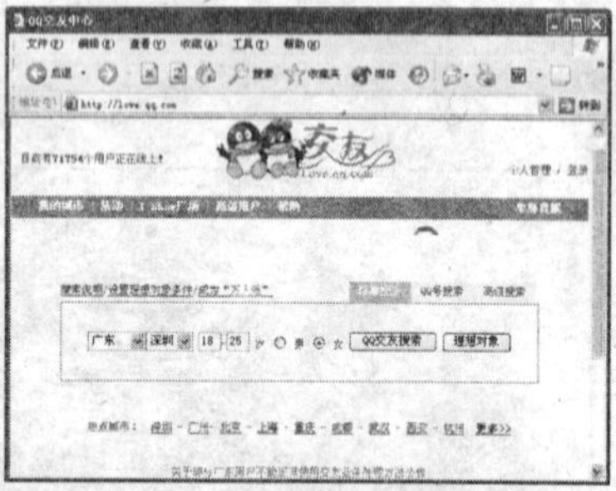

http://love.qq.com
国内大型中文网交友中心

2. 我爱你交友网

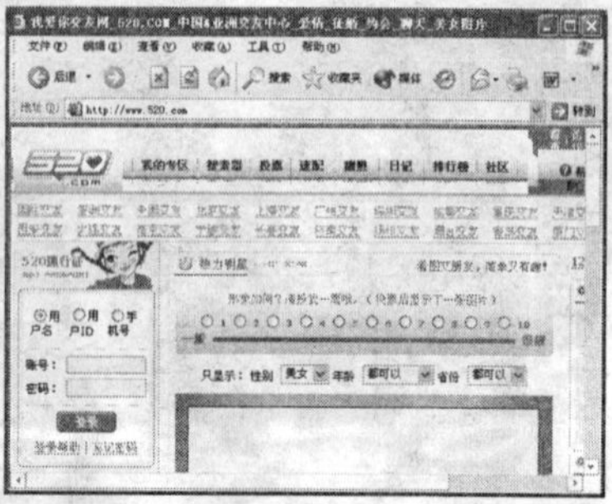

http://www.520.com
婚恋 交友

3. 网易 V 交友中心

http://love.163.com

手机交友 佳人有约 浪漫星座 真爱频道 征婚信息 征友信息 成功故事

4. 263 北京同城交友

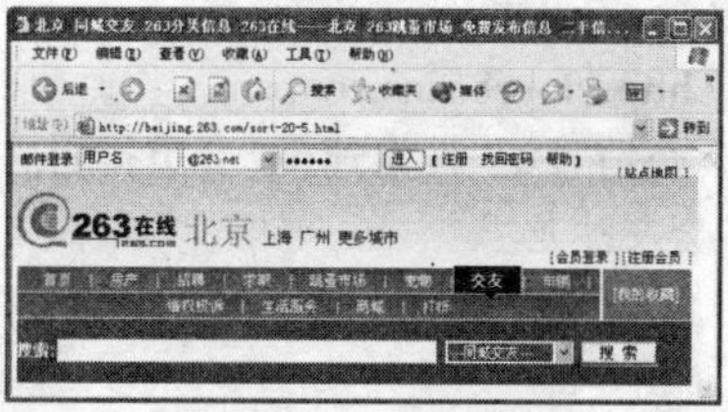

http://beijing.263.com/sort-20-5.html 同城交友 男/女士征友/婚 兴趣交友

同游/活动伙伴 同乡会

5. 中国交友中心

http://www.96333.com

爱情标签 同城交友 星座情缘 生肖配对 职业白领

6. TOM 无限情绪

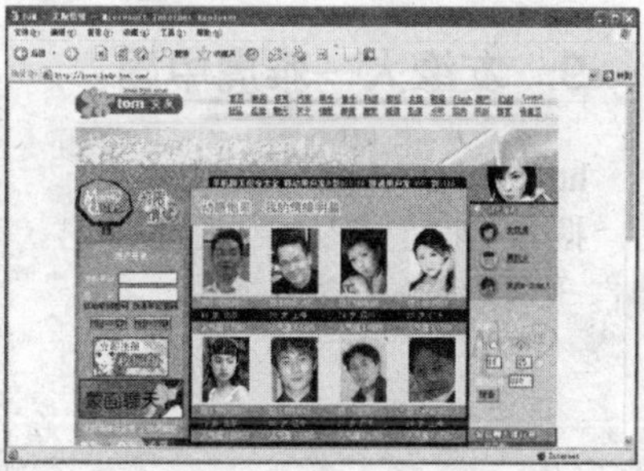

http://love.lady.tom.com

交友俱乐部 今夜有你才精彩 声色情书 速配留言 寻找同生缘

校园俱乐部 在线酷哥辣妹 情缘明星 理想对象 寻找动感伙伴

7. 新浪网—爱吧交友俱乐部

http://love8.sina.com.cn

心情日记 搜索速配 会员排行榜 交友沙龙

8. 中国爱线

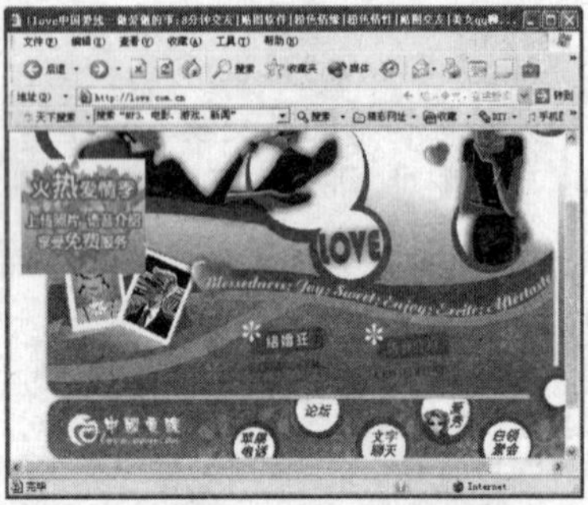

http://love.com.cn

结婚狂 语音介绍 苹果电话 论坛 文字聊天 爱秀 白领聚会

9. 友缘人—雅虎中国

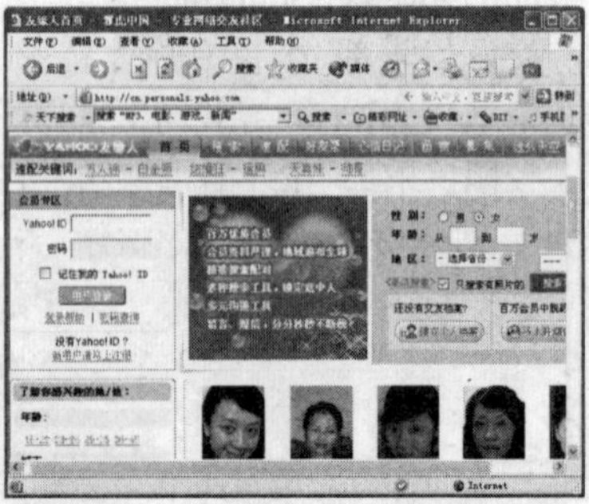

http://cn.personals.yahoo.com

搜索 速配 好友录 心情日记 留言 影集 缘分天空

10. 赛龙 e 路情缘

http://love.sinoi.com

暗恋告白 爱进行时 梧桐树 爱情魔法 情感沙龙

11. 友联交友

http://match.uland.com

我的交友 影集 排行 活动 魔法

12. 玫瑰俱乐部

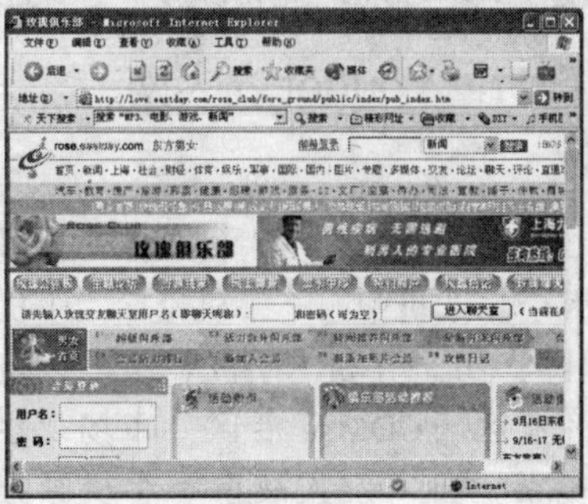

http://love.eastday.com

玫瑰公告板 主题论坛 资源共享 网上调查 贺卡中心

特约商户 玫瑰日记　玫瑰聊天

13. 缘分的天空

http://newsky.zbinfo.net

心情日记 时尚相册 征友征婚 互助公社 俱乐部

14. 其他

古城热线牵手情 http://love.xaonline.com
上海爱情网 http://www.shlove.net
中国学生网—学生交友 http://f.6to23.com
爱的根源国际交友网 http://www.loveroot.com
玫瑰之约 http://www.mgzy.com
烟台交友网 http://www.ytlove.com
环球交友中心 http://www.h2hh2h.com
西安电视台—白鸽交友中心 http://love.xatvs.com
我的情网 http://www.ucanlove.com
中国游伴网 http://www.youbar.com
e 友网白领交友俱乐部 http://www.51friend.net
心港交友网 http://www.xglove.com
千千结 · 交友网 http://www.qianqianjie.com

3-2 手机

1. Younet 友人网

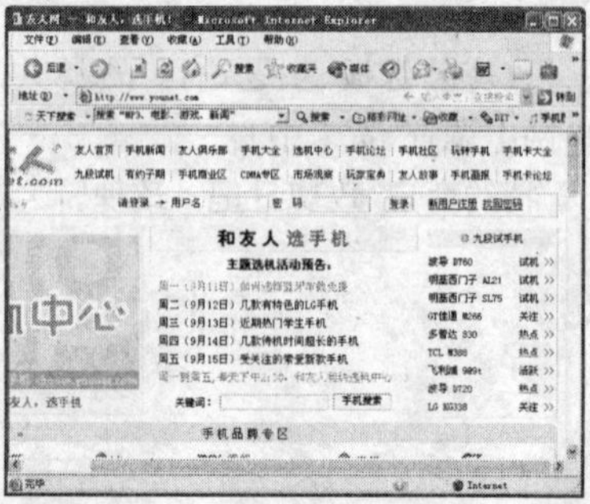

http://www.younet.com

手机新闻 友人俱乐部 手机大全 选机中心 手机论坛 手机社区 玩转手机 手机卡大全 手机商业区 CDMA 专区 市场观察 玩家宝典 友人故事 手机画报 手机卡论坛

2. 手机之家

http://www.imobile.com.cn

手机大全　选机中心　手机报价　图铃下载

手机主题　手机论坛　18900 手机商城

3. 新浪网—时尚手机

http://mobile.sina.com.cn

手机大全 选机中心 导购 评测 视频 新品 行情 玩机

拍照 音乐 智能 3G CDMA 知识库 游戏 短信 论坛

4. 搜狐—手机时尚

http://digi.it.sohu.com/mobile.shtml

手机新闻 手机新品 手机行情 手机大全 手机导购 手机评测

手机价格 手机论坛 手机图吧 手机卖场地图 手机投诉中心

音乐手机 智能手机 3G 手机 手机配件 移动摄手

5. 网易手机频道

http://mobile.163.com

今日更新 手机大全 行情 报价 图片库 评测 新机 导购

新闻 专题 厂商动态 网易评测室 论坛

6. TOM 手机之窗

http://tech.tom.com/mobile

新机速递 评测中心 购机指南 手机大全 市场综述

手机攻略 手机商城 彩信中心 手机论坛

7. IT168 手机

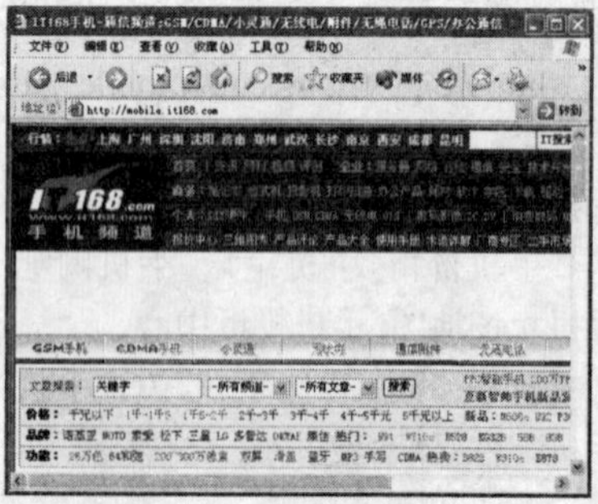

http://mobile.it168.com

GSM 手机 CDMA 手机 小灵通

通信附件 GPS 无线电

8. 21CN 手机频道

http://it.21cn.com/mobile

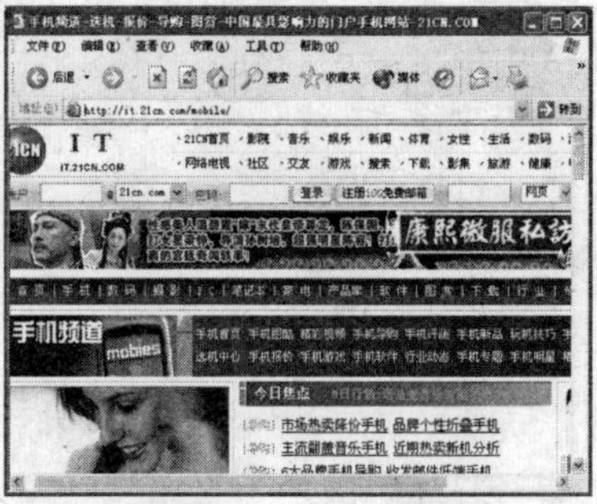

手机图酷 精彩视频 手机导购 手机评测 手机新品 玩机技巧

手机行情 手机故事 论坛热帖 选机中心 手机报价 手机游戏

手机软件 行业动态 手机专题 手机明星 精彩回顾　厂商专区

9. eNet 手机资讯

http://www.enet.com.cn/mobile

手机新闻 手机评测 手机行情 手机导购 手机报价 手机技巧

厂商动态 特价手机 手机俱乐部 智能手机 3G 手机 拍照手机

音乐手机 CDMA 手机 低价手机 女性手机 手机专题 滚动新闻

10. 太平洋手机通讯

http://www.pconline.com.cn/mobile

新品 评测 行情 导购 热点话题 论坛 酷机魅影 选机

精品 专题 视频

11. 其他

天极网—手机	http://mobile.yesky.com
手机频道—中关村在线	http://mobile.zol.com.cn
中华网—手机频道	http://tech.china.com/zh_cn/mobile
天津移动在线	http://www.tjmobile.com.cn
手机玩家俱乐部	http://www.joyes.com
中国手机在线	http://www.cnonline.org
深圳手机网	http://www.szmobile.com
上海长信手机网	http://www.18900.com
天津手机门户—e 动前沿手机资讯	http://www.estar.com.cn
3533 手机世界	http://www.3533.com
佳凌手机在线	http://www.sh123.net
手机网上商场	http://www.139.com.cn
我的手机网	http://www.mymobile.com.cn
灵通网	http://www.linktone.com.cn
手机壳世界	http://www.buyonair.com
自由易通信	http://www.one2free.com.cn
手机之窗	http://www.mobile8848.com
网上手机超市	http://www.sh169.com/
电脑之家—手机软件下载	http://download.pchome.net/home/mobile

3-3 贺卡

1. 卡秀

http://www.kaxiu.com

新新卡秀 特色 DIY 贺卡分类 彩信秀 卡秀俱乐部 纸贺卡帮你邮

2. 网易贺卡

http://card.163.com

爱情 问候 祝福 礼物 校园 季节 生日 节日 明信片 最新

3. 心意坊—电子贺卡站

http://cards.silversand.net

手机贺卡 爱情类贺卡 节日类贺卡 生活类贺卡 其他类贺卡

贺卡 DIY 贺卡阅读 贺卡投稿 精选贺词

4. 搜狐贺卡

http://card.sohu.com

彩音贺卡 新卡上站 积分广场 免费点歌

5. 龙 21 贺卡天地

http://
www.long21.net/card/show_card.asp

情爱卡 祝福卡 友情卡 休闲卡 节日卡 思念卡

6. 音乐贺卡厂 2000 基地

http://www.music-card.com

贺卡车间 音乐车间 贺词车间

7. 易卡思免费电子贺卡中心

http://www.cnun.com/cards

免费电子贺卡 幸运贺卡派送 网上贺卡商店 贺卡制作大赛

8. 贺卡传情—中山国际网络

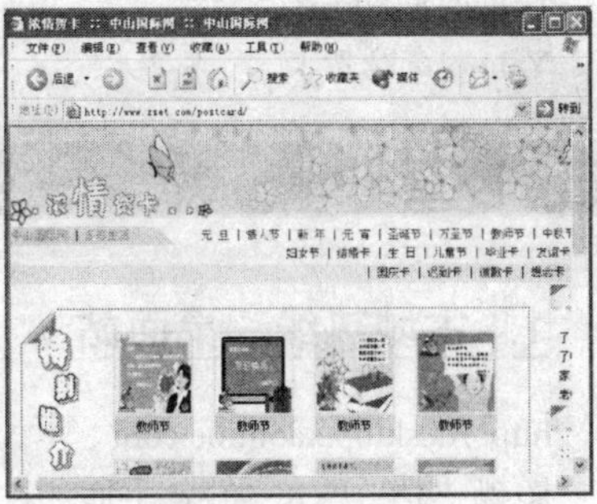

http://www.zset.com/postcard
元旦 新年 元宵 星座 生日
圣诞节 万圣节 教师节 中秋节
母亲节 父亲节 妇女节 结婚卡
儿童节 毕业卡 友谊卡 致谢卡
好运卡 国庆卡 迟到卡 道歉卡
想念卡 康复卡 万用卡 情人节
另类卡

9. 其他贺卡网站

仙子贺卡	http://www.xianzi.com
上海热线贺卡站	http://card.online.sh.cn
福建热线—真情贺卡	http://card.fjii.com
中华网贺卡中心	http://fun.china.com/zh_cn/card
人民贺卡	http://card.people.com.cn
新电热线—贺卡	http://card.xd990.net
TOM 贺卡站	http://card.ent.tom.com
中华网贺卡中心	http://card.china.com
上海热线贺卡站	http://card.online.sh.cn
中国同学录—贺卡中心	http://cards.5460.net/gy5460/jsp/greetCard
福建热线—真情贺卡	http://card.fjii.com
新电热线—贺卡	http://card.xd990.net
东方热线贺卡中心	http://card.cnnb.net
QQ 贺卡站	http://ecard.qq.com
汕头信息港—真情贺卡	http://card.st.gd.cn
中青网—贺卡站	http://www.cycnet.com/e_card
云南信息港—贺卡站	http://cards.yninfo.com
贵州信息港—贺卡中心	http://card.gz163.cn
贺卡屋	http://card.nanan.com

大连信息港—贺卡传情	http://card.dl.net.cn
千夜情缘贺卡	http://www.1001n.com.cn/other/card
深圳时尚网—贺卡	http://card.m118.com
Yahoo 奇摩贺卡	http://tw.greetings.yahoo.com

3-4 壁纸

1. 古城热线—桌面站

http://desktop.xaonline.com

影视 明星 风光 游戏 卡通 引擎 体育 动物

军事 另类 三维 广告 彩绘 宇宙 植物

2. 商都桌面

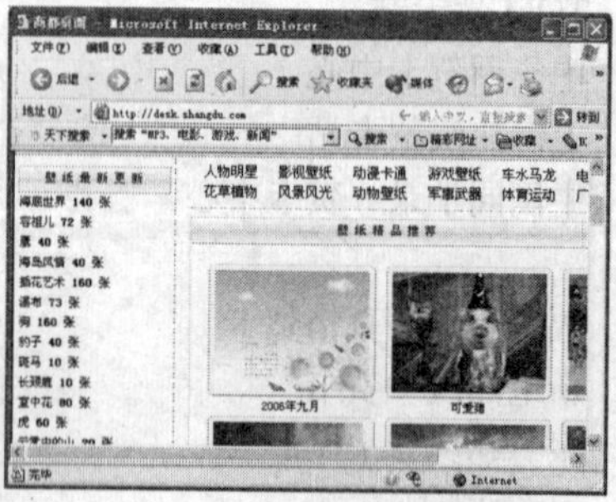

http://desk.shangdu.com

人物明星 影视壁纸 动漫卡通 游戏壁纸 车水马龙 电脑科技

艺术超酷 花草植物 风景风光 动物壁纸 军事武器 体育运动

广告设计 其他类别 精品推荐

3. 天空之城—桌面壁纸

http://www.mylaputa.com

名人明星 漫画卡通 影视戏剧 游戏杂烩 自然风景

动物世界 设计艺术 最新壁纸 其他类别

4. 壁纸大卡

http://www.deskcar.com

明星壁纸 漫画卡通 影视壁纸 交通工具 游戏壁纸

风景名胜 其他分类 卡友论坛

5. 所有壁纸

http://gb.wallpapersking.com

3D 广告 动物 植物 卡通 食物 游戏 假日 自然

电影 明星 运动 交通 品牌汽车

6. 壁纸千寻

http://cndesk.com

人物明星 影视壁纸 动漫卡通 游戏壁纸 风景风光

体育运动 精彩图库

7. 壁纸吧

http://wall8.com

明星壁纸 影视壁纸 动漫星空 游戏壁纸

扫图写真 体育壁纸 其他壁纸

8. 壁纸酷

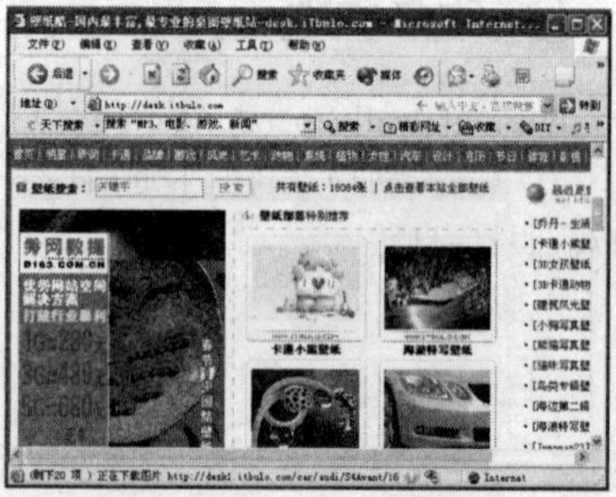

http://desk.itbulo.com

明星 歌词 卡通 品牌 游戏 风光 艺术 动物 系统 植物

女性 汽车 设计 月历 节日 体育 影视 军事 地理 3D 壁纸

9. 桌面天空

http://www.desksky.net

主题壁纸 XP 主题类 经典设计 汽车世界 苹果主题 日韩美女

欧美美女 美女扫图 自然风光 动物世界 卡通动漫 广告品牌

鲜花主题 游戏壁纸 影视壁纸 其他壁纸

10. 我要桌面

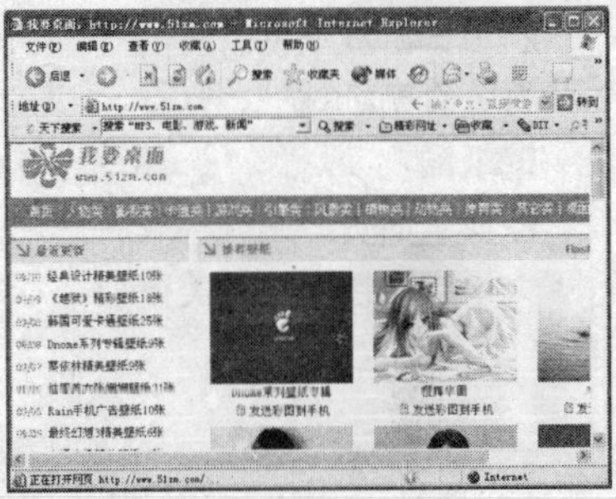

http://www.51zm.com

人物类 影视类 卡通类 游戏类 引擎类 风景类 植物类

动物类 体育类

11. 桌面中国

http://www.deskcn.com

华人明星 国外明星 影视壁纸 风景壁纸 体育壁纸

交通工具 军事壁纸 卡通壁纸 其他壁纸

12. 其他壁纸

21CN—壁纸频道	http://et.21cn.com/wallpaper
领先壁纸站	http://desktop.cc163.net
POPTANG—壁纸酷	http://desk.poptang.com
精彩壁纸下载	http://bzy.hengshui.com
6188 壁纸桌面	http://www.6188.com
中视网—桌面天下	http://www.chinasee.net/desktop
天极桌面	http://desktop.yesky.com
桌面秀	http://218.57.200.19/zmx/
新浪—汽车壁纸	http://auto.sina.com.cn/photo/wp
世纪精彩壁纸	http://pic.witchina.net
壁纸频道—搜狐娱乐	http://wallpaper.yule.sohu.com
新浪—游戏壁纸	http://games.sina.com.cn/d/i
百分百壁纸站	http://www.100desk.com
壁纸酷	http://www.wallcoo.com
经典桌面资源站	http://www.mydeskcity.com
太平洋女性网—精美壁纸	http://www.pclady.com.cn/photo/wallpaper/

第4章 论坛、聊天、幽默笑话

4-1 论坛与社区

1. 新浪论坛

http://bbs.sina.com.cn

新浪杂谈 精品贴图 笑话论坛 玄异怪谭 百姓杂谈 吃在北京

谈股论金 IT业界 原创工作室 DV乱弹 真我风采 我爱美女

教育视点 汽车时代 窈窕身姿 影行天下 星座总坛 地产圈

军情观察室 真情天下 帅哥联盟 趣味测试 旅游论坛 超级女声

梦想中国 星光无限 金庸客栈 原创文学 动漫创世纪 读书沙龙

经济时评 大话春秋 音缘咖啡 育儿论坛 体育沙龙 时尚秀场

影行天下 摄影论坛 百姓钱程 健康热线

2. 天极论坛

http://bbs.yesky.com

天极活动 硬件 软件 编程 建站专区 网络 数码 游戏天地 贴图 大杂烩 天极城市

3. QQ 论坛

http://bbs.qq.com

腾讯游戏 社会观察 产经论坛 文学艺术 情感人生 游戏论坛

贴图精选 教育论坛 校园论坛 城市论坛 影音娱乐 时尚伊人

星座联盟 体育运动 军事论坛 动漫公社 电脑网络 摄影天地

休闲笑话 户外旅行 医疗健康 腾讯服务 拍拍论坛 房产论坛

4. 西陆论坛

http://club.xilu.com

邮箱 无线 相册 文学 观察 军事 游戏 娱乐

图片 数码 聊天室 咖啡屋

5. 搜狐论坛

http://club.sohu.com

搜狐女人 情感阵营 体坛论剑 娱乐先锋 健康人生

文学天地 车朋满座 理财之家 游山玩水 教育培训

科技生活 青春联盟 绝世好图 地方论坛 神州大地

6. 天涯虚拟社区

http://www.tianyaclub.com

天涯聚焦 时尚频道 天涯相册 天涯之音 舞文弄墨

时尚资讯 天涯杂谈 传媒江湖 超级秀场 天涯读书

7. 中华网—中华论坛

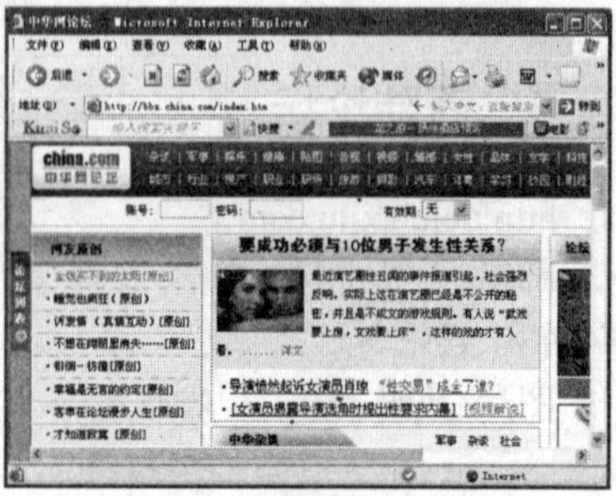

http://bbs.china.com

杂谈 军事 娱乐 健康 贴图 音视 视频 情感 女性 品味 文学

科技 读书 免费 正经秀 城市 行业 房产 职业 职场 旅游

摄影 汽车 体育 学习 校园 财经 游戏 站务

8. 西祠胡同

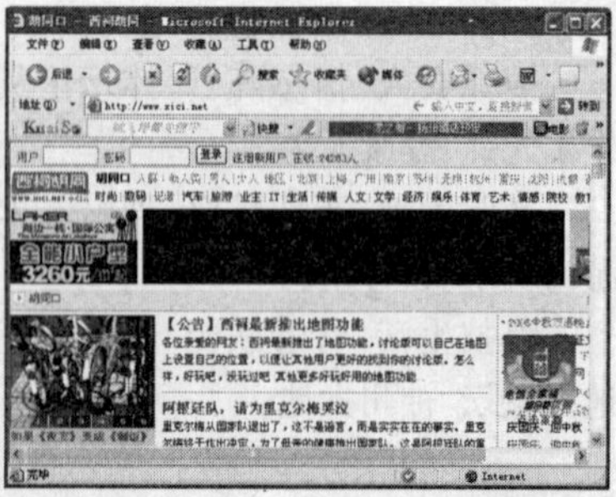

http://www.xici.net

时尚 数码 记者 汽车 旅游 业主 IT 生活 传媒 人文 文学 经济

娱乐 体育 艺术 情感 院校 教育 游戏 动漫 杂院

9. 网易论坛

http://bbs.163.com

新闻 地方 评论 女性 娱乐 商业 财经 汽车 旅游 体育 数码

教育 文化 科技 手机 出国 健康 图片

10. 网易社区

http://club.163.com

政史 经济 谈天 女人 电脑 娱乐 贴图 数码 个人 旅游 摄影

电游 文学 妈咪 超女 体育 休闲 地方 科教

11. TOM 论坛

http://bbs.tom.com

汽车 摄影 美女 娱乐 新闻 时事 体育 竞技 音乐 休闲 女性

时尚 情感 文学 灵异 笑话 城市 生活 游戏 动漫 科技 教育

12. TOM 社区

http://club.tom.com

精品相册　电子贺卡　T 台秀场 热门聊天 精彩博客

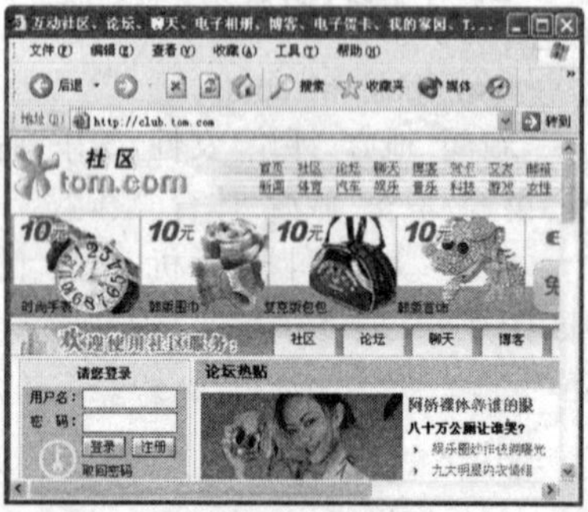

13. CCTV 论坛

http://www.cctv.com/community

论坛 博客 播客 访谈 周刊

14. 新华论坛

http://www.xinhuanet.com/forum

发展论坛 时政论坛 国际论坛 财经论坛 军事论坛 统一论坛

反腐论坛 传媒论坛 教育论坛 新农村 网友俱乐部 城市论坛

房产论坛 汽车论坛 文化广场 摄影论坛 体育论坛

生活论坛 娱乐论坛 情感论坛 科技论坛 音视频论坛

15. 人民网强国社区

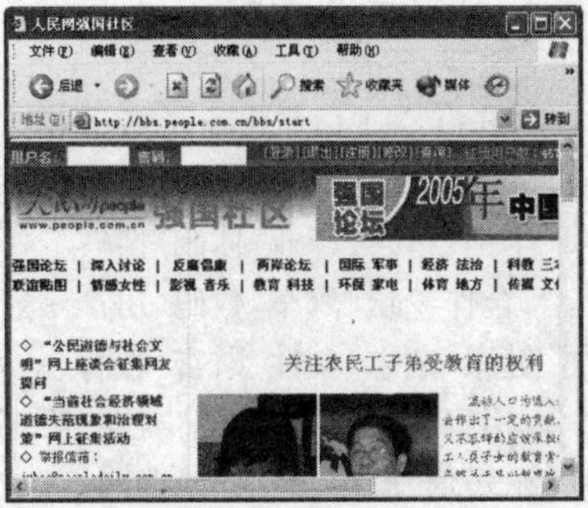

http://bbs.people.com.cn

强国论坛 深入讨论 反腐倡廉 两岸论坛 先锋论坛 联谊贴图

情感女性 影视 音乐 国际 军事 经济 法治 科教 三农 IT

海外 中日 英文 教育 科技 环保 家电 体育 地方 传媒 文化

理论 读书 健康 旅游 汽车 服务

16. ChinaRen 社区

http://club.chinaren.com

闲聊 型男索女 贴贴图图 情感世界 动漫空间 校园原创

漂在海外 城市话题 娱乐旮旯 搞笑吧 FB生活 行行摄摄

休育星空 鬼话玄灵 小宠当家 鹊桥交友 青年志愿者 咱爸咱妈

17. 21CN—社区

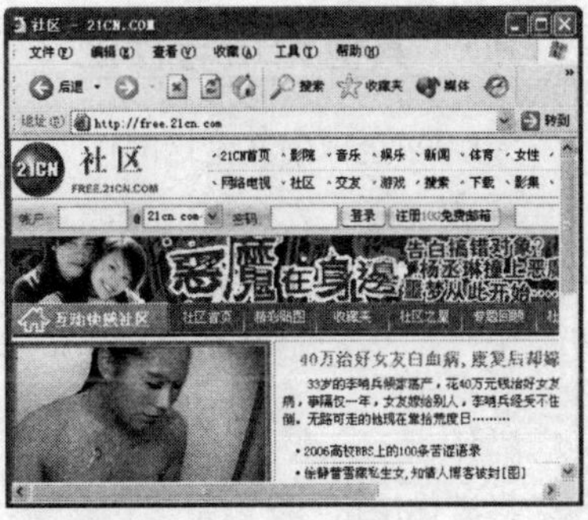

http://free.21cn.com

影院 音乐 娱乐 新闻 体育 女性 生活 数码 汽车 房产

邮件 无线 社区 交友 游戏 搜索 下载 影集 旅游 健康

明星 幽默 棋牌 VGO 网络电视

18. 千龙互动中心

http://bbshoo.qianlong.com

时事 文化 娱乐 图片 体育 军事 生活 情感 产业 休闲 博客

合作论坛 汽车 数码 房产·家居 健康 杂志 女性 财富 教育

租售房 游戏 动漫 网媒 听书 彩铃 短信 彩信 PDA 禁毒网

19. 上海热线 BBS

http://bbs.online.sh.cn

热线互动 上海新贵 生活风尚 娱乐视角 体坛风云 校园生活

楼市在线 电脑通讯 文化宝典 浓情时刻 海阔天空

时政军事 游戏人生 频道论坛 聊天室 交友 相册 贺卡

20. 其他论坛与社区

大旗网(全球中文论坛网)	http://www.chinabbs.com
奇虎—全球中文论坛精粹	http://www.qihoo.com
中搜论坛	http://bbs.zhongsou.com
贴易—中文论坛门户	http://www.teein.com
百度贴吧	http://post.baidu.com
猫扑	http://www.mop.com
喜满你论坛	http://bbs.xicn.net
南方网—社区	http://bbs.southcn.com

广州视窗—社区	http://club.gznet.com
SoGua 娱乐论坛	http://bbs.sogua.com
古城茶秀	http://forum.xaonline.com
全球互助网论坛群	http://www.bbs001.com
联众论坛	http://bbs.ourgame.com
Ynet 北青网青年论坛	http://bbs.ynet.com/
亿唐社区	http://club.etang.com
红袖讨论区/青年行社区	http://bbs.21youth.com
银河互动论坛	http://bbs.inhe.net
四川旅游论坛	http://www.travelbbs.com
新生代社区	http://www.newclub.com
论坛_K12 虚拟社区	http://sq.k12.com.cn/bbs
赛迪网—社区	http://bbs.ccidnet.com
考研论坛	http://bbs.kaoyan.com
商都—BBS	http://bbs.shangdu.com
网络技术论坛	http://www.s8s8.net
硅谷动力社区	http://bbs.enet.com.cn
大洋论坛	http://club.dayoo.com
CCF 精品技术论坛	http://bbs.et8.net
重庆之窗—经典论坛	http://www.blueidea.com/bbs
福建热线论坛	http://bbs.fjii.com
北方时空 BBS	http://bbs.northtimes.com
四川梦之旅论坛	http://www.dreams-travel.com/club
东方论坛	http://bbs.eastday.com
东方热线论坛	http://newforum.cnool.net
IT 写作社区	http://www.donews.com
黑龙江信息港—真实社区	http://club.hlj.net
17173 专业游戏玩家论坛	http://bbs.17173.com
BBS01 论坛集群	http://www.bbs01.com
大众论坛	http://bbs.dz.com
早报网—BBS	http://bbs.zaobao.com
中国站长论坛	http://bbs.chinaz.com
中华宽带网论坛	http://bbs.cbbn.net
湖南红网—论坛	http://bbs.rednet.cn

友联网	http://www.uland.com
齐鲁热线虚拟论坛	http://eclub.sdinfo.net/homepage2
网大论坛	http://forum.netbig.com
263 海云天论坛	http://bbs.263.net
《我是网管》论坛	http://www.54master.com/bbs
倚天硬件论坛	http://bbs.pcbirds.com
业主论坛—搜房网	http://bbs.soufun.com
四川在线论坛	http://bbs.scol.com.cn
中国改革论坛	http://www.chinareform.org.cn
动网官方论坛	http://bbs.dvbbs.net
铁血社区	http://bbs.tiexue.net
落伍者站长交流平台	http://www.im286.com
家电论坛	http://www.jd-bbs.com
天涯虚拟社区	http://www.tianya.cn
搜狐校园论坛	http://cbbs.chinaren.com
雅虎中国论坛	http://cn.bbs.yahoo.com
乐趣园	http://www.netsh.com.cn
中国大学生论坛	http://www.dxs.cn
美亚 BBS 论坛	http://bbs.cnmaya.com/bbs
中青论坛	http://bbs.cyol.com
肝胆相照—乙肝战友网上家园	http://bbs.hbvhbv.com
九州梦网娱乐论坛	http://forum.bbvod.net
网海萍聚	http://www.fuping.net
武汉热线虚拟社区	http://club.wuhan.net.cn
深圳之窗—社区	http://club.sz.net.cn
水木清华 BBS 站	http://www.smth.edu.cn
上海交大 BBS 饮水思源站	http://bbs.sjtu.edu.cn
华南理工大学—BBS 木棉站	http://bbs.gznet.edu.cn
西安交大思源 BBS 站	http://bbs.xanet.edu.cn
我爱南开 BBS	http://bbs.nankai.edu.cn
哈工大紫丁香站	http://bbs.hit.edu.cn
河北大学燕赵 BBS	http://bbs.hbu.edu.cn/4FreshMan
BBS 武汉白云黄鹤站	http://bbs.whnet.edu.cn

电子科技大学—网深情 BBS　　http://bbs.uestc.edu.cn
同济大学 BBS·同舟共济站　　http://bbs.tongji.edu.cn
南京大学小百合 BBS　　http://bbs.nju.edu.cn
复旦大学—日月光华 BBS　　http://bbs.fudan.edu.cn
华东理工大学 BBS—梅陇客栈　　http://bbs.ecust.edu.cn
中国科技大学—瀚海星云论坛　　http://bbs3.ustc.edu.cn
浙江大学海纳百川 BBS 站　　http://bbs.zju.edu.cn
中国人民大学 BBS 天地人大站　　http://bbs.ruc.edu.cn
湖南大学 BBS 站　　http://bbs.hnu.cn

4-2　聊天

1. QQ 聊天室

http://chat.qq.com

交朋识友　天地本宽　心灵之约　生日情缘　谈天说地　水晶之恋

2. 新浪聊天室

http://chat.sina.com.cn

城市联盟　同龄话题　成熟男女　军人之家　缘分天空　婚恋交友

外语天地　朗诵文学　情感驿站　九州戏苑　你我同龄　未婚禁入

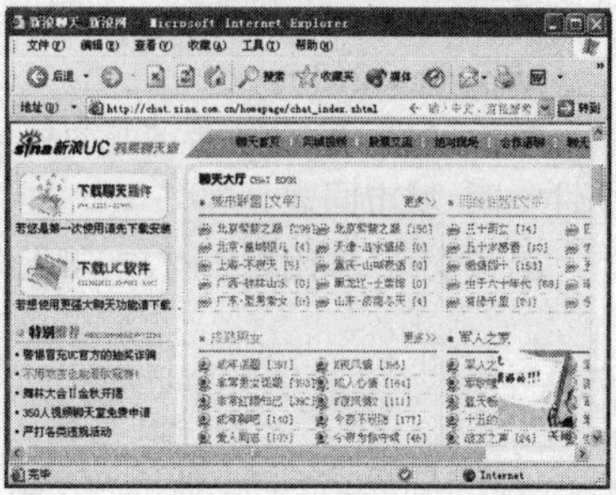

3. 网易聊天站

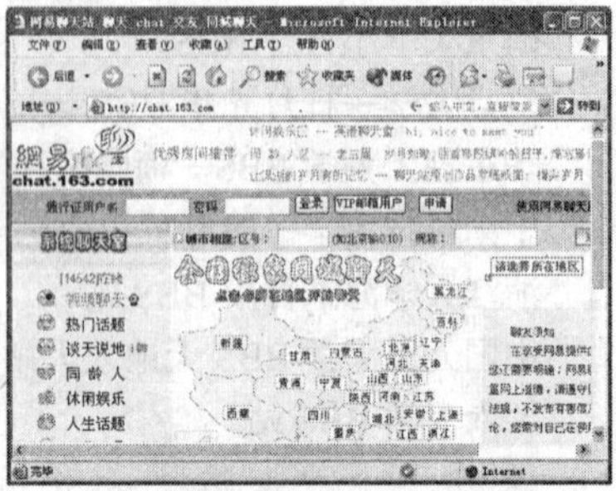

http://chat.163.com

视频聊天 热门话题 谈天说地 同龄人 休闲娱乐

人生话题 风花雪月 体育直播 同城聊天室

4. 东方热线聊天广场

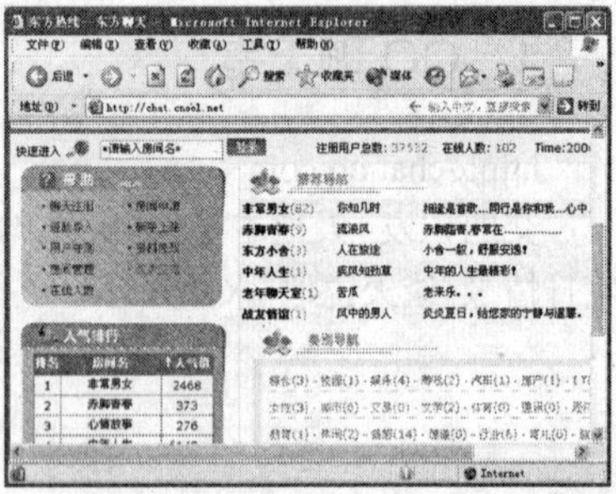

http://chat.cnool.net

非常男女 赤脚青春 心情故事 中年人生 战友情谊 老年聊天室

心情音乐室 帅哥靓妹 读者俱乐部 我爱我家

5. 263 聊天室

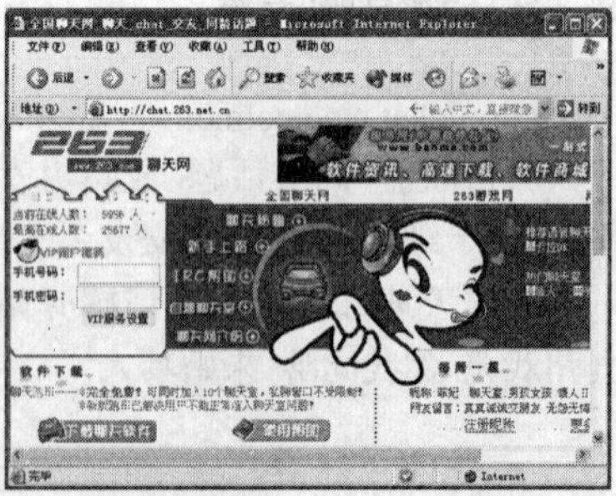

http://chat.263.net.cn

情感驿站 校园民谣 同龄话题 个性空间 城市同盟

男孩女孩 休闲娱乐 校友聊天

6. 爱情俱乐部聊天室

http://www.mylc.com

原创音乐 个人博客 用户注册 情感论坛 小游戏 爱爱相册 交友中心

7. 中华网聊天室

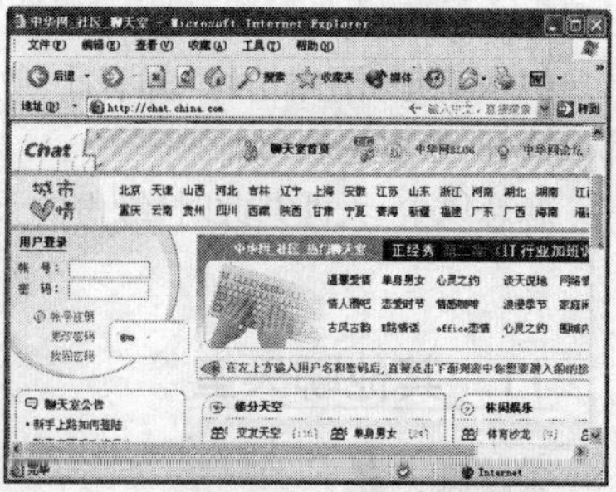

http://chat.china.com

缘分天空 休闲娱乐 同龄话题 谈天说地 爱情话题 情感密语 城市心情

8. 西陆聊天室

http://chat.xilu.com

网上家园 西陆聊友 聚缘轩 彩乐肯 几丝闲愁 地亚尔

私人聊天室 梦幻伊甸园 异乡情缘

9. 上海热线聊天室

http://newchat.online.sh.cn/special/node_6881.htm

情人花园 寂寞单身 E网有缘 网恋悲欢

欢乐聊天 烦恼心事 生活旅途 菁菁校园

10. 清心阁聊天室

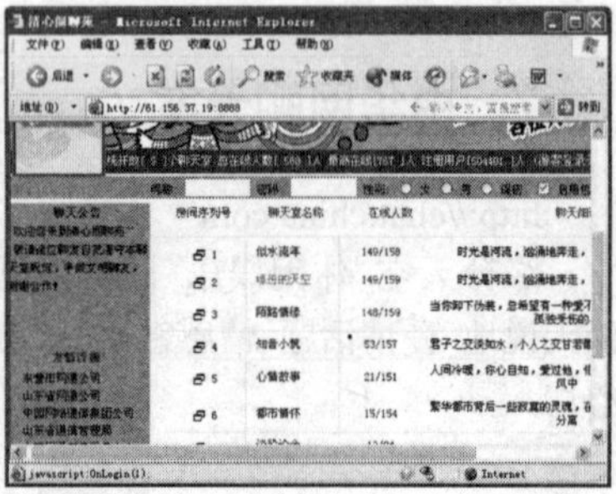

http://61.156.37.19:8888

似水流年 陌路情缘 知音小筑 都市情怀 谈股论金

恋恋风尘 天涯共此时 缘份的天空

11. 其他聊天室

乐趣聊天室	http://chat.netsh.com
多来米聊天	http://chat.myrice.com
21CN 聊天室	http://chat.21cn.com
古城热线聊天城	http://chat.xaonline.com
泉州聊天室	http://chat.qz.fj.cn
七聊视频聊天语音聊天室	http://www.7liao.com
保定热线聊天室	http://chat.baoding.cn.net
鹏城聊天室	http://chat.szptt.net.cn
牵手聊天室	http://chat.ayinfo.ha.cn
马家大院聊天室	http://www.mayanda.com
天虹聊天室	http://chat.chinahost.com
启明星真轻松聊天室	http://chat.yzu.edu.cn
倚天语音聊天室	http://chat.itdoor.net
福建热线聊天室	http://chat.okey.net

银河家园聊天室	http://chat.inhe.net
缘分江湖聊天室	http://www.cnchat.com
找我聊天室	http://chat.zhaowo.com
聊聊语音视频网	http://www.liaoliao.com
无聊语音聊天室	http://www.5liao.com
喜聊语音聊天网	http://www.xiliao.com
TOM 语音聊天室	http://voice.chat.tom.com
非常语音聊天室	http://netea.myrice.com
QQ3721 聊天网	http://www.qq3721.com
9 聊语音聊天网	http://www.9liao.com
爱聊语音聊天网	http://www.loveliao.com
qq 视频语音聊天室	http://www.qqliao.net
酷聊语音聊天网	http://www.kuliao.com

4-3　笑话/幽默

1. VV 笑话站

http://www.sunvv.com

笑话 搞笑图片 爆笑网文 顺口溜 恐怖故事 搞笑彩铃 搞笑视频

搞笑表情 英语笑话

2. 中国娱乐网—笑话频道

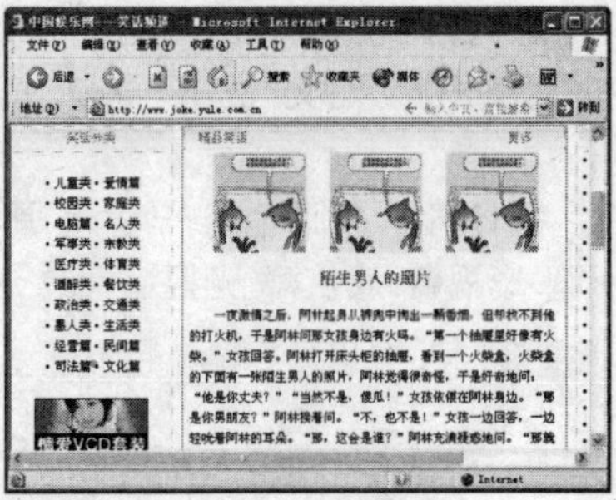

http://www.joke.yule.com.cn

搞笑图片 故事新编 搞笑 Flash 爆笑网文

魔鬼词典 俗语新编 搞笑专集

3. 欢乐空气

http://joke.fan8.net

爆笑图片 精品笑话 爆笑动画 心理测试 爆笑网文 成人篇

4. TOM 笑话

http://joke.lady.tom.com

笑话大王 搞笑图片 漫画集 恐怖故事 爆笑网文 智力游戏

猛料图片 魔鬼词典 短信笑话 俗语 论坛 Flash

5. 腾讯笑话频道

http://joke.qq.com

愚人区 视频区 成人区 挑战 IQ 爆笑图库 网文 故事 奇趣 短信

每日精华 笑话论坛 学生篇 厕所篇 影视篇 武侠篇 光棍篇

毕业篇 模仿秀

6. 中文幽默王

http://www.haha365.com

笑话大全 搞笑图片 爆笑网文 搞笑视频 搞笑动画 哈哈故事

哈哈漫画 哈哈趣闻 顺口溜 智慧快餐 名人名言 辛辣杂文

哲理短文 小小说 哈哈论坛 相声小品 幽默短信 恐怖故事

7. 幽默大师

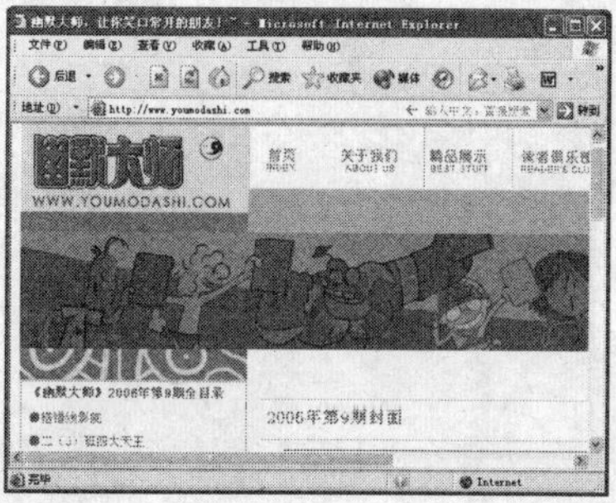

http://www.youmodashi.com

精品展示 读者俱乐部 新闻资讯 周边产品

8. 笑林广记

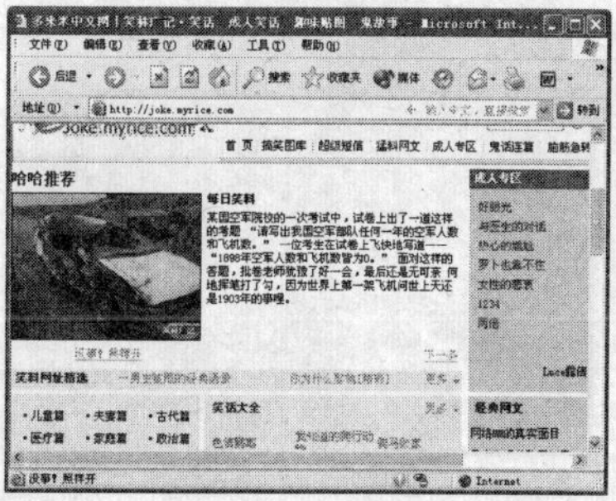

http://joke.myrice.com

搞笑图库 超级短信 猛料网文 成人专区 鬼话连篇 脑筋急转弯

超级笑话 大家同乐

9. 其他笑话网站

爆笑场	http://www.baoxiao.com
哈哈笑话	http://www.51haha.com
猪头乐园	http://zhutou.com
黑白搞笑网	http://www.bwjoke.com
泉州笑话站	http://joke.qz.fj.cn
所有笑话	http://www.joke9999.com
天马行空幽默网	http://www.efreesky.com
幽默家电子杂志	http://www.efunster.comd

第 5 章

时尚、宠物与博采

5-1 时尚

1. 时尚

http://www.trendsmag.com.cn

人物 时装 美容 情感 生活 健康 家居 汽车 旅游 休闲

资讯 调查 论坛 下载 周刊 测试 问答 无线 宽频 专题

时尚学院 数码杂志 时尚图书

2. ELLE 中国

http://www.ellechina.com

天桥霓裳 潮流资讯 特别专辑 星座物语 心理测试

缤纷社区 品牌看板 ELLE 俱乐部

3. 东方丽人

http://www.eastbeauty.com.cn

时尚风情 温馨家园 月光伊甸园 消费驿站

4. 东方热线时尚频道

http://fashion.cnool.net

流行前线 美丽伊人 精彩图库 逛街一族 精彩专题 生活情感 时尚论坛

5. 内衣情人

http://www.underwear-lover.com

了解内衣 内衣导购 内衣品牌 内衣欣赏 业内资讯 内衣文化

内衣时尚 娥娜多姿 内衣专卖 内衣论坛

6. 天鼎 9917 生活网

http://www.skytop.net/life

常识 美食 饮食 健康 塑身 美容 服饰 家居 旅游 宠物 生活论坛

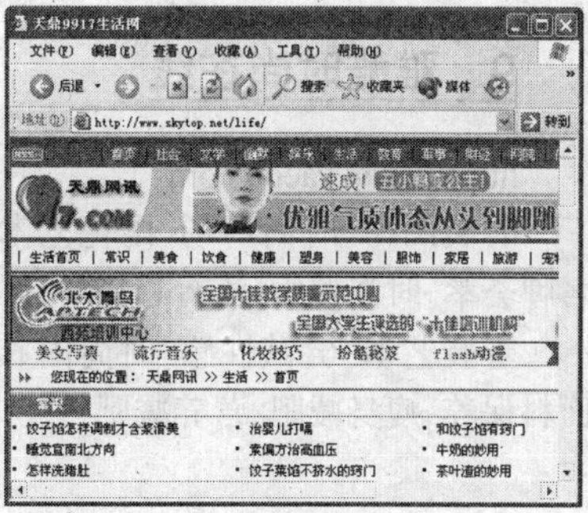

7. 中华服装网

http://www.51fashion.com.cn

服装新闻 服装商机 品牌加盟 流行资讯 服装展览 服装专区 服装论坛

服装企业 美容生活 商场门店 服装人才 服装字典 图库写真 合作媒体

8. 51内酷网

http://www.51neiku.com

内衣咨讯 内衣论坛 批发合作 男士内衣 女士内衣 饰品礼品

化妆品 成人用品 品牌特卖品

9. 雅酷时尚在线

http://www.yacou.com

时装图库 时尚广场 配色艺术 名牌荟萃 时尚搜索 流行趋势

着装艺术 尝试性感 时尚内衣 面料保养 瘦身减肥 营养减肥

10. 中国时尚品牌网

http://www.chinasspp.com

名品世界 商业观察 时尚 Shop 时尚品牌 服装品牌 招商加盟

服装展会 时尚频道 商务中心

11. 时尚快递

http://fashion.cycnet.com

靓装艳抹 极品导航 四季品牌 时尚饮食 时尚联盟 梦幻时装

12. 中国服装网

http://www.efu.com.cn

资讯中心 商业机会 热点专题 企业大全 服装品牌 产品展示

时尚服饰 人物专区 行业百科 服装设计 人才市场 服装院校

服装展会 时尚媒体 时尚秀场 服装搜索 服装论坛 品牌招商

经销商专区 经理人学院

13. 中国国际服装城

http://www.chinaicc.com

女装区 男装区 童装区 婚纱区 鞋帽区 箱包区 世界精品区

面辅料区 床上用品区 世服 OUT-LETS 投资信息 招商信息

设计 贸易 展示 会展 演出 研发 批发 零售 信息 发布 培训

14. 玉女内衣网

http://www.cn-lingerie.com

行业新闻 内衣文化 美与健身 模特芳踪 内衣图库

时装世界 内衣话题 内衣店 全球时装黄页

15. AB 内衣网

http://www.chinaab.com

保健裤 丝光内衣 保暖内衣 莱卡内衣 童装 网上采购 招商加盟

16. 中国服装标准检测信息网

http://www.cgsii.net

标准化 质量检测 信息中心 大师设计室 流行杂志 形象咨询

服装品牌 面料信息 服装信息 辅料信息 纤维信息 招聘信息 会员沙龙

17. 中国服装在线

http://www.chinaclothingonline.com

行业资讯 产品展示 企业检索 信息反馈 服务项目

18. 其他时尚网站

富民时装网	http://www.fumin.com
深圳服装网	http://www.1f1f.com.cn
酷绅服装网	http://www.kushen.com
内衣 MODE	http://www.lingerie-mode.com
全球服装信息网	http://www.fashioninfor.com
天健网时装秀	http://www.runsky.com/sz
燕丽服饰	http://www.yeali.com
中国服装科技商贸网	http://www.charse.com

5-2 宠物

1. 中国宠物网

http://www.chinapet.net

宠物影展 宠物新闻 宠物论坛 中国宠物企业

宠物用品商场 水族用品商场 宠物供求信息

2. 中华宠物网

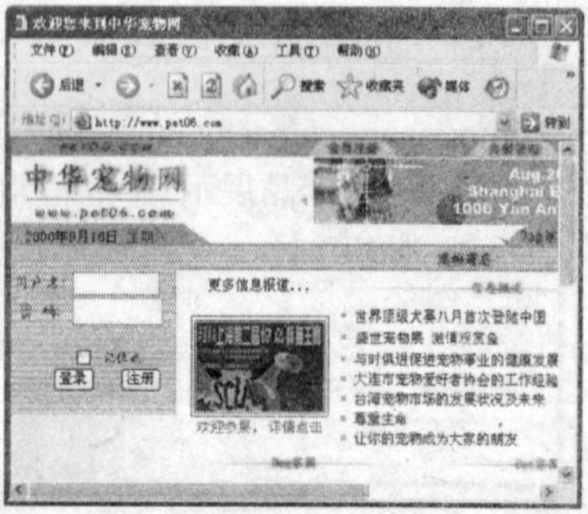

http://www.pet06.com

宠物商店 宠物领养 宠物黄页 狗狗问诊 猫咪问诊

宠物征婚 猫咪征婚 宠物俱乐部

3. 宠物信息港

http://www.hellopet.com.cn

宠物街 宠物婚介 宠物医院 爱心学校 宠物用品

另类宠物 宠物律师 专业服务 宠物公墓 百宠图

4. 宠物世界

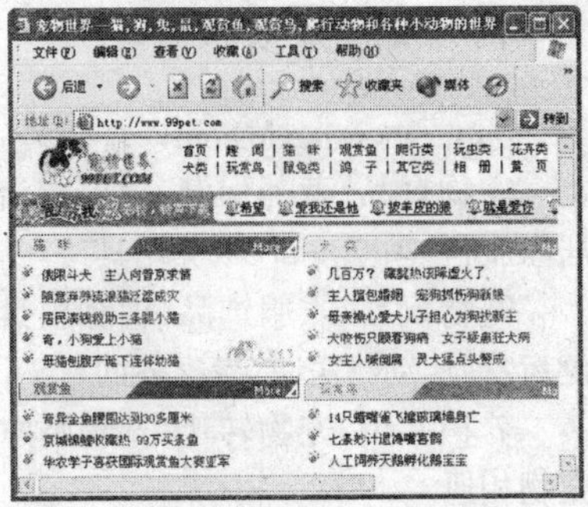

http://www.99pet.com

趣闻 猫咪 观赏鱼 爬行类 玩虫类 花卉类 彩铃 展会 游戏

商城 犬类 玩赏鸟 鼠兔类 鸽子 其他类 相册 黄页 投稿

5. 环球宠物

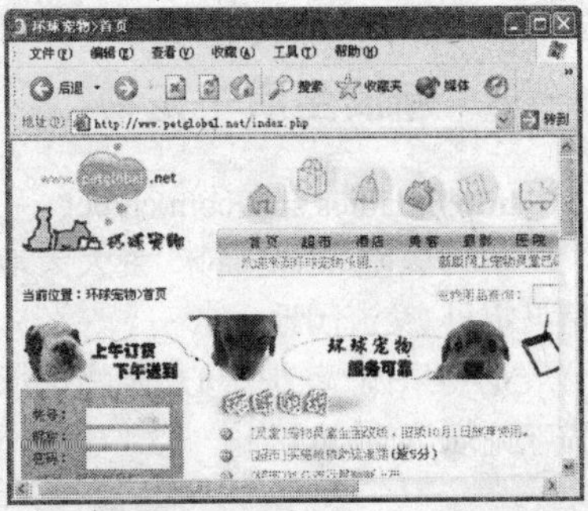

http://www.petglobal.net

超市 酒店 美容 摄影 医院 学校 怀念 收养 派对 论坛

6. 亲亲宝贝宠物网

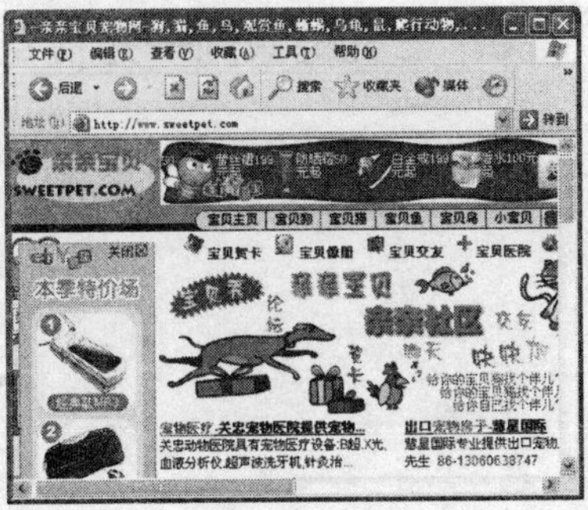

http://www.sweetpet.com

宝贝狗 宝贝猫 宝贝鱼 宝贝鸟 小宝贝 彩信宝贝

宝贝贺卡 宝贝相册 宝贝交友 宝贝医院 宠物酷站

7. 和谐宠物网

http://www.hexie.com

宠物食品 营养保健 美容清洁 居家旅行 项圈皮带 喂养用具

宠物玩具 衣服饰品 训练用具 健齿咬胶 动物医院 专家咨询

养护常识 宠物转让 宠物婚嫁 宠物相册

8. 新浪生活—宠物

http://eladies.sina.com.cn/pet

动物医院 心爱猫咪 爱犬天地 精灵宝贝 交流园地

宠物乐园 养护中心 宠物论坛 猫咪论坛 狗狗论坛

9. 三九健康网—宠物专题

http://www.39.net/health/pet

宠物医院 人畜公患 宠物故事

10. 搜狐—宠物家园

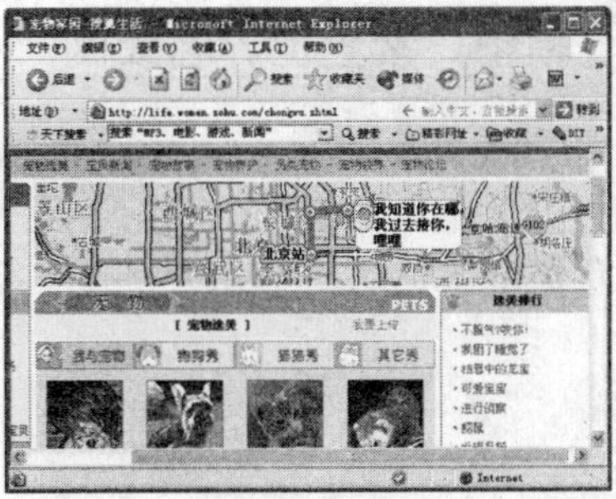

http://life.women.sohu.com/chongwu.shtml

宠物选美 宝宝贝贝 宝贝趣闻 呵护宝贝 宝贝新闻

宠物故事 宠物养护 另类宠物 宠物领养 宠物论坛

11. 宠物情缘

http://life.gz163.cn/pet

小狗 小猫 小鸟 小鱼 花草 其他 宠物明星

宠物趣图 宠物护理 宠物故事 贵族名宠

12. 宠物派

http://www.petpie.com

供求信息 网上商城 市场行情 政策法规 新闻动态 动物保护

海外传真 电子地图 宠物百科 宠物咨询 在线预算 杂志专区

展会大赛 会员俱乐部 名人名宠 影视图库 论坛游戏 导盲犬专区

13. 紫金世界名犬网

http://www.zjgsb.com/new/index.asp

枪猎犬 狩猎犬 工作犬 更犬 玩赏犬 非运动犬 牧用犬

14. 中国宠物大全

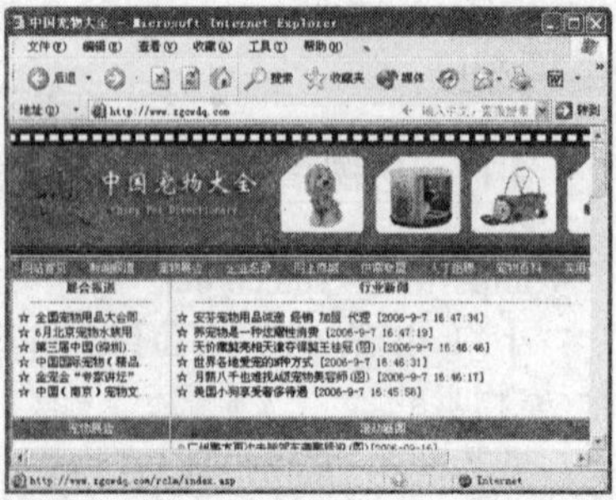

http://www.zgcwdq.com

宠物百科 新闻频道 宠物展会 企业名录 网上商城

供需联盟 实用查询 精选网址 宠物论坛

15. 其他宠物网站

西安宠物家园博客	http://www.pppet.net
贵州宠物网	http://www.gz-pet.com
瑞克宠物用品商城	http://www.zjgsb.com
大连宠物网	http://www.dlpet.com
成都市犬业协会网站	http://www.cdpet.com
库奇宠物网	http://www.kucy.com
下一代网站—宠物情缘	http://www.xiayidai.com.cn/hjh/pet
汪汪宠物网	http://www.wangwang.com
凯莎宠物	http://www.kspet.cc
我要猫猫	http://www.51cat.com
宠物中国—宠物之家	http://www.chinapet.com
狗吧	http://www.d888b.com
青岛宠物网	http://www.qdpet.com

江苏音符宠物频道　http://js.vnet.cn
南京猫友俱乐部　http://www.njcatclub.net
西南名犬网　http://www.swdog.com
花鸟宠物频道　http://pets.cqnews.net
中国宠物展览网　http://www.petshow.cn
中国爱猫者协会　http://pet.96963.com
多多宠物商城　http://www.dogdog6.com
观赏鱼之家　http://www.cnfish.com
昆明宠物网　http://kmpet.km169.net
宠趣网　http://www.chongqu.com
中国宠物医院网　http://www.chinapetho.com
江苏宠物网宠物市场　http://www.njpet.net

5-3　博彩

1. 中国体彩网

http://www.lottery.gov.cn

七星彩 排列三、五 足彩胜负 足彩进球 篮球彩票 省市体彩 体彩数据　世界杯专题 22 选 5 29 选 7 媒体擂台　无线体彩 彩民论坛

2. 中国彩票

http://www.cpiao.com

彩票软件 中奖趣闻 花絮新闻 彩票误区 谈谈彩票 彩票知识 彩票收藏

足球彩票 我爱彩票 游戏规则 投注贴士 电脑选号 彩票梦想 彩票文化

售彩有方 免费代码 新闻纵览 彩市动态 观图论势 中奖纳税 资金

用途

彩迷心声 彩迷轶事 福彩 3D 3D 论坛 彩票好 历史开奖数据

3. 北京福利彩票

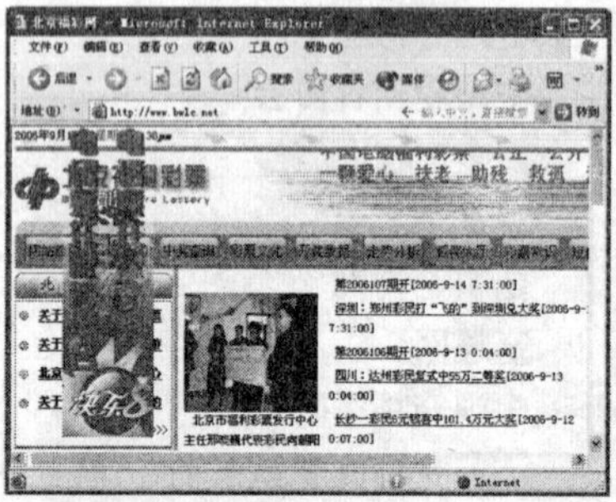

http://www.bwlc.net

彩票新闻 中奖查询 彩票文化 开奖数据

走势分析 摇奖大厅 彩票常识 短信订阅 头注平台

4. 中国足彩网

http://www.betrich.com

中体网 中体彩票网 足球彩票 意甲联赛 英超联赛 足球博彩

足球预测 足球推介 足球咨询 足球贴 澳门足球预测 香港足球预测

5. 彩票猎手网

http://www.cpkill.com

最新开奖 彩市新闻 博彩技巧 精彩好文 幽默笑话 彩票软件书

数据下载 双色球 各地彩票 七星彩 3D 篮球彩票 在线极限缩水

6. 国彩网

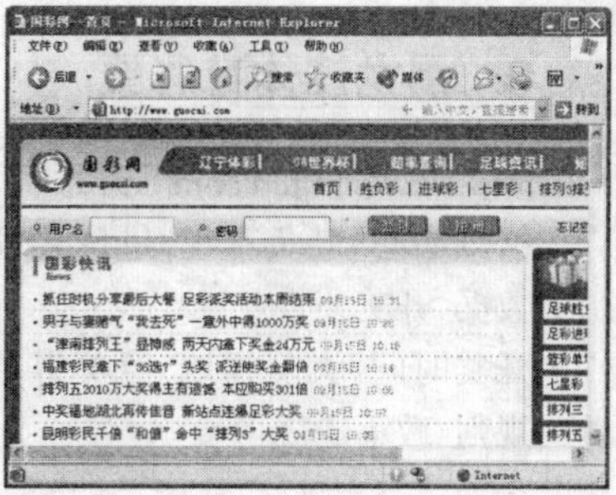

http://www.guocai.com

辽宁体彩 赔率查询 足球资讯 短信 彩信 国彩社区 开奖公告 专家专栏

7. 彩票王后

http://www.cncpw.com

彩票预测 彩票论坛 彩票软件

8. 彩票中奖网

http://www.cn-loans.com

新闻花絮 投注技巧 彩票文化 政策法规 福彩专题

体彩专题 合买彩票 彩票预测 开奖消息 彩票软件 彩票论坛

9. 黑龙江体育彩票

http://www.hljtcp.com

信息中心 胜负赛程 进球赛程 历史数据 开奖公告

开奖时间 大奖福地 巨奖得主 游戏规则 政策法规

10. 乐透乐

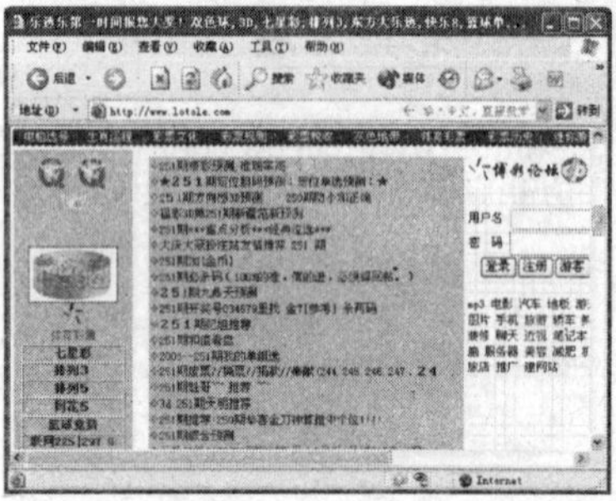

http://www.lotole.com

电脑选票 生肖运程 彩票文化 彩票规则 地方彩票

彩票税收 灰色地带 体育彩票 彩票历史 迷你游戏

11. 阿宝体育彩票

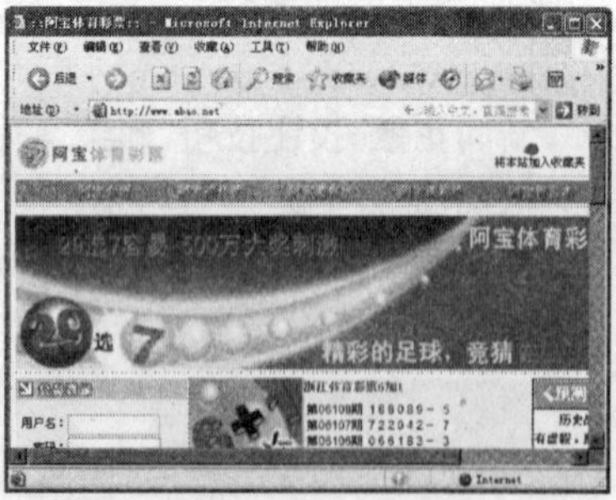

http://www.abao.net

开奖公告 彩票软件超市 阿宝谈彩经

12. 福彩网

http://www.16886000.com

彩票新闻 开奖信息 中福在线 图表数据 开奖视频 购彩方式 兑奖方法

设奖方案 救助活动 福彩细则 投注须知 号码预测 每期胡参 投注站点

集资购彩 彩票人才 彩票名录 福彩论坛 各地福彩

13. 中体彩票网

http://lottery.sinosports.net

彩票信息 彩票历史和概念 彩票的类型 国外彩票概述 中国体育彩票

彩票数据 彩票报道 中奖两三招 彩票论坛 灰色地带 彩票文化 足球彩票

14. 中彩网

http://www.zhcw.com

开奖公告 福彩频道 新闻 政策法规 公益资助 彩票文化 环球彩风 论坛

15. 彩票快车网

http://www.cpkc.net

福彩/双色球 七星彩/排列 3/排列 5 福彩 3D

软件下载 数据下载 软件注册 彩票网址大全

16. 其他博彩网站

福建风采电脑福利彩票	http://www.cwl-fj.com
广东彩票网	http://www.caipiao.cc 或 http://www.gdcpw.com
福建体彩 90512	http://www.90512.com
广西彩票网	http://www.gxcaipiao.com
兴文在线	http://www.xingwen.net
山东彩票	http://www.sdcp.com.cn
陕西风彩	http://www.sxfc.gov.cn
上海福利彩票	http://www.swlc.sh.cn

第 6 章

教育部门、教育协会和高等名校

6-1 网校教育

1. 清华网络学堂

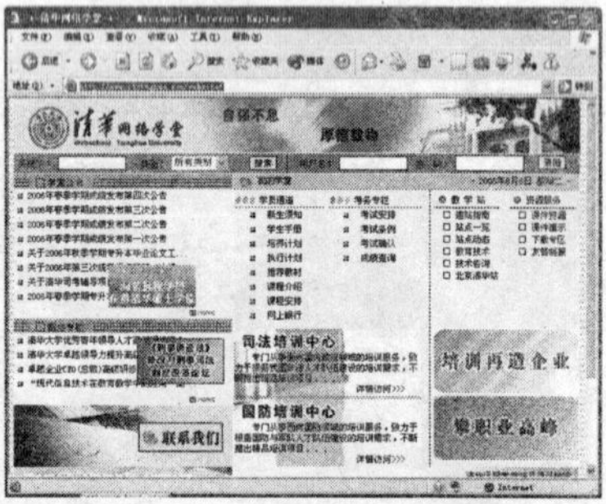

http://www.itsinghua.com/website

新生须知 学生手册 培养计划 执行计划 推荐教材 课程介绍

课程安排 考试安排 考试条例 考试确认 成绩查询

2. 北京大学现代远程教育

http://202.152.177.120

远程风采 远程资讯 招生专栏 教学教务专栏 学习园地 教育技术

教学中心工作 网院 OA 系统

3. 北京外国语大学网络教育学院

http://www.beiwaionline.com

网院概况 学历教育 英语培训 在线培训 剑桥考试 俱乐部

同学录 校友会 论坛

4. 华南理工大学网络教育学院

http://www.scutde.net

学校概况 教学中心 学院简介 年度工作 学院机构 资源建设

学院论坛 实时交流 学风建设 班级网页 学生工作 学生风采

教学管理 招生入学 教学安排 考试专栏 成绩管理 学籍管理

教材目录 教学计划 网络课堂

5. 重庆大学网络教育学院

http://www.5any.com

招生信息 教学园地 政策法规 教务指南 外语学习中心 下载专区

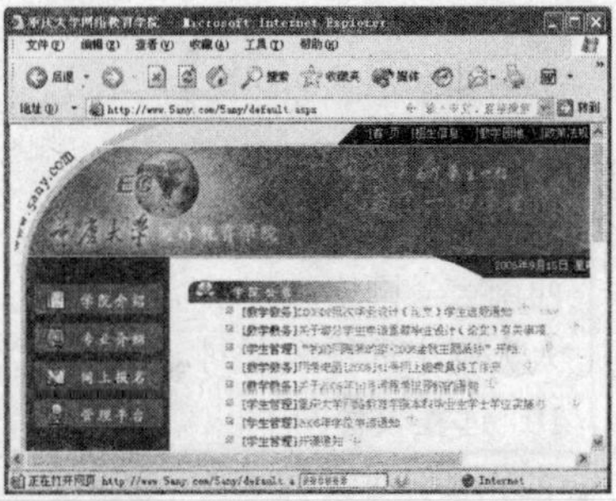

6. 上海交通大学网络教育学院

http://www.onlinesjtu.com

招生信息 教学信息 下载专区 跨校选课 课程直通车 英语快车

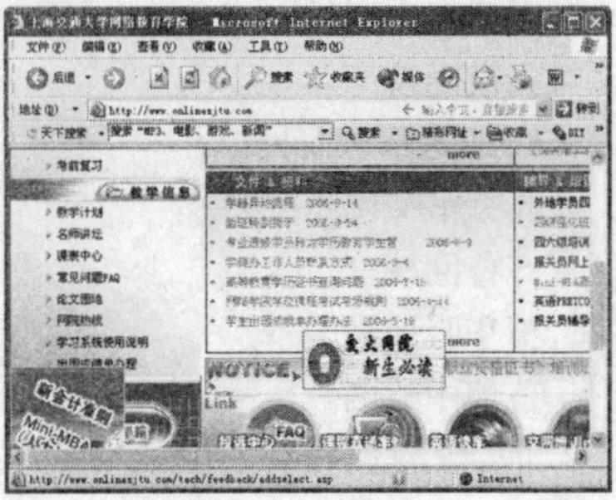

7. 其他网校网址

西安交通大学网络学院	http://www.dlc.xjtu.edu.cn
厦门大学网络教育学院	http://210.34.0.36
天津大学网络教育学院	http://www.etju.com
北京大学医学网络教育学院	http://www.bytime.com.cn
武汉理工大学网络教育学院	http://wutde.whut.edu.cn/
江南大学网络教育学院	http://www.cmjnu.com.cn
人民大学网络教育学院	http://www.cmr.com.cn
四川大学网络教育学院	http://www.scude.cc
东南大学网络教育学院	http://netu.js.edu.cn/faredu
同济大学现代远程教学院	http://www.tjae.cn
东北大学网络教育学院	http://202.107.127.123/dbdx/index.jsp
大连理工大学网络学院	http://www.online.dlut.edu.cn
复旦大学网络教育学院	http://dec.fudan.edu.cn/
浙江大学网络教育学院	http://www.scezju.com
西南大学网络教育学院	http://www.eduwest.com
人大附中远程教育网	http://www.rdfz.com
101 远程教育网	http://www.chinaedu.com
北京四中网校	http://www.etiantian.com
百灵网校	http://www.100point.com
北大附中附小网校	http://www.pkuschool.com
天津一中网校	http://www.myschoolnet.com.cn
天极网校	http://training.yesky.com
8211 远程教育网	http://www.8211.com
北京汇文网校	http://www.huiwen-cn.com/huiwen/
齐鲁网校	http://www.qilunetschool.com.cn
精华听课网	http://www.jinghua.net
首信中财网	http://www.caiwu.com.cn
北京无忧网校	http://www.wuyouschool.com.cn

6-2　教育报刊

1. 中国教育新闻网

http://www.jyb.com.cn

新闻 评论 考试 招生 就业 法治 留学 校园 传媒 图片 资料

教育政策 教育法规 教育文献 教育机构 教育统计 领导活动

重要讲话 教育资讯

2. 中国教育杂志

http://www.chinaeduc.com

教育资讯 名校风采 教坛群英 教育设备 书画长廊 招聘信息 求职信息

3. 中国教育教学杂志

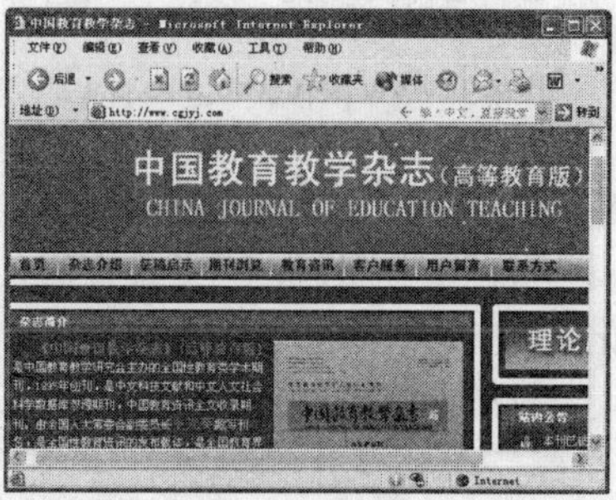

http://www.cgjyj.com

征稿启示 期刊浏览 教育咨询

4. 世界教育报

http://www.abcwt.com/edu

世贸工商 世界健康 世界科技 世界人才 世界交友 世界节能

世界法律 世界教育 哈佛 e 教程 教育动态 教育新闻

教育e大学 网上展销 科教创富 教育资讯

5. 上海青年报

http://www.why.com.cn/epublish

焦点新闻 上海新闻 国际新闻 财经新闻 体育新闻 青年社交

生活周刊 学生导报 娱乐新闻 海派作家

娱乐 时尚 城市 情感 生活 读书 旅游 文化

6. 教育文摘

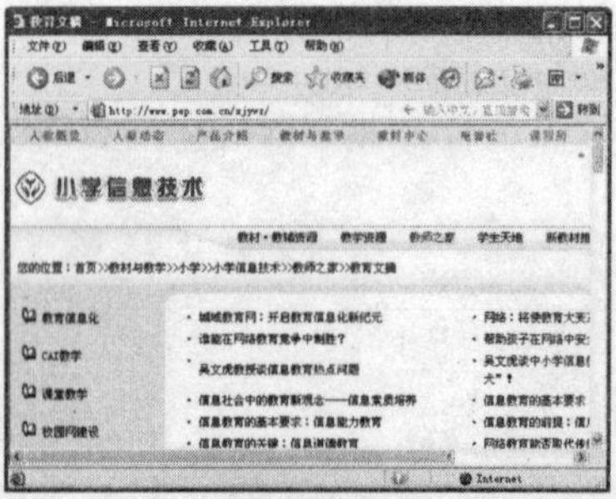

http://www.pep.com.cn/xjywz

教材·教辅资源 教学资源 教师之家 学生天地 新教材推荐

资源下载 教材中心 教育信息化 CAI 教学 课堂教学 教研论文

校园网建设 教育文摘 论文展示

7. 英语沙龙

http://www.es123.com

文章中心 网上书店 校园频道 听说训练 沙龙论坛 有声下载 培训学校

8. 中国教师报

http://www.chinateacher.com.cn

读者论坛 投稿信箱 过刊查询 报纸订阅 广告服务

各省采编中心 中国教育博客

9. 家庭教育导报

http://zjdaily.zjol.com.cn/gb/node2/node802/node805

一版要闻 幽默人生 父母参考 成长故事

育儿指南 七彩世界 八面来风 开心乐园

10. 财经

http://caijing.hexun.com

财经观察 即时要闻精选 当日商情精选 财经文萃

经济学家 财经专题 《财经》人物 奖学金项目

11. 信息与电脑

http://www.chinacc.com

时讯 交流园地专题 视点

期刊阅览

12. 中国儿童报

http://www.ccppg.com.cn/a/etb

小学生论坛 我来写 画世界

学做人

13. 中国中学生报

http://www.ccppg.com.cn/a/zxs

新闻 文学 娱乐 法治 体育 青春 生活 军事 科技 校园 学习

水晶文学梦 偶像无敌 蜘蛛编法网 成长的烦恼 学会求知 菁菁校园

14. 儿童文学

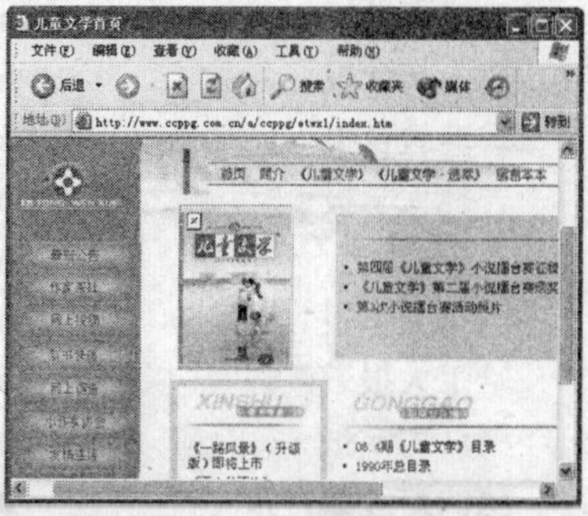

http://
www.ccppg.com.cn/a/ccppg/etwx1

最新公告 作家茶社 网上投稿 新书快递 小作家协会

15. 知心姐姐

http://www.ccppg.com.cn/a/ccppg/zxjj

少年人物 少年新闻 故事 心情 常识 魔镜 爸妈 快乐千岛湖 想象无极限

16. 其他教育报刊

少年报都市版	http://www.ccppg.com.cn/a/city
中学生	http://www.ccppg.com.cn/a/ccppg/zxs
中国少年儿童	http://www.ccppg.com.cn/z/zsnet

我们爱科学	http://www.ccppg.com.cn/z/akx
人才市场报	http://www.china91.com
国际教育工程	http://www.newscitech.com
作文周刊	http://www.zwzk.com
德育报	http://www.deyubao.com/
中华教育报	http://www.chineseedu.org
山东中医药大学报	http://www.sdutcm.edu.cn/xiaobao
南京工业大学报	http://www.njut.edu.cn/xiaobao
中国电脑教育报	http://www.cce.com.cn
石油大学报	http://www.bjpeu.edu.cn
宝安教育报	http://www.baoan.net.cn/newspaper.php
武汉大学报	http://www.wuns.whu.edu.cn
燕山大学报	http://www.ysu.edu.cn/bumen/xiaobao
香港教育报	http://xzedu.zhuhai.net.cn/dzbk/xzjyb.asp
吉林大学报	http://www.jlu.edu.cn/old/xiaobao /0004/1xwc
西京大学报	http://www.xijing.com.cn/newspaper
哈工大报	http://weekly.hit.edu.cn
浙江大学报	http://www.zdxb.zju.edu.cn
陕西财经教育报	http://www.sxptife.net/sxjcjy/cjjyb310.htm

6-3 留学移民

1. 中华人民共和国教育部教育涉外监管信息网

http://www.jsj.edu.cn

职能介绍 政策法规 重要动态 留学预警 热点问答 名单公布 投诉举报

典型案例 国外学校资质情况查询 国外（境外）学历学位认证

2. 环球教育网

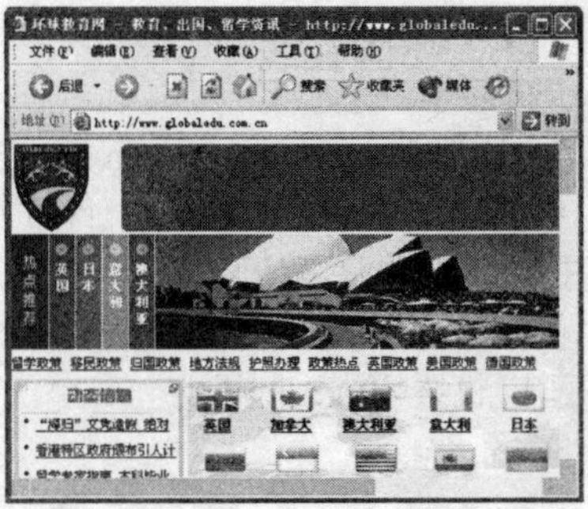

http://www.globaledu.com.cn

留学政策 移民政策 归国政策 地方法规 护照办理 政策热点

留学签证 留学考试 留学申请 材料写作 学校排名 出行锦囊

海外生活·奖学金 英国政策 美国政策 德国政策

3. 国家留学网

http://www.csc.edu.cn/gb

基金委介绍 最新动态 出国留学 来华留学 政策法规 国际交流

驻外使领馆 境外就学 留学预科学院 自费留学 FAQ 网上报名

4. 中国留学网

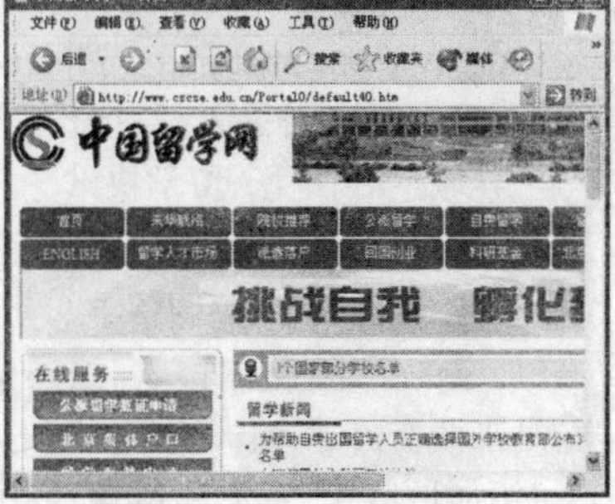

http://www.cscse.edu.cn/Portal0/default40.htm

来华联络 院校推荐 公派留学 自费留学 留学中国 留学存档

学历学位认证 留学人才市场 派遣落户 回国创业 科研基金

北京集体户口 服务使领馆 护照签证服务

5. 出国在线

http://www.chuguo.org.cn

旅游国家 城市 团队游 自助游 主题游 国内游 游记

美食 旅游 购物 旅游展 地图 酒店 机票 论坛 业内

6. 中国留学人才信息网

http://www.chinatalents.gov.cn

政策法规 回国指南 人才自荐 单位招聘 经费指南

综合查询 创业园区 西部开发 异域生活 热线站点 成功创业

7. 中国教育在线留学频道

http://www.cer.net/jiao_yu/liuxue

政策 预警 新手入门 选校 奖学金 异域生活 论坛 留学快讯

留学讲座 申请宝典 签证指南 留学备考 美国留学 英国留学

加拿大留学 德国留学 法国留学 马来西亚留学 澳洲留学

新加坡留学 意大利留学 韩国留学 日本留学 俄罗斯留学

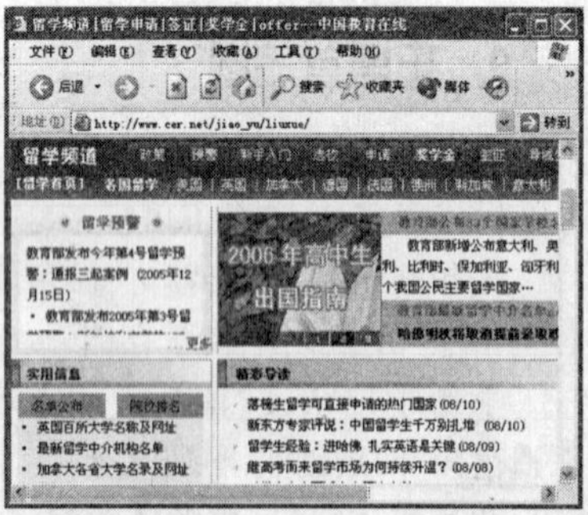

8. 中青在线留学频道

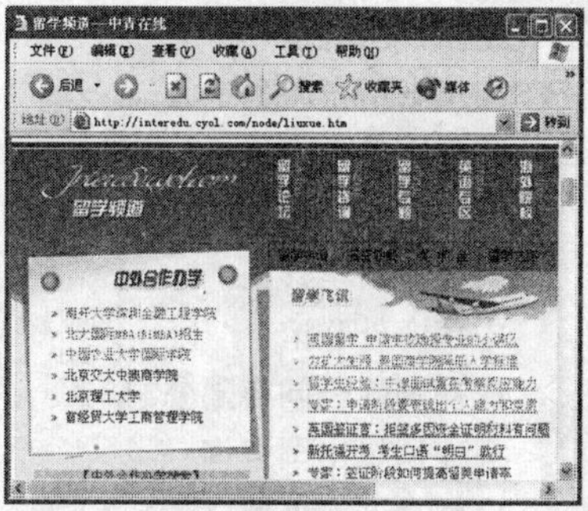

http://interedu.cyol.com/node/liuxue.htm

留学论坛 留学咨询 留学专题 英语专题 海外院校 出境必读

异域采风 留学故事 打工就业 生活手册 留学宝典

留学申请 签证胜经 奖学金

9. 其他留学移民网址

滴答出国资讯	http://www.tigtag.com
出国之路	http://www.wayabroad.com
新华网—出国频道	http://www.xinhuanet.com/abroad
中华涉外网—留学移民	http://abroad.9c9c.com.cn
DIY 移民家园	http://www.imm-diy.com
环球雅思学校	http://www.ielts.com.cn
济南出国留学服务中心	http://www.liuxueroad.com
搜狐网留学移民	http://learning.sohu.com/abroad
天津市留学服务中心	http://www.tjscse.com
WAY2USA 留学考试终结站	http://www.csc.edu.cn/gb
北京留学网	http://www.bjlx.gov.cn/bjlx
北京浙江大学出国留学服务	http://www.zju-cos.net
新加坡对外教育中心	http://www.edusg.com
上海热线留学频道	http://education.online.sh.cn/education/gb/node/edu_url_lxdby.htm
海南留学服务中心	http://www.hnscse.gov.cn
武汉留学生创业园	http://www.wh-newstart.org/v2
广州英中教育咨询	http://www.anglo-chinese.com
留学资讯网	http://www.go2study.net
上海教科留学服务	http://www.sispc.com.cn
湖北利华文化公司	http://www.lihua-cn.com

无锡江大留学服务中心	http://www.jdlxzx.com
搜狐出国频道	http://goabroad.sohu.com
四川省留学服务中心	http://www.sc-studyabroad.com
留学宝典	http://www.zexiao.com/tj/liuxue
苏州因私出国服务	http://www.szoasc.com
新浪—留学移民	http://edu.sina.com.cn/m
中华海外联谊会	http://www.cofa.org.cn
成功国际顾问有限公司	http://www.imm.com.cn
福建恒星出国咨询	http://www.starstudying.com
广州嘉诚海外留学	http://www.gasheng.com
留学日本信息	http://www.abroadjapan.com
移民留学第一站	http://www.onlinemigration.net/publish
辽宁省国际交流中心	http://www.liec.com.cn
东北师范大学留学服务	http://abroad.nenu.edu.cn
韩国留学在线	http://www.21hanguo.com
神州学人	http://www.chisa.edu.cn
上教国际交流有限公司	http://www.edush.com
新西兰移民留学网	http://www.askynz.com
北京二外留学培训中心	http://www.bjerwai.com

6-4 教育媒体

1. 中国考研信息网

ttp://www.kaoyannet.com

考研指南 考研院校 专业硕士 考研名师 复习指导 考研书店

考研心路 考研论坛 考研政治 考研英语 考研数学 法硕

MBA EMBA MPA 工程硕士 会计学硕士 在职读研 同等学历

2. 中国教育信息网

http://www.chinaeduinfo.com

高校招生 外语考试 出国留学 外销员考试 考研 名师在线 人才就业

考试书店 MBA/MPA 成人高考 培训信息 报关员考试 法硕 人力资源

优秀课程 高考手册 司法考试 网络教育 公务员考试 医师 物流考试

同等学历 计算机考试 求学指南 招生问答 国际商务师 会计 网上报名 求职招聘

3. 中国全球网络教育台

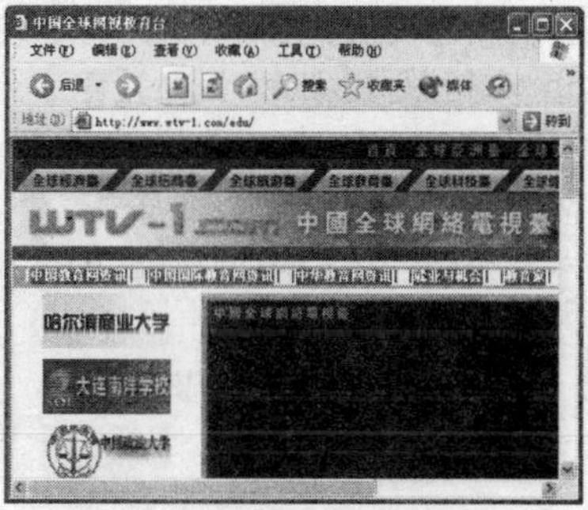

http://www.wtv-1.com/edu

中国教育网资讯 中国国际教育网资讯 中华教育网资讯 就业与机会

教育家 名家之约 出国留学 留学机构 招生考试 家庭教育 英语家园

4. 中国教育第一网

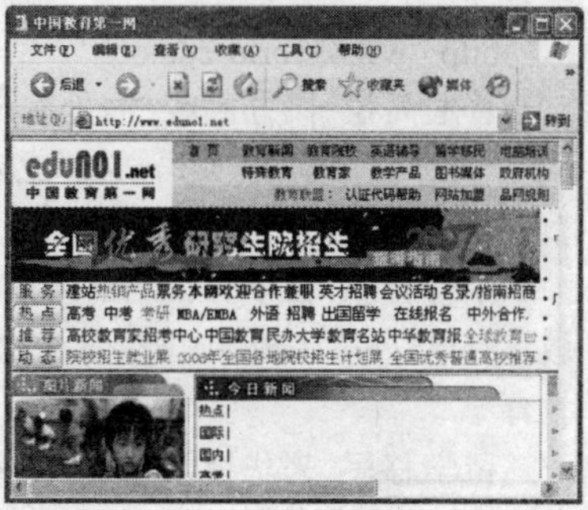

http://www.eduno1.net

教育新闻 教育院校 英语辅导 留学移民 电脑培训 招生热点 少儿教育

家庭教育 远程教育 特殊教育 教育家 教学产品 图书媒体 政府机构

教育视频 人才招聘 网上书店 教育联盟

5. 中国培训网

http://www.eduno1.net/peixun

普通高校 民办高校 海外院校 网络学院 培训学校

英语学校 成人教育 中外合作 留学移民 招生总汇

6. 中国教育网

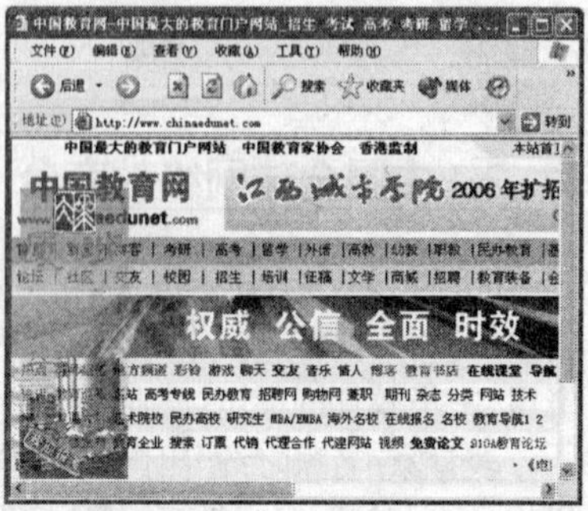

http://www.chinaedunet.com

新闻 博客 考研 高考 留学 外语 高教 幼教 职教 民办教育

基础教育 自考成考 中外合作 资源中心 论坛 社区 交友

校园 招生 培训 征稿 文学 商城 招聘 教育装备 会员学校

比赛活动 教育书店

7. 世界教育网

http://www.world-edu.org

普通高校 民办高校 海外院校 网络学院 培训学校 英语学校 成人教育

中外合作 留学移民 招生总汇 教育资讯 外事法规 中国教育 环球教育

留学移民 来华留学 著名学府 汉语教学 教材长廊 会员学校

8. 中华教育网

http://www.chn-edu.com

最新资讯 政策法规 高校招生 教师招聘 成教频道 考研频道 校庆频道

高校风采 民办高校 高职高专 远程教育 在线课堂 艺术院校 军事院校

9. 中国考证网

http://www.eduno1.net/kaozheng

考证信息 普通高校 民办高校 海外院校 网络学院 培训学校

英语学校 成人教育 中外合作 留学移民 招生总汇

10. 其他教育媒体网址

中国国际教育网	http://www.chnedu.net
中华教育研究交流中心网	http://www.chinese-edu.org
中国教育市场网	http://edu.18-china.com
中国职业技术培训网	http://www.eduno1.net/zhiye
中国教育电视台	http://www.cetv.edu.cn
中国教育和科研计算机网	http://www.cernet.edu.cn
中国青少年信息服务网	http://www.youth.cn
高等自学考试网	http://www.stf.net.cn
中小学信息技术教育网	http://www.nrcce.com
中国青少年发展基金会	http://www.cydf.org.cn
中国教学参考网	http://www.jpsnu.com
中国历史网	http://www.today01.com

民办教育—中国招生考试之	http://www.edu126.com/minbanjiaoyu.htm
上海招考热线	http://www.shmeea.com.cn/node2/xbsy/sy
上海市中小学教育网	http://www.sheisnet.sh.cn
淄博教育信息网	http://www.zbedu.gov.cn
湖南教育网	http://www.hnedu.com
湖北教育信息网	http://www.e21.edu.cn
武汉教育信息网	http://www.whjy.net
中国教育信息网	http://www.chinaedu.edu.cn
中国基础教育信息网	http://www.chinaevedu.net
职业教育信息网	http://www.chinatvet.com
中国中小学教育教学网	http://www.k12.com.cn
中国艺术教育网	http://www.chinaartedu.net
中国高职高专教育网	http://www.tech.net.cn/edusation
农业科教信息网	http://www.stee.agri.gov.cn
中学教育信息网	http://www.chinaedu.edu.cn
中国教育黄页	http://www.edutv.net.cn
中国园丁网	http://www.teacher.edu.cn
中国幼儿园黄页	http://www.chinayp.org/hy/p/841
中国校园文学网	http://www.chinawriter.com.cn/zuoxe/wxbk/xiaoyuan/xy.asp
中国校园文艺网	http://www.xywycn.com
北京教育信息网	http://www.bjedu.com.cn
北京教育在线	http://www.bjedu.cn
北京高校毕业生就业信息网	http://www.bjbys.net.cn
黑龙江教育在线—黑龙江教育	http://www.hljedu.com
哈尔滨市教育信息网	http://www.hledu.net
辽宁基础教育教研网	http://www.lnedu.net
吉林省教育信息网	http://edu.jl.cninfo.net
四川教育信息网	http://www.21sjzg.com/sichuan/scedu
安徽教育和科研计算机网	http://www.ah.edu.cn/zh_cn
内蒙古教育科研网	http://www.nmgov.edu.cn

蚌埠教育教学信息网	http://bbedu.yeah.net
无锡教育信息网	http://www.wxjy.com.cn
香港教育资讯网	http://www.education.com.hk
新疆远程教育资源网	http://xernet.xj.cninfo.net
河北教育信息网	http://202.206.116.178
成都教育信息网	http://www.cdedu.com
云南省教育网	http://www.ynedu.net.cn
南海教育网	http://www.nhedu.net
江苏教育资源网	http://www.etec.edu.cn
广东教育和科研计算机网	http://www.gd.edu.cn

6-5　教育部门

1. 中华人民共和国教育部

http://www.moe.edu.cn

2. 中国教育考试网

http://www.neea.edu.cn

3. 北京市教育委员会

http://www.bjedu.gov.cn

4. 上海市教育委员会

http://www.shmec.gov.cn

5. 重庆市教育委员会

http://www.cqjw.gov.cn

8. 吉林省教育厅

http://www2.jle.edu.cn/edu

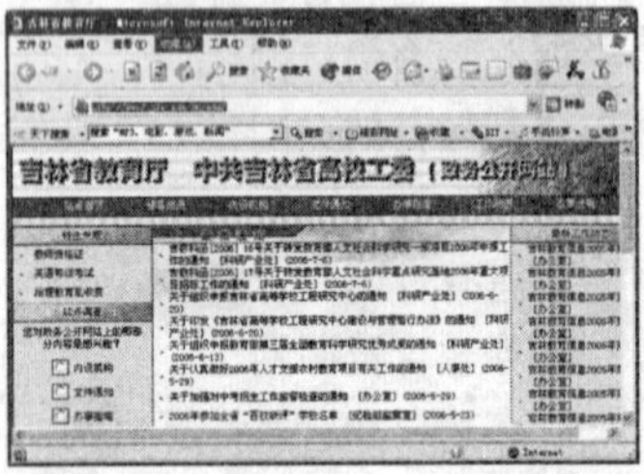

6. 河北省教育厅

http://www.hee.cn

9. 黑龙江省教育厅

http://www.hlje.net

7. 内蒙古教育厅

http://www.nmgov.edu.cn/

10. 辽宁省教育厅

http://www.lnein.gov.cn

11. 江苏省教育厅

http://www.ec.js.edu.cn

12. 浙江省教育厅

http://www.zjedu.org

13. 安徽省教育厅

http://www.ahedu.gov.cn

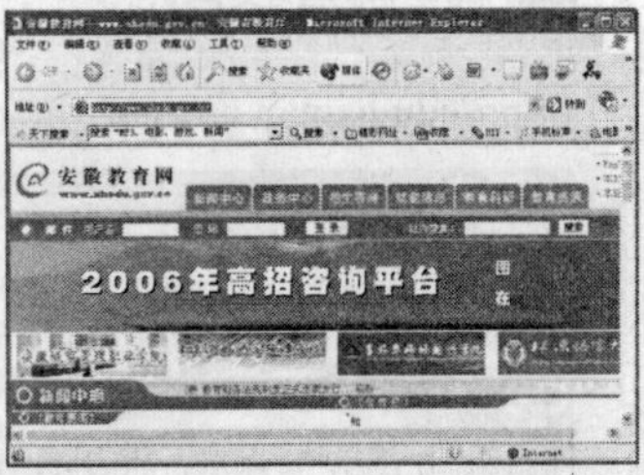

14. 福建省教育厅

http://www.fjedu.gov.cn

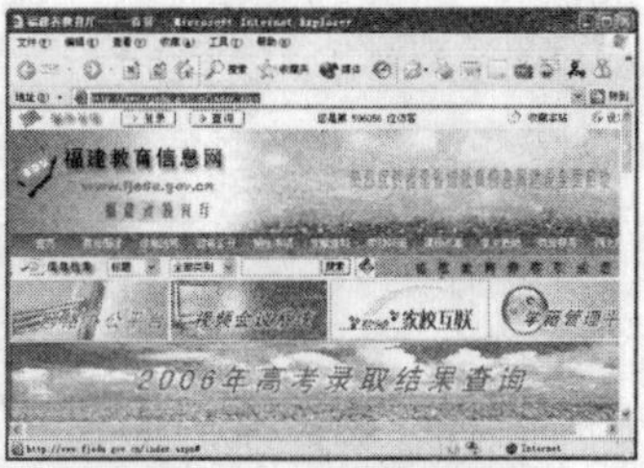

15. 江西省教育厅

http://www.jxedu.gov.cn

16. 山东省教育厅

http://www.sdedu.gov.cn

17. 河南省教育厅

http://www.hadoe.gov.cn

20. 广东省教育厅

http://www.gdhed.edu.cn

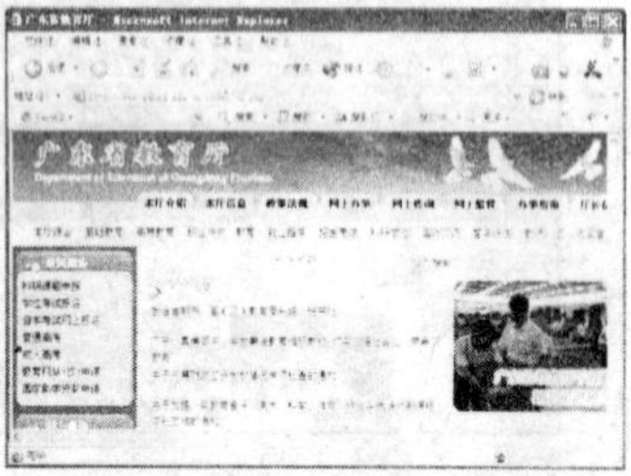

18. 湖北省教育厅

http://www.hbe.gov.cn

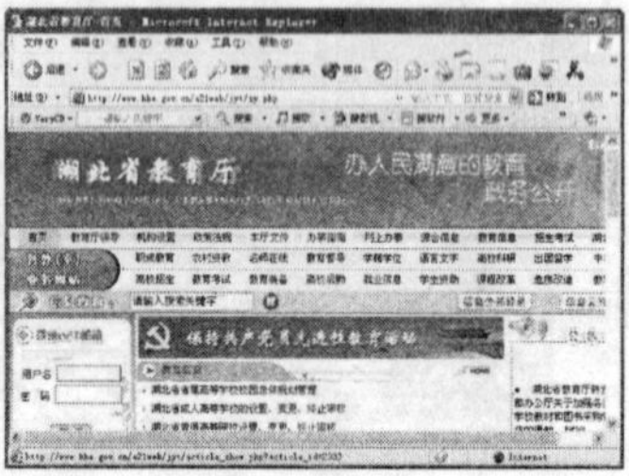

21. 广西壮族自治区教育厅

http://www.gxedu.gov.cn

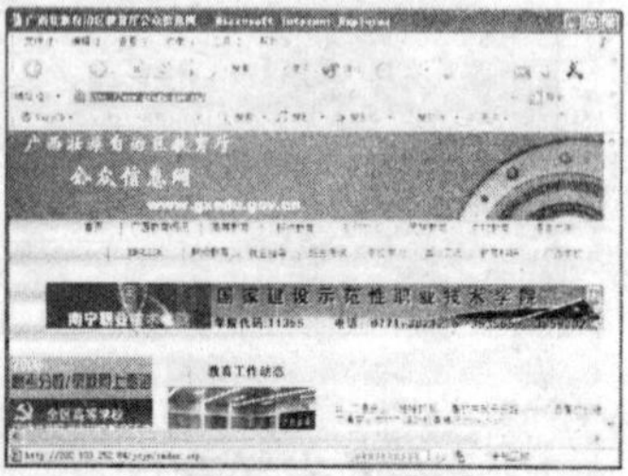

19. 湖南省教育厅

http://gov.hnedu.cn

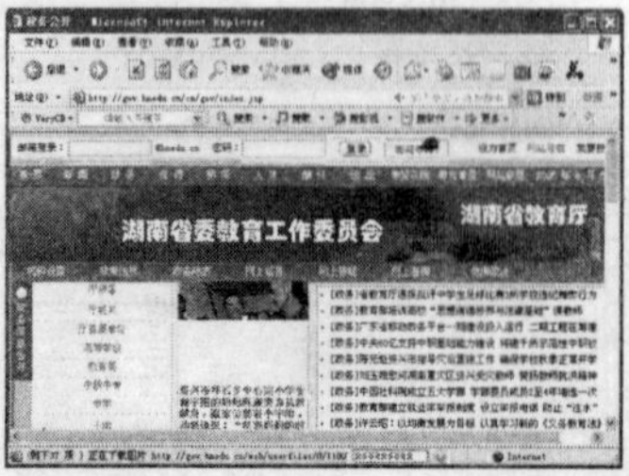

22. 海南省教育厅

http://edu.hainan.gov.cn

23. 四川省教育厅

http://www.scedu.net

24. 云南省教育厅

http://dev.ynedu.net.cn

25. 陕西省教育厅

http://www.snedu.gov.cn

26. 甘肃省教育厅

http://www.gsedu.cn

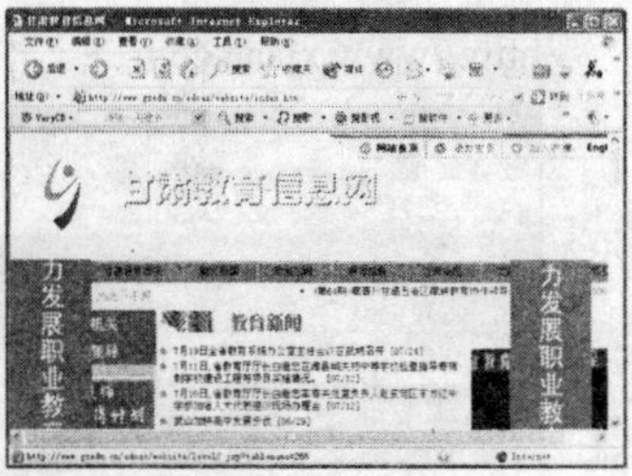

27. 青海省教育厅

http://219.247.216.60

28. 宁夏回族自治区教育厅

http://www.nxedu.com

29. 新疆维吾尔自治区教育信息港

http://www.xjaaa.com

30. 大连市教育局

http://www.foredu.com.cn

31. 宁波市教育局

http://nbedu.net.cn

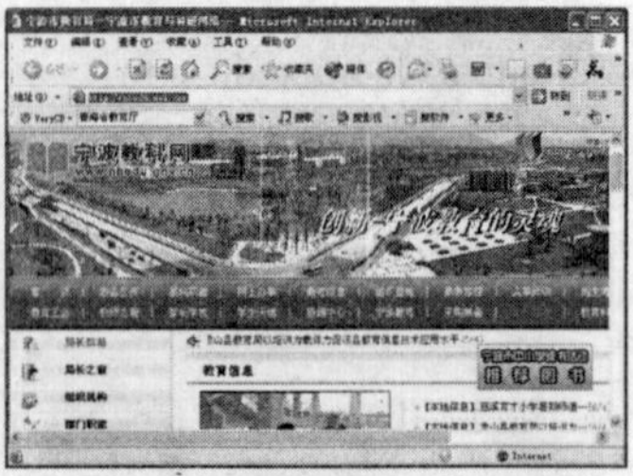

32. 厦门市教育局

http://www.xmedu.cn/idc

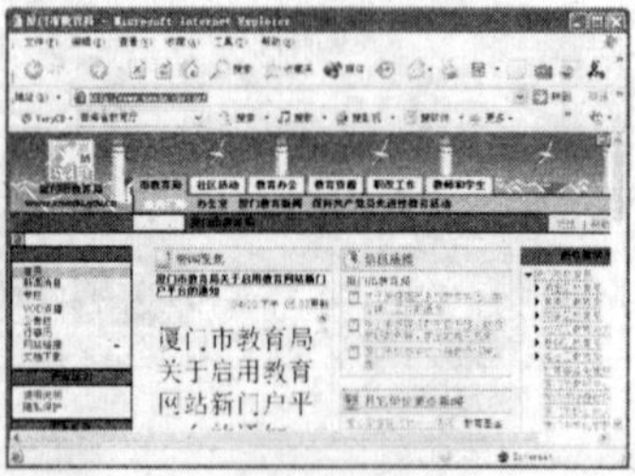

33. 深圳市教育局

http://www.szeb.net

6-6　教育协会

1. 中国教育学会

http://cse.moe.edu.cn

2. 中国成人教育协会

http://www.caea.org.cn

3. 中国留学服务中心

http://www.cscse.edu.cn

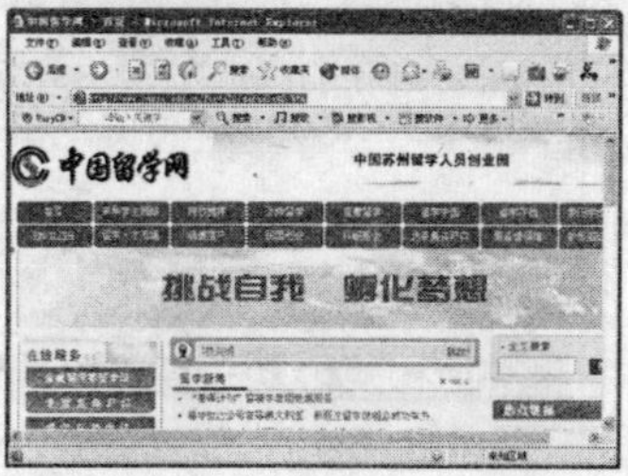

4. 全国电子信息应用教育中心

http://www.ceiaec.org

5. 全美中文学校协会

http://csaus.org

6. 京港学术交流中心

http://www.bhkaec.org.hk

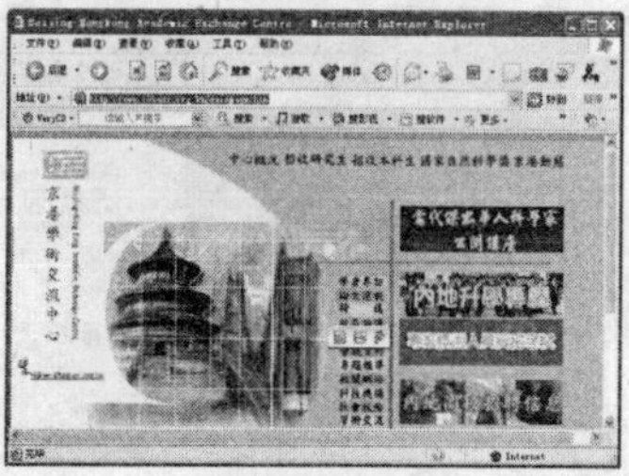

7. 中国教育家协会

http://www.chinaeducationalist.org

8. 北京职工教育协会

http://www.bsea.org

9. 中国健康教育协会

http://www.cahep.com

10. 上海产学合作教育协会

http://www.tech.net.cn/sace

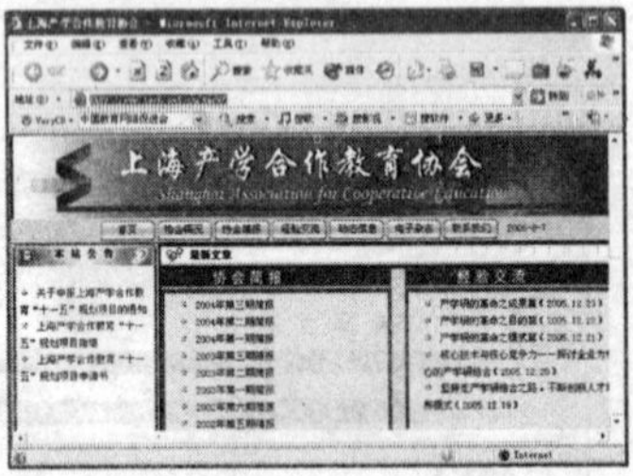

11. 中国国际教育出版社

http://www.edu-chinese.org

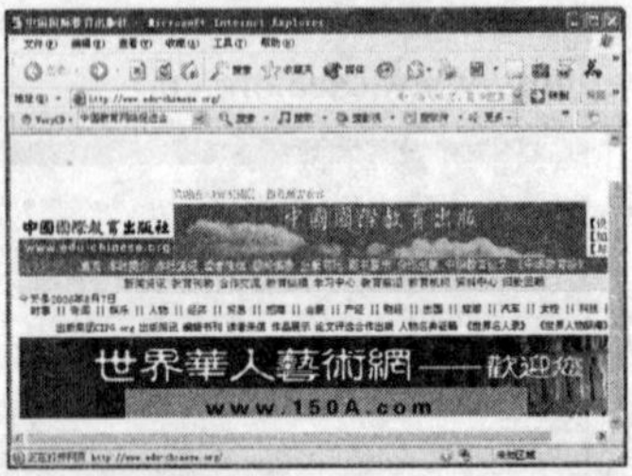

12. 中华教育研究交流中心

http://www.chinese-edu.org

13. 阳光教育协会

http://www.ngochina.net/hnu

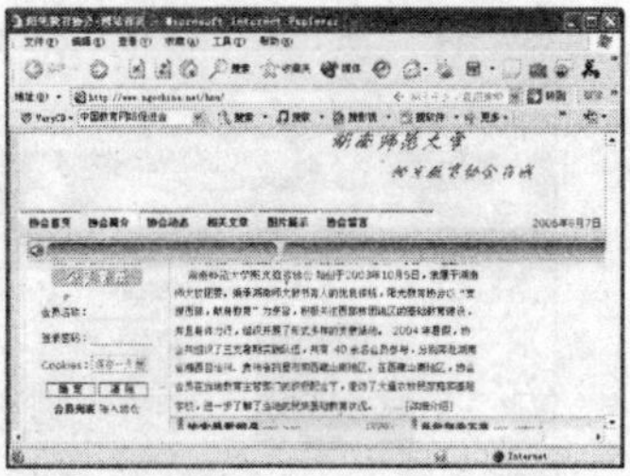

14. 中国教育家协会网

http://www.chinaeducationalist.org

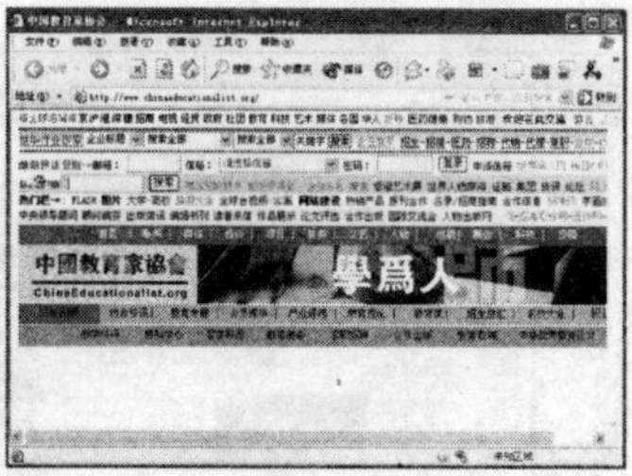

6-7　高等名校

北京高校

1. 清华大学

http://www.tsinghua.edu.cn

2. 北京大学

http://www.pku.edu.cn

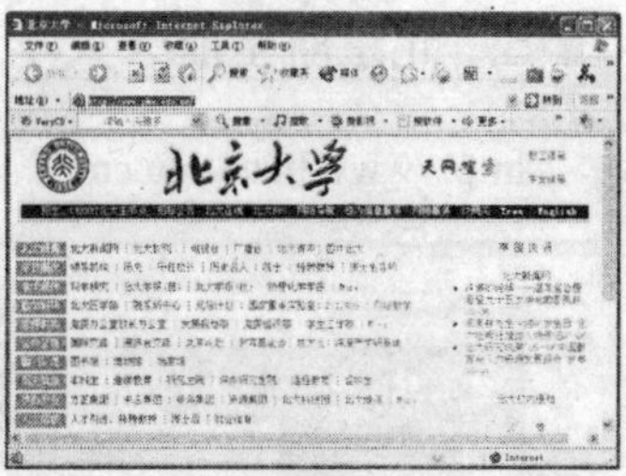

3. 中国人民大学

http://www.ruc.edu.cn

4. 北京邮电大学

http://www.bupt.edu.cn

5. 北京航空航天大学

http://www.buaa.edu.cn

6. 北京科技大学

http://www.ustb.edu.cn

7. 北京理工大学

http://www.bit.edu.cn

8. 北京交通大学

http://www.njtu.edu.cn

9. 北京工业大学

http://www.bjpu.edu.cn

10. 北方工业大学

http://www.ncut.edu.cn/

11. 北京化工大学

http://www.buct.edu.cn

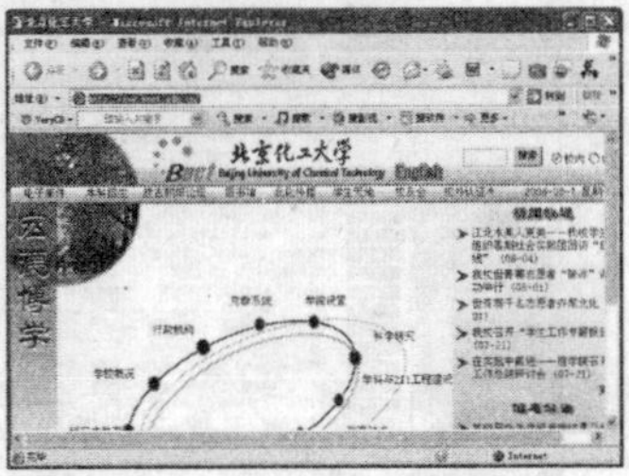

12. 北京工商大学

http://www.btbu.edu.cn

13. 北京师范大学

http://www.bnu.edu.cn

14. 首都师范大学

http://www.cnu.edu.cn

15. 北京外国语大学

http://www.bfsu.edu.cn

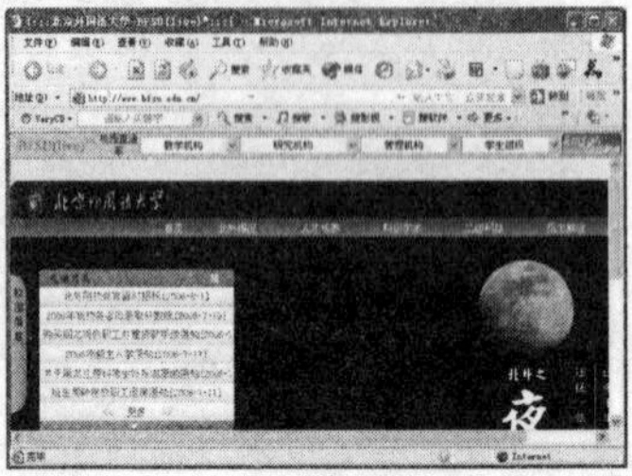

16. 对外经济贸易大学

http://www.uibe.edu.cn

17. 首都经济贸易大学

http://www.cueb.edu.cn

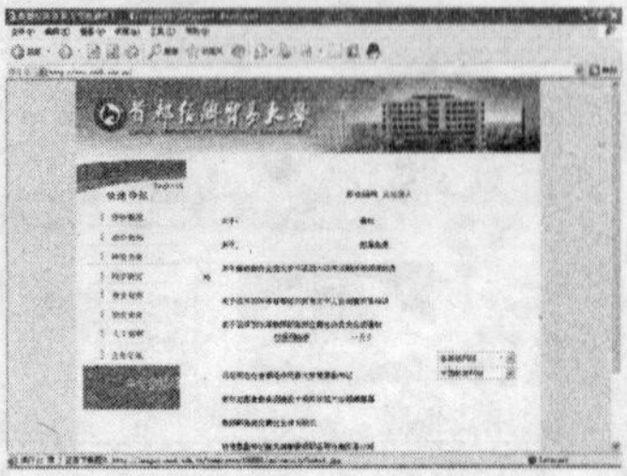

18. 北京语言大学

http://www.blcu.edu.cn

19. 北京大学医学部

http://www.bjmu.edu.cn

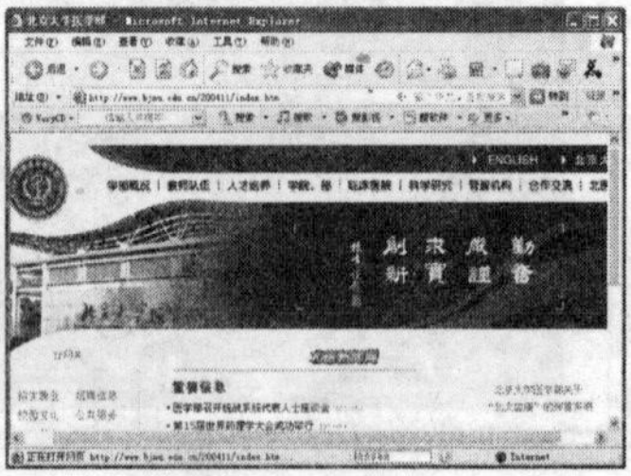

20. 首都医科大学

http://www.cpums.edu.cn

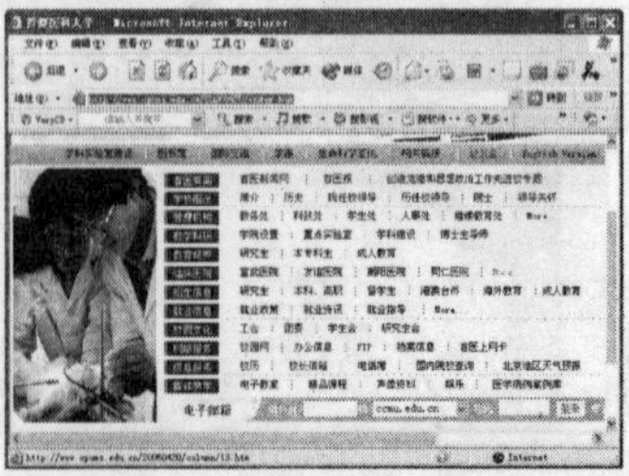

21. 北京中医药大学

http://www.bjucmp.edu.cn

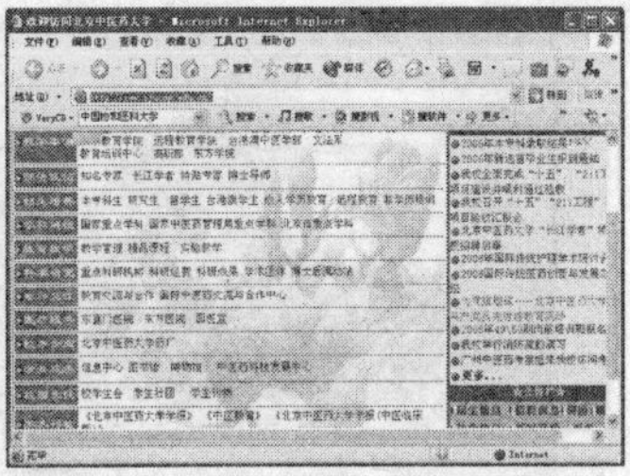

22. 中国农业大学

http://www.cau.edu.cn

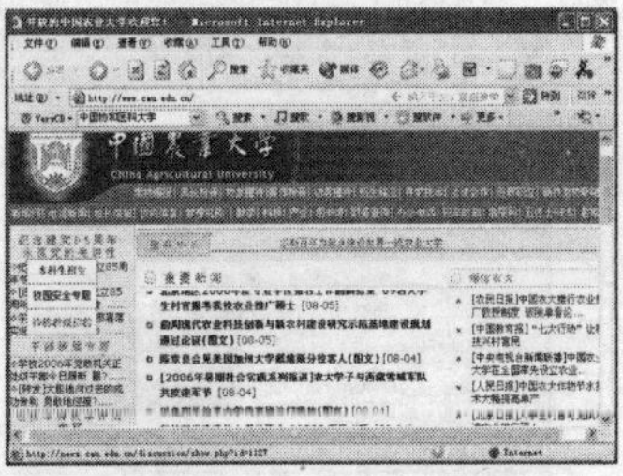

23. 北京电影学院

http://www.bfa.edu.cn

24. 中国传媒大学

http://www.cuc.edu.cn

25. 中央音乐学院

http://www.ccom.edu.cn

26. 北京体育大学

http://www.bupe.edu.cn

27. 中国矿业大学

http://www.cumtb.edu.cn

28. 中国石油大学(北京)

http://web.cup.edu.cn

29. 中国地质大学

http://www.cugb.edu.cn

30. 北京林业大学

http://www.bjfu.edu.cn

31. 中央民族大学

http://www.cun.edu.cn

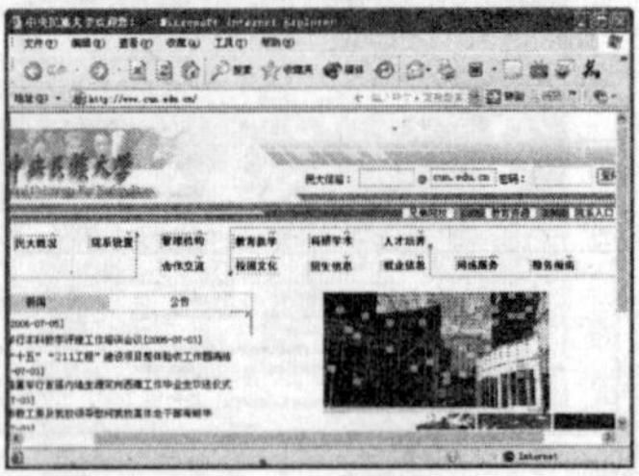

32. 中国政法大学

http://www.cupl.edu.cn

33. 华北电力大学

http://www.ncepubj.edu.cn

34. 外交学院

http://www.cfau.edu.cn

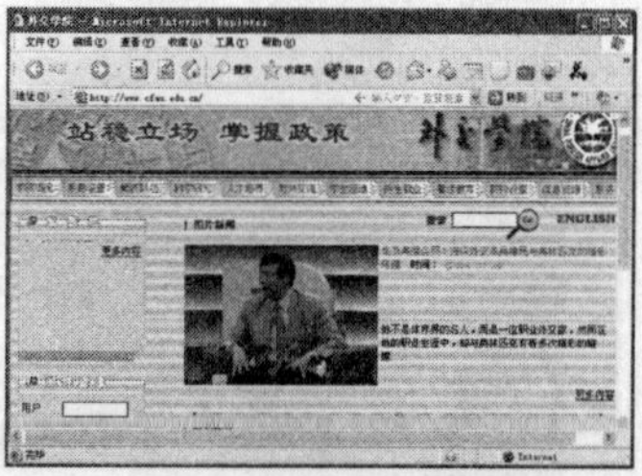

35. 中国青年政治学院

http://www.cyu.edu.cn

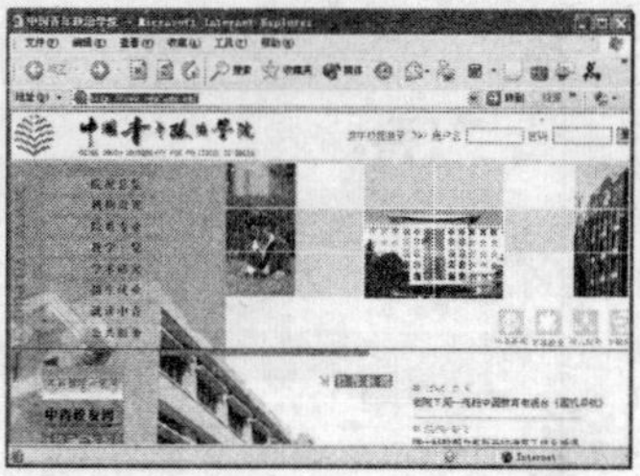

36. 北京第二外国语学院

http://www.bisu.edu.cn

37. 北京信息科技大学

http://www.biti.edu.cn

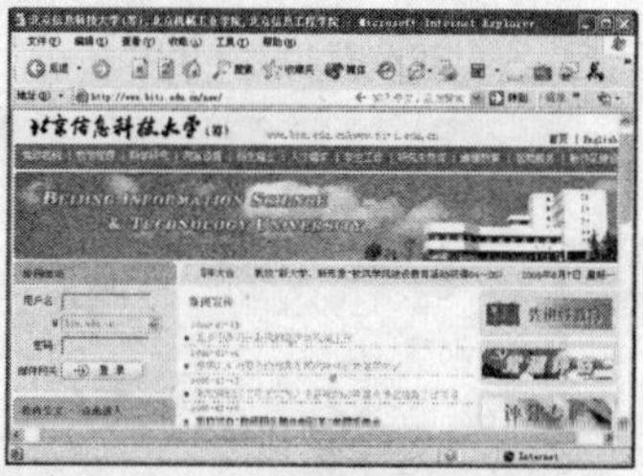

38. 北京建筑工程学院

http://www.bicea.edu.cn

39. 中央财经大学

http://www.cufe.edu.cn

42. 北京石油化工学院

http://www.bipt.edu.cn

40. 中央美术学院

http://www.cafa.com.cn/newsit/index.htm

43. 北京印刷学院

http://www.bigc.edu.cn

41. 北京联合大学

http://www.buu.edu.cn/home

44. 北京电子科技学院

http://www.besti.edu.cn

45. 北京教育学院

http://www.bjie.ac.cn

46. 中央戏剧学院

http://www.chntheatre.edu.cn

47. 中国戏曲学院

http://www.acto.org.cn

48. 北京物资学院

http://www.bmi.edu.cn

49. 北京东方大学

http://www.bdfu.edu.cn

50. 北京联合大学应用文理学院

http://www.ygi.edu.cn

上海高校

1. 复旦大学

http://www.fudan.edu.cn

4. 华东理工大学

http://www.ecust.edu.cn

2. 同济大学

http://www.tongji.edu.cn

5. 上海理工大学

http://www.usst.edu.cn

3. 上海大学

http://www.shu.edu.cn

6. 上海交通大学

http://www.sjtu.edu.cn

7. 第二军医大学

http://www.smmu.edu.cn

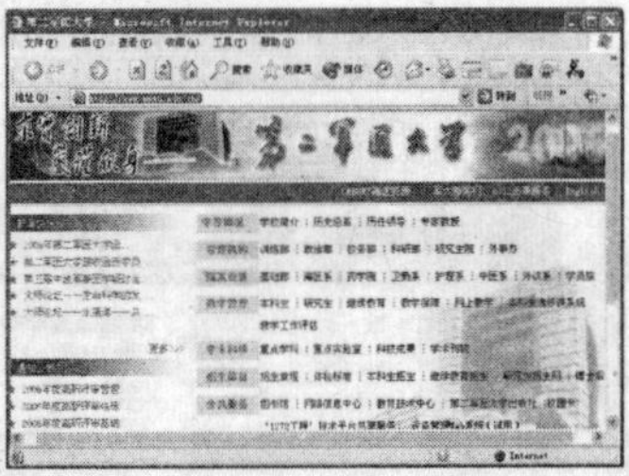

8. 上海财经大学

http://www.shufe.edu.cn

9. 上海水产大学

http://www.shfu.edu.cn

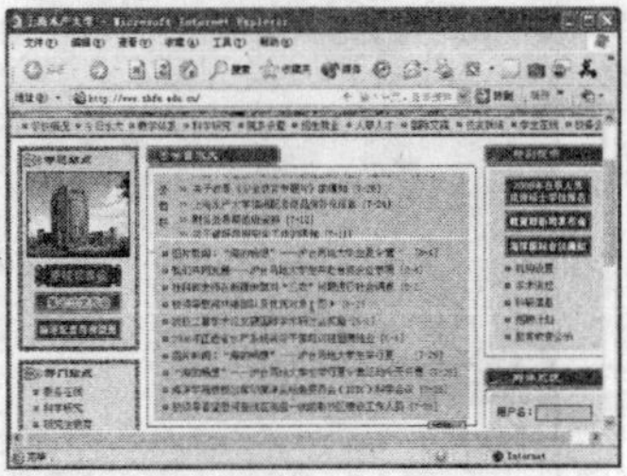

10. 上海海事大学

http://www.shmtu.edu.cn

11. 上海对外贸易学院

http://www.shift.edu.cn

12. 上海师范大学

http://www.shtu.edu.cn

13. 华东师范大学

http://www.ecnu.edu.cn

16. 上海应用技术学院

http://www.shict.edu.cn

14. 上海外国语大学

http://www.shisu.edu.cn

17. 东华大学

http://www.dhu.edu.cn

15. 复旦大学医学院

http://www.shmu.edu.cn

18. 同济大学沪西校区

http://www.shtdu.edu.cn

19. 上海交通大学医学院

http://www.shsmu.edu.cn

21. 上海对外贸易学院

http://www.shift.edu.cn

20. 上海音乐学院

http://www.shcmusic.edu.cn

22. 上海地区其他高校

上海商业职业技术学院	http://www.shcp.edu.cn
上海建峰职业技术学院	http://www.shjf.com
上海海事职业技术学院	http://www.cnshmaritime.com
上海邦德职业技术学院	http://www.shbangde.com
上海济光职业技术学院	http://www.shjiguangcollege.com
上海科学技术职业学院	http://www.scst.sh.cn
上海城市管理职业技术学院	http:// www.umcollege.com
上海建桥职业技术学院	http://www.gench.com.cn
上海第二工业大学	http://www.shspu.edu.cn
上海电视大学	http://www.shtvu.edu.cn
上海电机学院网站	http://www.shcemt.edu.cn

上海工程技术大学	http://www.sues.edu.cn
上海中侨职业技术学院	http://www.sh-zhongqiao.com
上海农林职业技术学院	http://www.shafc.com
上海立信会计学院	http://www.lixin.edu.cn
上海金融学院	http://www.shfc.edu.cn
上海体育学院	http://www.sipe.edu.cn

广东高校

1. 中山大学

http://www.sysu.edu.cn

2. 南方医科大学（原第一军医大学）

http://www.fimmu.com

3. 广州大学

http://www.gzhu.edu.cn

4. 深圳大学

http://www.szu.edu.cn

5. 汕头大学

http://www.stu.edu.cn

6. 暨南大学

http://www.jnu.edu.cn

7. 华南理工大学

http://www.scut.edu.cn

8. 广东地区其他高校网址

广东外语外贸大学	http://www.gdufs.edu.cn
广州美术学院	http://www.gzarts.edu.cn
广州中医药大学	http://www.gzhtcm.edu.cn
广州医学院	http://www.gzhmc.edu.cn
广东商学院	http://www.gdcc.edu.cn
广东医学院	http://www.gdmc.edu.cn
广东松山职业技术学院	http://www.gdsspt.net
广州湛江师范学院	http://www.zhjnc.edu.cn
肇庆学院	http://www.zqu.edu.cn

佛山科学技术学院	http://www.fosu.edu.cn
华南师范大学	http://www.scnu.edu.cn
湛江海洋大学	http://www.zjou.edu.cn
广东工业大学	http://www.gdut.edu.cn
五邑大学	http://www.wyu.edu.cn
深圳职业技术学院	http://www.szpt.edu.cn
广东金融学院	http://www.gduf.edu.cn
惠州学院	http://www.hzu.edu.cn
嘉应学院	http://www.jyu.edu.cn
广东广播电视大学	http://www.gdrtvu.edu.cn
华南农业大学	http://www.scau.edu.cn
韶关学院	http://www.gzhmc.edu.cn
广州金融高等专科学校	http://www.gzcf.edu.cn
私立华联学院	http://www.jnu.edu.cn
广东机电职业技术学院	http://www.gdmec.com
广东女子职业技术学院	http://www.gdfs.edu.cn
广州航海高等专科学校	http://www.gzhmt.edu.cn
广东邮电职业技术学院	http://www.gupt.net
清远职业技术学院	http://www.qypt.com.cn
汕头职业技术学院	http://stzy.stedu.net
广东建华职业学院	http://www.jianhuaedu.com
广东白云职业技术学院	http://www.bvtc.edu.cn
佛山职业技术学院	http://www.fspt.net
广东轻工职业技术学院	http://www.gdqy.edu.cn
韩山师范学院	http://www.hstc.edu.cn
顺德职业技术学院	http://www.sdpt.com.cn
深圳信息职业技术学院	http://www.szpt.net
民办培正商学院	http://www.peizheng.com.cn
广东技术师范学院	http://www.gdin.edu.cn
广州体育学院	http://www.gtedu.net
仲恺农业技术学院	http://www.zhku.edu.cn
茂名学院	http://www.gdpa.edu.cn
广东农工商职业技术学院	http://www.gdaib.edu.cn

深圳信息职业技术学院	http://www.sziit.com.cn
肇庆工商职业技术学院	http://www.zqgsxy.com
民办南华工商学院	http://www.nhic.edu.cn

天津高校

1. 南开大学

http://www.nankai.edu.cn

2. 天津大学

http://www.tju.edu.cn

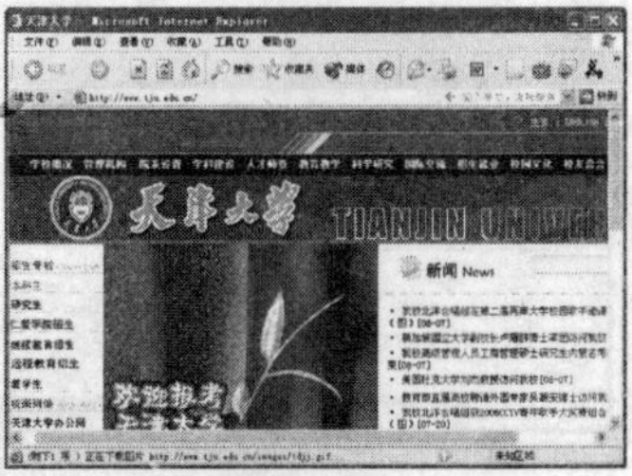

3. 天津地区其他高校网址

天津医科大学	http://www.tijmu.edu.cn
天津理工学院	http://www.tjut.edu.cn
天津职业大学	http://www.tjtc.edu.cn
天津滨海职业学院	http://www.tjbpi.com
天津商学院	http://www.tjcu.edu.cn
天津农学院	http://www.tjac.edu.cn
天津中医药大学	http://www.tjutcm.edu.cn
天津音乐学院	http://www.tjcm.edu.cn
天津体育学院	http://www.tjipe.edu.cn
中国民用航空学院	http://www.caic.edu.cn
天津广播电视大学	http://www.tjrtvu.edu.cn
天津医学高等专科学校	http://www.tjyzh.cn
天津渤海职业技术学院	http://www.tjbhzy.net.cn
天津机电职业技术学院	http://www.suoyuan.com.cn
天津工业大学	http://www.tjpu.edu.cn
天津师范大学	http://www.tjnu.edu.cn

天津理工大学 http://www.tjut.edu.cn
天津财经大学 http://www.tjufe.edu.cn
天津美术学院 http://www.tjarts.edu.cn
天津科技大学 http://www.tuli.edu.cn
天津外国语学院 http://www.tjfsu.edu.cn
天津商学院 http://www.tjcu.edu.cn
天津城市建设学院 http://www.tjuci.edu.cn

四川高校

1. 四川大学

http://www.scu.edu.cn

2. 电子科技大学

http://www.uestc.edu.cn

3. 西南交通大学

http://www.swjtu.edu.cn

4. 西南财经大学

http://www.swufe.edu.cn

5. 四川师范大学

http://www.sicnu.edu.cn

6. 四川地区其他高校网址

西华师范大学	http://www.cwnu.edu.cn
西南科技大学	http://www.swust.edu.cn
成都理工大学	http://www.cdut.edu.cn
四川音乐学院	http://www.sccm.cn
四川工业学院	http://www.sci.net.cn/ad/college/index.htm
成都信息工程学院	http://www.cuit.edu.cn
四川农业大学	http://www.sicau.edu.cn
西华大学	http://web.xhu.edu.cn/graduate/
成都航空职业技术学院	http://www.cdavtc.edu.cn
四川交通职业技术学院	http://www.svtcc.net
达州职业技术学院	http://www.dzvtc.com
四川工程职业技术学院	http://www.scetc.net
民办四川天一学院	http://www.tianyi.org
西南民族大学	http://www.swun.edu.cn
康定民族师范高等专科学校	http://www.kdntc.edu.cn
成都纺织高等专科学校	http://www.cdtc.edu.cn
四川烹饪高等专科学校	http://www.shic.edu.cn
成都艺术职业学院	http://www.cdartpro.cn
四川国际标榜职业学院	http://www.scpivotpoint.com/
成都理工大学	http://www.cdut.edu.cn

成都中医药大学 http://xwzx.cdutcm.edu.cn
四川建筑职业技术学院 http://www.scatc.net
宜宾学院 http://www.scatc.net
中国民用航空飞行学院 http://www.ccafc.edu.cn
西南石油大学 http://www.swpi.edu.cn
泸州医学院 http://www.lzmc.edu.cn
川北医学院 http://www.nsmc.edu.cn
内江师范学院 http://www.njtc.edu.cn
乐山师范学院 http://210.41.160.7/
成都体育学院 http://www.cdsu.edu.cn

湖南高校

1. 中南大学

http://www.csu.edu.cn/chinese/index.htm

2. 湖南大学

http://www.hnu.cn

3. 湘潭大学

http://www.xtu.edu.cn

4. 南华大学

http://www.nhu.edu.cn

5. 湖南地区其他高校网址

湖南商学院	http://www.hnbc.com.cn
吉首大学	http://www.jsu.edu.cn
湖南科技大学	http://www.hnust.cn
湖南师范大学	http://www.hunnu.edu.cn/hnsd
长沙理工大学	http://www.csust.cn
湖南工程学院	http://www.hnie.edu.cn
湖南城市学院	http://www.hncu.net
湖南工业大学	http://www.zhuzit.edu.cn
湖南人文科技学院	http://www.hnrku.net.cn
张家界航空工业职业技术学院	http://www.zjjhy.net
怀化学院	http://www.hhtc.edu.cn
湖南大众传媒职业技术学院	http://www.hnmmc.cn
长沙民政职业技术学院	http://www.chinaloveweb.com
湖南铁道职业技术学院	http://www.hnrpc.com
湖南商务职业技术学院	http://www.hnswxy.com
湖南科技职业学院	http://www.hnkjxy.net.cn
长沙通信职业技术学院	http://www.csctc.net

湖北高校

1. 武汉大学

http://www.whu.edu.cn

2. 华中科技大学

http://www.hust.edu.cn

3. 湖北地区其他高校网址

华中师范大学	http://www.ccnu.edu.cn
武汉理工大学	http://www.whut.edu.cn
湖北大学	http://www.hubu.edu.cn
中国地质大学	http://www.cug.edu.cn
华中科技大学同济医学院	http://www.tjmu.edu.cn
武汉工程大学	http://www.whict.edu.cn
武汉科技大学	http://www.wust.edu.cn
中南财经政法大学	http://www.znufe.edu.cn
中南民族大学	http://www.scuec.edu.cn
湖北教育学院	http://www.hubce.edu.cn
湖北职业技术学院	http://www.hbzynews.com
长江大学	http://www.yangtzeu.edu.cn
湖北民族学院	http://www.hbmy.edu.cn
华中农业大学	http://www.hzau.edu.cn
中南民族大学	http://www.scuec.edu.cn
江汉大学	http://www.jhun.edu.cn
湖北工业大学	http://www.hbut.edu.cn
武汉工业学院	http://www.whpu.edu.cn
湖北汽车工业学院	http://www.qcxy.hb.cn
湖北中医学院	http://www.hbtcm.edu.cn
郧阳医学院	http://www.yymc.edu.cn
黄冈师范学院	http://www.hgnc.net
湖北师范学院	http://www.hbnu.edu.cn
湖北警官学院	http://www.hbpa.cn
武汉体育学院	http://www.wipe.edu.cn
湖北美术学院	http://www.hifa.edu.cn
武汉音乐学院	http://www.whcm.com.cn
咸宁学院	http://www.xnc.edu.cn

河北高校

河北经贸大学	http://www.heuet.edu.cn
承德医学院	http://www.cdmc.edu.cn

河北建筑工程学院	http://www.cdmc.edu.cn
石家庄经济学院	http://www.sjzue.edu.cn
石家庄铁道学院	http://www.sjzri.edu.cn
河北理工大学	http://www.heut.edu.cn
河北科技师范学院	http://www.hevttc.edu.cn
华北电力大学	http://www.ncepubj.edu.cn
中国人民武装警察部队学院	http://www.wjxy.edu.cn
河北体育学院	http://www.hepec.edu.cn
河北师范大学	http://www.hebtu.edu.cn
河北医科大学	http://www.hebmu.edu.cn
河北农业大学	http://www.hebau.edu.cn
河北科技大学	http://www.hebust.edu.cn
燕山大学	http://www.ysu.edu.cn
河北大学	http://www.hbu.edu.cn
中央司法警官学院	http://www.cijp.net
河北工程大学	http://www.hebeu.edu.cn
河北政法职业学院	http://www.helc.edu.cn
河北石油职业技术学院	http://www.pvtc.edu.cn
唐山工业职业技术学院	http://www.tsgzy.com.cn
承德旅游职业学院	http://www.cdtvc.com
邢台职业技术学院	http://www.xpc.edu.cn
唐山师范学院	http://www.tstc.edu.cn
承德医学院	http://www.cdmc.edu.cn
邢台学院	http://www.xttc.edu.cn
石家庄职业技术学院	http://www.sjzpt.edu.cn
保定金融高等专科学校	http://www.bdcf.net
承德职业学院	http://www.cdzy.net
华北科技学院	http://www.ncist.edu.cn
保定师范专科学校	http://www.bdtc.edu.cn
华北航天工业学院	http://www.nciae.edu.cn
石家庄计算机职业学院	http://www.sjzcvc.com
保定职业技术学院	http://www.bvtc.com.cn
河北北方学院	http://www.hebeinu.edu.cn
唐山学院	http://www.hsnc.edu.cn

衡水学院 http://www.hsnc.edu.cn

河南高校

郑州大学 http://www.zzu.edu.cn
河南大学 http://www.henu.edu.cn
河南理工大学 http://www.jzit.edu.cn
河南工业大学 http://www.zzit.edu.cn
河南农业大学 http://www.henau.edu.cn
河南师范大学 http://www.henannu.edu.cn
华北水利水电学院 http://www.ncwu.edu.cn
平顶山工业职业技术学院 http://www.pzxy.edu.cn
南阳理工学院 http://www.nyist.net
平顶山工学院 http://www.hncj.edu.cn
郑州航空工业管理学院 http://www.zzia.edu.cn
中原工学院 http://www.zzti.edu.cn
黄河科技学院 http://www.hhstu.edu.cn
河南中医学院 http://www.hactcm.edu.cn
新乡医学院 http://www.xxmc.edu.cn
信阳师范学院 http://www.xytc.edu.cn
周口师范学院 http://www.zktc.edu.cn
洛阳师范学院 http://www.lync.edu.cn
商丘师范学院 http://www.sqnc.edu.cn
安阳师范学院 http://www.aytc.edu.cn
河南财经学院 http://www.hnife.edu.cn
平顶山学院 http://www.pdsnc.edu.cn

山东高校

青岛飞洋职业技术学院 http://www.feiyangcollege.com
山东理工大学 http://www.sdut.edu.cn
山东师范大学 http://www.sdnu.edu.cn
青岛大学 http://www.qdu.edu.cn
山东大学 http://www.sdu.edu.cn
烟台大学 http://www.ytu.edu.cn

山东警察学院	http://www.sdpc.edu.cn
鲁东大学	http://www.ytnc.edu.cn
山东科技大学	http://www.sdkd.net.cn
山东工商学院网址	http://www.ccec.edu.cn
聊城大学	http://www.lctu.edu.cn
青岛科技大学	http://www.qust.edu.cn
青岛理工大学	http://www.qdiae.edu.cn
济南大学	http://www.ujn.edu.cn
山东农业大学	http://www.sdau.edu.cn
山东中医药大学	http://www.sdutcm.edu.cn
曲阜师范大学	http://www.qfnu.edu.cn
潍坊学院	http://www.wfu.edu.cn
山东交通学院	http://www.sdjtu.edu.cn
莱阳农学院	http://www.lyac.edu.cn
潍坊医学院	http://www.wfmc.edu.cn
泰山医学院	http://www.tsmc.edu.cn
滨州医学院	http://www.bzmc.edu.cn
济宁医学院	http://www.jnmc.edu.cn
临沂师范学院	http://www.lytu.edu.cn
德州学院	http://www.dzu.edu.cn
山东经济学院	http://www.sdie.edu.cn
山东财政学院	http://www.sdfi.edu.cn
山东警察学院	http://www.sdpc.edu.cn
山东体育学院	http://www.sdpei.edu.cn
山东艺术学院	http://www.sdca.edu.cn
山东工艺美术学院	http://www.sdada.edu.cn
泰山学院	http://www.tanc.edu.cn
枣庄学院	http://www.uzz.edu.cn
中国石油大学（华东）	http://www.upc.edu.cn

辽宁高校

沈阳工业大学	http://www.sypu.edu.cn
沈阳农业大学	http://www.syau.edu.cn
大连大学	http://www.dlu.edu.cn

沈阳大学	http://www.syu.edu.cn
大连海事大学	http://www.dlmu.edu.cn
大连理工大学	http://www.dlut.edu.cn
东北大学	http://www.neu.edu.cn
沈阳工业大学	http://www.sypu.edu.cn
渤海大学	http://www.jznu.edu.cn
辽宁工程技术大学	http://www.lntu.edu.cn
沈阳师范大学	http://www.synu.edu.cn
辽宁师范大学	http://www.lnnu.edu.cn
沈阳药科大学	http://www.syphu.edu.cn
中国医科大学	http://www.cmu.edu.cn
东北财经大学	http://www.dufe.edu.cn
辽宁大学	http://www.lnu.edu.cn
沈阳航空工业学院	http://www.syiae.edu.cn
辽宁工学院	http://www.lnit.edu.cn
沈阳音乐学院	http://www.sycm.com.cn
鲁迅美术学院	http://www.lumei.edu.cn
沈阳体育学院	http://www.syty.edu.cn
大连外国语学院	http://www.dlufl.edu.cn
鞍山师范学院	http://www.asnc.edu.cn
大连水产学院	http://www.dlfu.edu.cn
中国医科大学	http://www.cmu.edu.cn
沈阳航空工业学院	http://www.syiae.edu.cn
大连医科大学	http://www.dlmedu.edu.cn
大连轻工业学院	http://www.dlili.edu.cn
沈阳化工学院	http://www.syict.edu.cn
中国刑事警察学院	http://www.ccpc.edu.cn
大连民族学院	http://www.dlnu.edu.cn
沈阳建筑大学	http://www.sjzu.edu.cn
锦州师范高等专科学校	http://www.jzsz.com.cn
辽宁石油化工大学	http://www.lnpu.edu.cn
大连交通大学	http://www.dlrin.edu.cn
辽东学院	http://www.lncz.net

黑龙江高校

齐齐哈尔大学	http://www.qqhru.edu.cn
哈尔滨工程大学	http://www.hrbeu.edu.cn
哈尔滨工业大学	http://www.hit.edu.cn
佳木斯大学	http://www.jmsu.org
哈尔滨师范大学	http://www.hrbnu.edu.cn
黑龙江大学	http://www.hlju.edu.cn
东北农业大学	http://www.neau.cn
东北林业大学	http://www.nefu.edu.cn
哈尔滨医科大学	http://www.hrbmu.edu.cn
哈尔滨理工大学	http://www.hrbust.edu.cn
大庆石油学院	http://www.dqpi.net
黑龙江八一农垦大学	http://www.hlaflru.edu.cn
黑龙江中医药大学	http://www.hljucm.net
哈尔滨商业大学	http://www.hljcu.edu.cn
黑龙江科技学院	http://218.7.13.212
哈尔滨学院	http://www.hrbu.edu.cn
齐齐哈尔医学院	http://www.qqhrmc.net.cn
大庆师范学院	http://www.dqsy.net
牡丹江师范学院	http://www.mdjnu.cn
绥化学院	http://www.shxy.net

吉林高校

吉林师范大学	http://www.jlnu.edu.cn
东北师范大学	http://www.nenu.edu.cn
延边大学	http://www.ybu.edu.cn
北华大学	http://www.bhunews.com
长春大学	http://www.ccu-edu.cn
长春理工大学	http://www.cust.edu.cn
吉林大学	http://www.jlu.edu.cn
吉林体育学院	http://www.jlty.com.cn
长春税务学院	http://www.ctu.cc.jl.cn
东北电力大学	http://www.nedu.edu.cn

长春工程学院	http://210.47.32.28
吉林化工学院	http://www.jlict.edu.cn
长春师范学院	http://www.cncnc.net
吉林工程技术师范学院	http://www.jltiet.net
吉林建筑工程学院	http://www.jliae.edu.cn
长春工业大学	http://www.ccut.edu.cn
吉林华桥外国语学院	http://www.hqwy.com
长春中医药大学	http://www.ccutcm.com.cn
通化师范学院	http://www.thnu.edu.cn
白城师范学院	http://www.bcsfxy.com

甘肃高校

陇东学院	http://www.ldxy.com.cn
兰州大学	http://www.lzu.edu.cn
兰州理工大学	http://news.lut.cn
兰州交通大学	http://www.lzjtu.edu.cn
甘肃农业大学	http://www.gsau.edu.cn
西北师范大学	http://www.nwnu.edu.cn
甘肃中医学院	http://www.gszy.edu.cn
酒泉职业技术学院	http://www.jqzy.com
兰州商学院	http://www.lzcc.edu.cn
甘肃政法学院	http://www.gsli.edu.cn
河西学院	http://www.hxu.edu.cn
甘肃联合大学	http://www.guu.gs.edu.cn
甘肃林业职业技术学院	http://www.gslyxy.com

安徽高校

安徽师范大学	http://www.ahnu.edu.cn
安庆师范学院	http://www.aqtc.edu.cn
安徽科技学院	http://www.ahstu.edu.cn
安徽财经大学	http://www.aufe.edu.cn
皖南医学院	http://www.wnmc.edu.cn
安徽中医学院	http://www.ahtcm.edu.cn

合肥工业大学	http://www.hfut.edu.cn
安徽医科大学	http://www.ahmu.edu.cn
安徽农业大学	http://www.ahau.edu.cn
安徽工业大学	http://www.ahut.edu.cn
安徽理工大学	http://www.aust.edu.cn
安徽大学	http://www.ahu.edu.cn
中国科学技术大学	http://www2.ustc.edu.cn
安徽建筑工业学院	http://www.aiai.edu.cn
蚌埠学院	http://www.bbgz.com
阜阳师范学院	http://www.fync.edu.cn
芜湖职业技术学院	http://www.whptu.ah.cn
黄山学院	http://www.hsu.edu.cn
宿州学院	http://www.ahsztc.edu.cn/
淮南师范学院	http://www.hnnu.edu.cn
皖西学院	http://www.wxc.edu.cn
铜陵学院	http://www.tlc.edu.cn
巢湖学院	http://www.chtc.edu.cn
安徽黄梅戏学校	http://www.hmxx.cn
安徽商贸职业技术学院	http://www.ahszy.com
安徽中澳科技职业学院	http://www.acac.cn

江西高校

江西财经大学	http://www.jxufe.edu.cn
江西师范大学	http://www.jxnu.edu.cn
江西农业大学	http://www.jxau.edu.cn
华东交通大学	http://www.ecjtu.jx.cn
南昌大学	http://www.ncu.edu.cn
东华理工学院	http://www.ecgi.jx.cn
江西理工大学	http://www.sim.jx.cn
景德镇陶瓷学院	http://www.jci.jx.cn
南昌航空工业学院	http://www.niat.jx.cn
南昌工程学院	http://www.ncwrc.jx.cn
江西中医学院	http://www.jxtcmi.com
赣南医学院	http://www.gnmc.net.cn

赣南师范学院	http://www.gntc.net.cn
上饶师范学院	http://www.sru.jx.cn
九江学院	http://www.jjtu.edu.cn
宜春学院	http://www.ycu.jx.cn
井冈山学院	http://www.jgsu.edu.cn

江苏高校

南京医科大学	http://www.njmu.edu.cn
苏州大学	http://www.suda.edu.cn
江南大学	http://www.sytu.edu.cn
河海大学	http://www.hhu.edu.cn
中国矿业大学	http://www.cumt.edu.cn
淮海工学院	http://www.hhit.edu.cn
江苏科技大学	http://www.ecsi.edu.cn
南京农业大学	http://www.njau.edu.cn
南京大学	http://www.nju.edu.cn
南京中医药大学	http://www.njutcm.edu.cn
南京工业大学	http://www.njut.edu.cn
中国药科大学	http://www.cpu.edu.cn
南京师范大学	http://www.njnu.edu.cn
南京财经大学	http://www.njue.edu.cn
江苏大学	http://www.jsust.edu.cn
南通大学	http://www.ntu.edu.cn
南京艺术学院	http://www.njarti.edu.cn
南京邮电大学	http://www.njupt.edu.cn
南京航空航天大学	http://www.nuaa.edu.cn
东南大学	http://www.seu.edu.cn
常州工学院	http://www.czu.cn
江苏警官学院	http://www.jpi.gov.cn
南京审计学院	http://www.nau.edu.cn
江苏技术师范学院	http://www.jstu.edu.cn
苏州科技学院	http://www.usts.edu.cn
淮阴师范学院	http://www.hytc.edu.cn

南京晓庄学院	http://www.njnc.edu.cn
盐城师范学院	http://www.yctc.edu.cn
三江学院	http://www.sju.js.cn
扬州大学	http://www.yzu.edu.cn
南京工程学院	http://www.njit.edu.cn
江苏大学	http://www.ujs.edu.cn
淮阴工学院	http://www.hyit.edu.cn
盐城工学院	http://www.ycit.cn
江苏工业学院	http://web.jpu.edu.cn
徐州师范大学	http://www.xznu.edu.cn
南京邮电学院	http://www.njupt.edu.cn

福建高校

泉州师范学院	http://www.qztc.edu.cn
华侨大学	http://www.hqu.edu.cn
福建农林大学	http://www.fjau.edu.cn
集美大学	http://www.jmu.edu.cn
福州大学	http://www.fzu.edu.cn
仰恩大学	http://www.yeu.edu.cn
福建医科大学	http://www.fjmu.edu.cn
福建师范大学	http://www.fjtu.edu.cn
厦门大学	http://www.xmu.edu.cn
福建中医学院	http://www.fjtcm.edu.cn
闽西职业大学	http://www.mxdx.net
漳州师范学院	http://www.fjzs.edu.cn
闽江学院	http://www.fjcpc.edu.cn
厦门理工学院	http://www.xmut.edu.cn
西安工程大学福州服装学院	http://www.fzfashion.com
龙岩学院	http://www.lyun.edu.cn
福建公安高等专科学校	http://www.fjpsc.edu.cn
福建交通职业技术学院	http://www.fjcpc.edu.cn

浙江高校

杭州电子科技大学	http://www.hdu.edu.cn

浙江大学	http://www-2.zju.edu.cn
杭州师范学院	http://www.hztc.edu.cn
温州医学院	http://61.153.27.176
浙江林学院	http://www.zjfc.edu.cn
嘉兴学院	http://218.75.60.28
绍兴文理学院	http://www.zscas.edu.cn
浙江海洋学院	http://www.zjou.net.cn
湖州师范学院	http://www.hutc.zj.cn
浙江工商大学	http://www.hzic.edu.cn/chinese
宁波大学	http://www.nbu.edu.cn
浙江大学医学院	http://www.cmm.zju.edu.cn
浙江工业大学	http://www.zjut.edu.cn
浙江理工大学	http://www.zist.edu.cn
中国计量学院	http://www.cim.edu.cn
浙江工商职业技术学院	http://newversion.zjbti.net.cn
浙江艺术职业学院	http://www.zj-art.com
温州大学	http://www.wzu.edu.cn
浙江交通职业技术学院	http://www.zjvtit.edu.cn
宁波工程学院	http://www.nbc.net.cn
金华职业技术学院	http://www.jhc.cn
温州职业技术学院	http://www.wzvtc.cn
台州职业技术学院	http://www.tzvtc.com
丽水学院	http://www.lsxy.com
浙江万里学院	http://www.zjwu.net
中国美术学院	http://www.chinaacademyofart.com
浙江财经学院	http://www.zufe.edu.cn
台州学院	http://www.tzc.edu.cn
宁波职业技术学院	http://www.nbptweb.net
浙江理工大学	http://www.zist.edu.cn
宁波工程学院	http://www.nbc.net.cn
浙江科技学院	http://www.zust.edu.cn
浙江传媒学院	http://www.zjicm.edu.cn
丽水学院	http://www.lsxy.com

内蒙古高校

包头职业技术学院	http://btzy.nm.edu.cn
内蒙古财经学院	http://www.imfec.edu.cn
内蒙古医学院	http://www.immc.edu.cn
内蒙古师范大学	http://www.imnu.edu.cn
内蒙古农业大学	http://www.imau.edu.cn
内蒙古工业大学	http://www.btu.edu.cn
内蒙古大学	http://www.imu.edu.cn
内蒙古科技大学	http://www.btu.edu.cn
赤峰学院	http://www.cfxy.cn/

广西高校

玉林师范学院	http://www.ylu.cn
广西医科大学	http://www.gxmu.net.cn
广西师范大学	http://www.gxnu.edu.cn
桂林电子科技大学	http://www.gliet.edu.cn
桂林工学院	http://www.glite.edu.cn
河池学院	http://www.hcnu.edu.cn
广西财经学院	http://www.gxcfe.cn
桂林医学院	http://www.glmc.edu.cn
广西大学	http://www.gxu.edu.cn
广西师范学院	http://www.gxtc.edu.cn
广西交通职业技术学院	http://www.gxjzy.com
广西民族大学	http://www.gxun.edu.cn
柳州职业技术学院	http://www.lzzy.net
桂林旅游高等专科学校	http://202.103.243.131:19980/indexz.php
邕江大学	http://www.ymcn.gx.cn
广西机电职业技术学院	http://www.gxcme.edu.cn
广西经济管理干部学院	http://www.jgy.gx.cn
右江民族医学院	http://www.ymcn.gx.cn

贵州高校

贵州警官职业学院	http://www.gzjgxy.com
贵州民族学院	http://www.gznc.edu.cn
贵州财经学院	http://www.gzife.edu.cn
遵义医学院	http://www.zmc.edu.cn
贵阳医学院	http://www.gmc.edu.cn
贵州师范大学	http://www.gznu.edu.cn
贵州大学	http://www.gzu.edu.cn
黔南民族师范学院	http://www.sgmtu.edu.cn

陕西高校

1. 西北工业大学

http://www.nwpu.edu.cn

3. 第四军医大学

http://www.fmmu.edu.cn

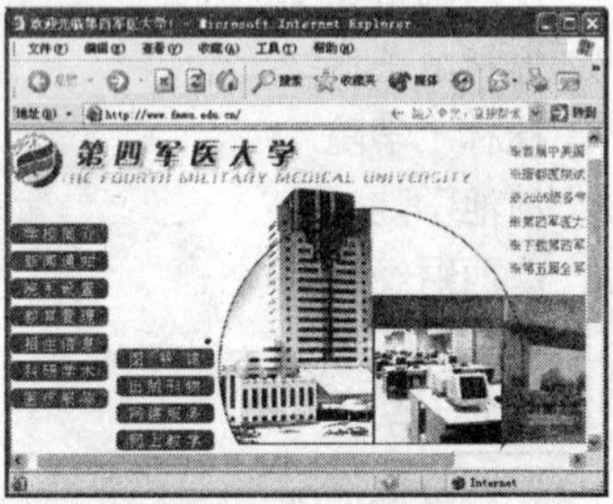

2. 西安电子科技大学

http://www.xidian.edu.cn

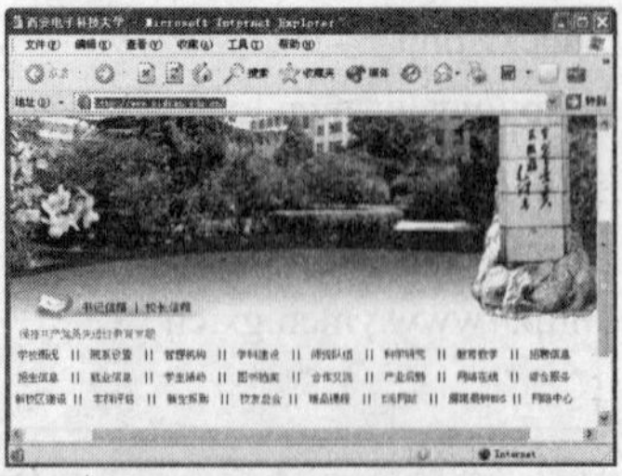

4. 西安交通大学

http://www.xjtu.edu.cn

5. 西安地区其他高校网址

西安文理学院	http://www.xawl.org
西安邮电学院	http://www.xiyou.edu.cn
长安大学	http://www.xahu.edu.cn
陕西科技大学	http://www.sust.cn
西安工业大学	http://www.xait.edu.cn
西安石油学院	http://www.xapi.edu.cn
西北大学	http://www.nwu.edu.cn
商洛学院	http://www.slsz.com
西安电力高等专科学校	http://www.xaepi.edu.cn
西北农林科技大学	http://www.nwsuaf.edu.cn
西安音乐学院	http://www.xacom.edu.cn
西北政法学院	http://www.nwupl.edu.cn
西安财经学院	http://www.xaufe.edu.cn
西安外国语大学	http://www.xisu.edu.cn
西安石油大学	http://www.xsyu.edu.cn
渭南师范学院	http://www.wntc.net
西安建筑科技大学	http://www.xauat.edu.cn
西安理工大学	http://www.xaut.edu.cn
陕西师范大学	http://www.snnu.edu.cn
西安航空技术高等专科学校	http://www.xihangzh.com
咸阳师范学院	http://www.xysfxy.cn
榆林学院	http://www.ylc.net.cn
西安体育学院	http://www.xaipe.edu.cn

山西高校

太原理工大学	http://www.tyut.edu.cn
山西农业大学	http://www.sxau.edu.cn
山西医科大学	http://www.sxmu.edu.cn
山西师范大学	http://www.sxtu.edu.cn
山西财经大学	http://www.sxufe.edu.cn
山西大学	http://www.sxu.edu.cn
太原师范学院	http://www.tysy.net

忻州师范学院	http://www.xztc.edu.cn
吕梁高等专科学校	http://www.llhc.edu.cn
山西中医学院	http://www.sxtcm.com
晋中学院	http://www.sxjztc.edu.cn
中北大学	http://www.sxjztc.edu.cn

宁夏高校

宁夏大学	http://www.nxu.edu.cn
宁夏医学院	http://www.nxmc.edu.cn
北方民族大学	http://www.nwsni.edu.cn
宁夏石嘴山职业技术学院	http://www.nxszj.com

海南高校

三亚卓达旅游职业学院	http://www.zdtc.net
琼州学院	http://www.qzu.edu.cn
海南师范大学	http://www.hainnu.edu.cn
海南医学院	http://210.37.79.1
华南热带农业大学	http://www.scuta.edu.cn
海南大学	http://www.hainu.edu.cn
海南外国语职业学院	http://www.hnflvc.com
海南政法职业学院	http://www.hnplc.com

第 7 章

旅游、旅行社、健康、美容、美食

7-1 旅游

1. 中国旅游总平台

http://www.yahtour.com

各地资讯 国内市场 国际市场 企业动态 政策法规 旅行社 酒店宾馆 旅游交通

景区点 违规投诉 黄金周 印象旅游王牌 节庆会展 中华美食 特色购物

中国四季 电视台 美景图库 绚丽屏保 音韵中国 出游查询 电子地图

行程设计 城郊度假 户外运动 自助游 一日游 旅游常识 游记攻略 签证移民 商务 企业库 产品库 商机库 咨询报价 预订中心 以商会友 旅游职场

2. 中国旅游网

http://www.cnta.com

行业动态 法规标准 公众服务 神州风采 旅游名录 宣传交流

3. 搜狐旅游频道

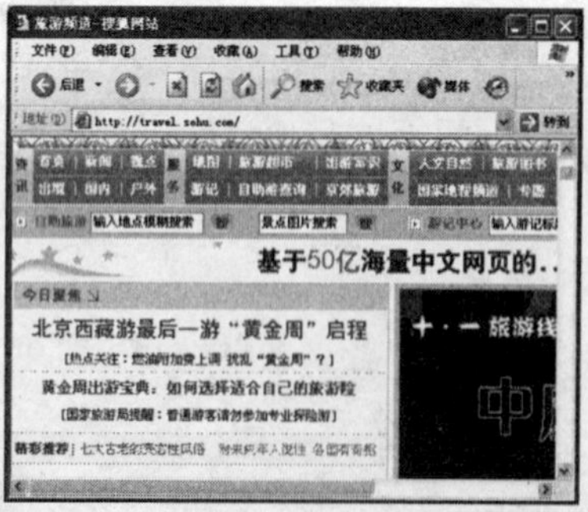

http://travel.sohu.com

新闻 视点 出境 国内 户外 地图 旅游超市 出游常识 自助游查询

游记 京郊旅游 文化 人文自然 旅游图书 国家地理频道 论坛 博客

图吧 壁纸 结伴游 出游工具

4. 中国旅行热线

http://www.cnto.com

旅游名城 旅游专卖 酒店预订 机票预订 自由行 旅行荟萃 出行助理 金旅社区

5. 中华旅游大全

http://www.yooc.com

酒店查询 旅游信息查询 手机号码查询 天气预报查询 邮编电话查询

航班查询 列车时刻查询 在线翻译 地图 万年历 体彩 福彩 股票 各地移动

6. 信天游

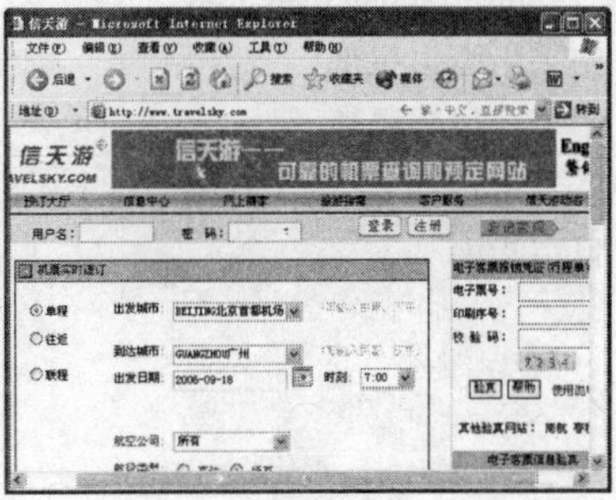

http://www.travelsky.com

机票实时速订 酒店预订 全球机场信息查询 电子客票信息验真

网上商家 旅游指南

7. 21CN 旅游

http://travel.21cn.com

旅游情报 旅游投诉 出游宝典 美景寻踪

图游天下 行行摄摄 专题集锦 机票预订 订火车票 电子地图 目的地指南

道听途说 旅游笑话 我的游记 出游征伴 大本营 旅游论坛

8. 国泰旅游

http://www.guotaitour.com

精品线路 景点介绍 旅游指南 旅游散记

9. 中国航空网山野户外运动

http://www.ftrip.com

山野俱乐部　背包故事　锦绣中华　风俗民情

走进西藏 野外生存 自主手册 自主指南

10. 其他旅游网址

北京旅游	http://www.beijinq.chinats.com
三峡之窗	http://www.wz.cq.cn
中华行知网	http://www.sotrip.com
中国招商国际旅游	http://travel.cmit.com
桂林旅游在线	http://www.goguilingo.com
北海旅游在线	http://www.beihaily.com
e 北海	http://www.e-beihai.net
保定热线	travel.bdinfo.net
北辰旅游	http://www.bnsit.com.cn
北海风光旅游网	http://www.bhview.com
冰峪	http://www.bingyu.com
常熟旅游网	http://www.cs-travel.com
Tour166 一路游网	http://www.tour166.com
成都青旅	http://www.dreamtour.com.cn
东方网旅游频道	http://travel.eastday.com
东营旅游	http://www.dyta.gov.cn
福建旅游之窗	http://www.fjta.com
千岛湖旅游网	http://www.qiandao-lake.com
甘肃旅游信息网	http://www.chinasilkroad.com
贵州旅游在线	http://www.gz-travel.net
菏泽旅游信息网	http://www.hzta.gov.cn
北京导游信息平台	http://www.ok-trip.com.cn
黄山旅游之窗	http://www.hsinfo.com
黄山 e 游	http://www.huangshanchina.com
丽江古城区之窗	http://www.shangri-la-china.com
临沂旅游资讯网	http://www.lyta.gov.cn
九华山旅游网	http://www.jiuhuashan.com.cn
牡丹江观光旅行社	http://www.mdjgg.com
慕田峪长城	http://www.mutianyugreatwall.com
东方热线旅游	http://www.tour.cnool.net
宁波中青旅行社	http://www.nbcyts.com
秦皇岛旅游资讯网	http://www.beidaihe.com.cn

青风海韵	http://www.qfhy.com
青海海兰探险旅游	http://www.qhet.com.cn
青旅在线	http://www.cytsonline.com
人说山西好风光旅游网站	http://www.gotosx.com
唐布拉民族风情网	http://www.tangbula.net.cn
河南天之涯旅游网	http://www.tzyhn.com
芒果网易旅游	http://travel.163.com
威海旅游	http://www.whta.gov.cn
中国·武夷山	http://www.wuyishan.com.cn
烟台旅游资讯网	http://www.chinatravel168.com
兴凯湖在线	http://www.xingkaihu.com
海南扬帆国际旅游社	http://www.yangfan.net.cn
沂山旅游网	http://www.mount-yi.com
四川宜宾旅游网	http://www.ybt.com.cn
中国广州旅游网	http://www.ctcol.com
中国西部探险旅游	http://www.westadventure.com
张家界旅游网	http://www.okzjj.com
中国西藏	http://www.tibet-china.org

7-2 博物馆/院

1. 故宫博物院

http://www.dpm.com.cn

精品赠送 文物保护 故宫出版物 故宫藏书 学术论坛 明清五百年

紫禁城宫殿 藏品精粹 紫禁城游览 紫禁城快讯 故宫博物院总说

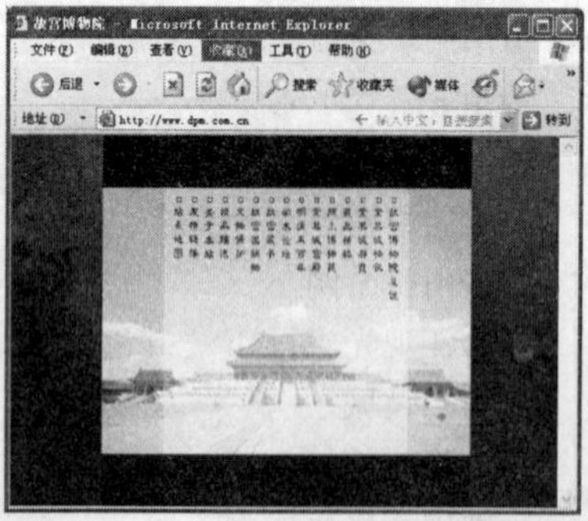

2. 首都博物馆

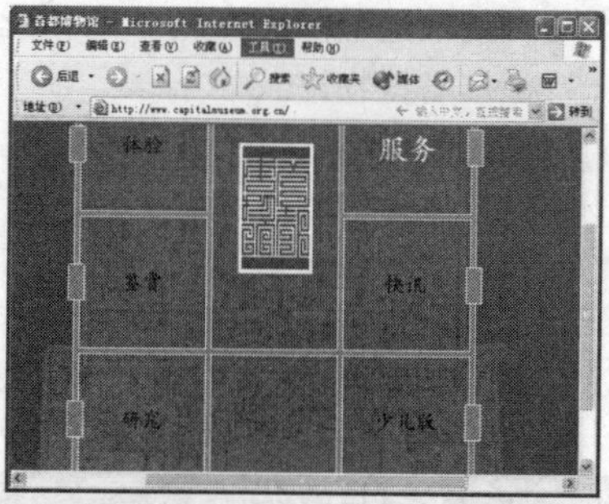

http://www.capitalmuseum.org.cn

北京留影 老北京民俗 珍品典藏 展览荟萃 网上商店

文物征集与捐赠 文博界快讯 活动预告 看文物学历史

3. 中国国家博物馆

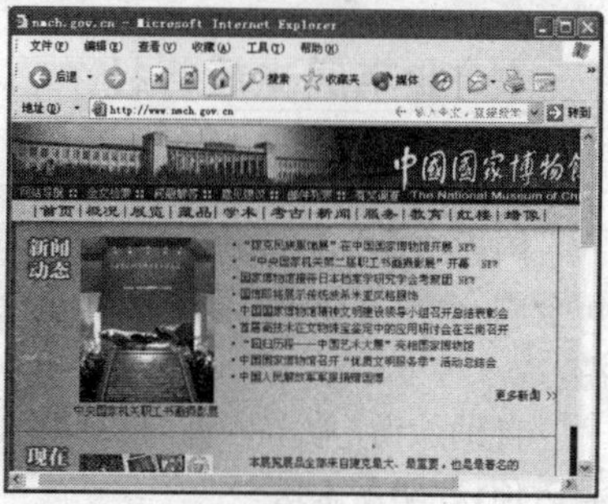

http://www.nmch.gov.cn

展览 藏品 学术 考古 新闻 教育 红楼 蜡像

4. 其他博物馆/院网址

河南博物院	http://www.chnmus.net
九一八历史博物馆	http://www.918museum.org.cn
旧金山探索博物馆	http://www.exploratorium.edu
抗美援朝英烈纪念馆	http://kmyc.chinaspirit.net.cn
南京博物院	http://www.njmuseum.com
普拉多博物馆	http://museoprado.mcu.es
三门峡市虢国博物馆	http://www.guostate.com
上海博物馆	http://www.shanghaimuseum.net
上海公安博物馆	http://www.policemuseum.com.cn
上海数字博物馆	http://museum.eastday.com
孙中山故居纪念馆	http://www.sunyat-sen.org

中国西安皮影博物馆　http://www.leather-silhouette.com
秦始皇兵马俑博物馆　http://www.bmy.com.cn
河姆渡遗址博物馆　http://www.hemudusite.com
浙江省博物馆　http://www.zhejiangmuseum.com
中国抚顺雷锋纪念馆　http://www.leifeng.org.cn
国际友谊博物馆　http://www.friendshipmuseum.com
中国鞋文化博物馆　http://www.chinashoesmuseum.org
中国紫檀博物馆　http://www.redsandalwood.com

7-3　旅行社

1. 北京风光旅行社

http://www.fengguang.com.cn

国内行游 首都旅游 山水京郊 黄金周 海南三亚 草原旅游 红色旅游

自助旅游 旅游咨询 夏日海滨 酒店预订 驴友论坛

2. 北京国际鸿基旅行社

http://www.hongjits.com.cn

出境旅游 国内旅游 商务考察 北京览胜 旅游知识

3. 海阳旅游网

http://www.hy-tour.com

旅游政务 旅游景点 餐饮住宿 旅游交通

旅游购物 旅游娱乐 资讯中心 旅游拾图

4. 北京京华教育旅行社

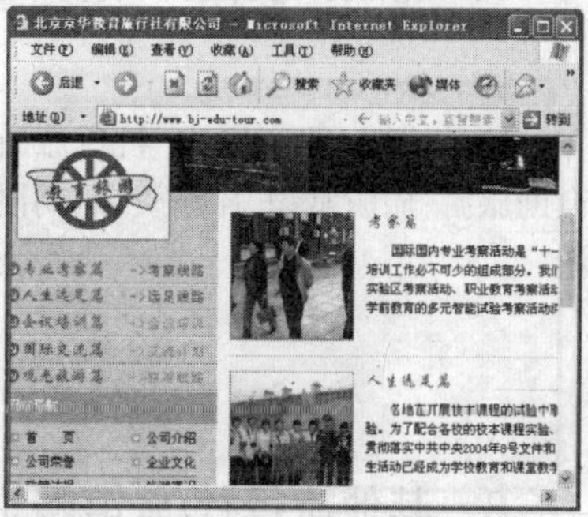

http://www.bj-edu-tour.com

考察 远足 会议培训 国际交流 观光旅游 旅游北京 旅游中国

5. 百姓旅行网

http://www.bxlx.com.cn

国内旅游 国际旅游 住房预定 机票预定 旅游特卖场 北京旅游 京郊旅游

周边旅游 会议度假 红色旅游 自驾车 自由行 温泉滑雪 蜜月之旅 相约旅途

西藏专线 夏日海滨 草原夏令营

6. 北京中国国际旅行社

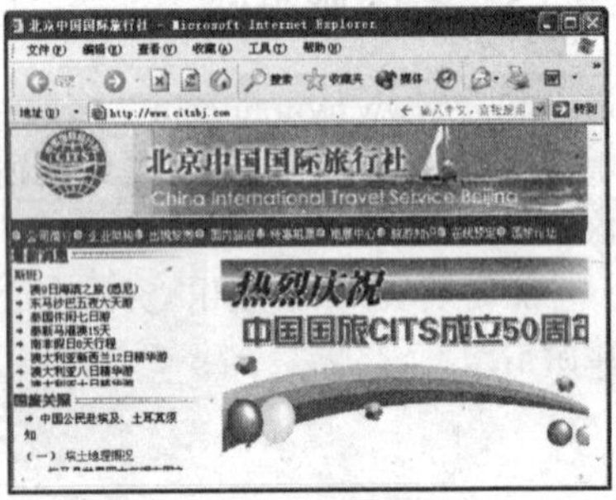

http://www.citsbj.com

出境旅游 国内旅游 特惠机票 商展中心 旅游知识 在线预定 国旅论坛

7. 北京天安国际旅行社

http://www.taits.com.cn

精品线路 北京周边 特色旅游 自助旅游 旅游常识 旅游资讯 胡同游

8. 其他旅行社/旅馆网址

北京沛达旅行社	http://www.beta-tours.com
北京铁路椰海国际旅行社	http://www.hnjt.com
北京中信国安国际旅行社	http://www.bdhkdh.com
北京纵横国际旅行社	http://www.china-zhits.com
成都文化假日旅行社	http://www.cd-holiday.com
成都中国光大国际旅行社	http://www.cdeb-travel.com
保定金台国际旅行社	http://www.baodingtravel.com
承德假日旅行社	http://www.cdjrlxs.com
承德山庄国际旅行社	http://www.cdmits.com
大连北方旅行社	http://www.beifangtravel.com
常州中国国际旅行社	http://www.czcits.com

成都国际旅行社	http://www.cdits.com
成都神州国际旅行社	http://www.classicaltour.com
大连华荣旅行社	http://www.huarongts.com
大连华夏旅行社	http://www.cdtc.net
东莞市国际旅行社	http://www.dits.com
大连来来旅行社	http://www.lailai-travel.com
大连天虹旅行社	http://www.farer.org
大连职工旅行社	http://www.dlzgtravel.com
佛山市中国旅行社	http://www.fscts.com
福建康辉国际旅行社	http://www.fjcct.com
甘肃丝绸之路国际旅行社	http://www.silkroadtravel.com
福州四海旅行社	http://www.esihai.com
广西北海市中国旅行社	http://www.bhtour.com
哈尔滨康辉国际旅行社	http://www.hrbcct.com
哈尔滨蓝太阳商务旅行社	http://www.blue-sun.com.cn
哈尔滨铁道国际旅行社	http://www.hrits.com
广西南宁中国国际旅行社	http://www.gxcts.com
广西玉林市旅行社	http://www.worldtour.com.cn
广西河池山旅行社	http://gold-sun.com.cn
桂林市风景旅行社	http://www.glfj.com.cn
桂林中国国际旅行社	http://www.citsguilin.com
哈尔滨同行旅行社	http://www.chinajintian.net
海南鹈潭旅行社	http://www.7h7h.com
海南省远东旅行社	http://www.hiyd.com
特区假期国际旅行社	http://www.hnholiday.com
海南特区青年旅行社	http://www.htrip.com
杭州天堂旅行社	http://www.hangzhou-tiantang.com
河南东方旅行社	http://www.hndf-ly.com
河南省中国国际旅行社	http://www.citshn.com
湖北省华中电力旅行社	http://www.ccpts.com
湖北省扬子江国际旅行社	http://www.yangtzetour.com
湖北省中国国际旅行社	http://www.hotours.com.cn
湖里壹心假期旅行社	http://www.yixinholiday.com
湖南长沙天洋旅行社	http://www.tianyang.net

葫芦岛黄金假日旅行社	http://www.hldtour.com
黄山市中国旅行社	http://www.hscts.com.cn
黄山中国国际旅行社	http://www.huangshanguide.com
黄山自助游	http://www.hs168.com
江门市中国旅行社	http://www.jmcts.net
江西旅行社	http://www.jx-travel.com.cn
江阴市职工旅行社	http://www.jywts.com
江阴友好旅行社	http://www.jytravel.com
昆明中国国际旅行社	http://www.kmcits.com.cn
辽宁省中国旅行社	http://www.lncts.com
辽宁世纪国际旅行社	http://www.lnshiji.com
柳州中国旅行社	http://www.lzcits.com
美国环球旅行社	http://www.gns-travel.com
内蒙古春秋旅行社	http://www.nmgchunqiuts.com.cn
内蒙古海霞国际旅行社	http://www.nmg-travel.com.cn
内蒙古职工旅行社	http://www.innermongoliatravel.com
内蒙古中国旅行社	http://imcts.com.cn
南海中国旅行社	http://www.nanhai-cts.com
青岛琴岛旅行社	http://www.qindao.com
青岛栈桥旅行社	http://www.qingdaozhanqiao.com
青岛中国国际旅行社	http://www.citsqd.net
森林旅行社	http://www.forestts.com
山西友好旅行社	http://www.sxyhts.com
上海华鹰旅行社	http://www.cets.com.cn
上海园林旅行社	http://www.sgta.online.sh.cn
深圳市报业国际旅行社	http://www.sz-gl.com
沈阳园林国际旅行社	http://www.syylgjlxs.com
四川省中国旅行社	http://www.sc-cts.com
苏州旅行社	http://www.suzhoutravel.com
苏州太湖国际旅行社	http://www.stits.com.cn
泰山中国国际旅行社	http://www.taishan-cits.com
天津经典假期国际旅行社	http://www.goldtour.com.cn
天台中国国际旅行社	http://www.tt169.com
微山湖旅行社	http://www.wslake.com

无锡春秋旅行社	http://www.wxchunqiu.com
无锡中国国际旅行社	http://www.citswx.com
武汉风光旅行社	http://www.whsts.com
武汉市安通旅行社	http://www.wuhan-at.com
武夷山商贸旅行社	http://www.wuyicity.com
西藏国际职工旅行社	http://www.xztravel.com
夏都之星旅行社	http://www.xdzx.com.cn
厦门高捷达旅行社	http://www.5176666.com
厦门航空港旅行社	http://www.xiats.com.cn
新疆博达旅行社	http://www.bodatour.com
新疆海峡国际旅行社	http://www.haixia-luyou.com.cn
新疆绿洲中国旅行社	http://www.oasiscts.com
新疆山水旅行社	http://www.gotoxj.com
新疆乌鲁木齐阿凡提旅行社	http://www.afanti-tour.com
新疆西域国际旅行社	http://www.west-tour.com.cn
烟台金辉假期旅行社	http://www.ytjhjq.com
烟台开发区文化旅行社	http://www.ytwenhua.net
烟台康辉旅行社	http://www.yantaitravel.com
扬州市中国旅行社	http://www.yzcts.com
宜昌市太升轮船旅行社	http://www.taisn.com
云龙旅行社	http://www.yunlonglvxmgcom.cn
云南昆明风情国际旅行社	http://www.jhitc.com
云南省玉溪市旅行社	http://www.yuxitravel.com
浙江妇女国际旅行社	http://www.zjwits.com
浙江省安吉旅行社	http://www.anjitour.com
浙江省中国旅行社	http://www.zjcts.com.cn
中国康辉黄山国际旅行社	http://www.hsccits.com
中国康辉汕头旅行社	http://www.cctst.com
中国康辉深圳旅行社	http://www.cctsz.com
中国昆明青年旅行社	http://www.kmyts.com
中国森林国际旅行社	http://www.foresttravel.net
中国云南青年旅行社	http://www.cytsyn.com
中山中国旅行社	http://www.ctszs.com
重庆金龙假期旅行社	http://www.jljq.com.cn

7-4 保健

1. 中国保健大全

http://www.zhongguobaojian.com

保健常识 医药专业 产品大全 医药机构 政策法规 专家咨询 同学录 展览

2. 中国保健食品网

http://www.cnfoods.net

食品成果转让 保健食品申报 消毒产品申报热点聚焦 实用食品技术

人才交流 检索中心 注册 保健食品营销 保健食品政策 保健功能文库

保健食品原料 保健食品工艺 保健食品教程 保健食品批文转让 行业资讯

3. 爱眼之家

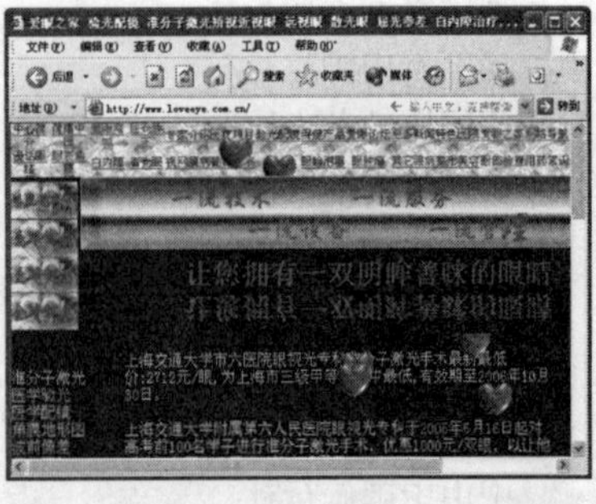

http://www.healthchina.com

爱眼商城 屈光矫正 专家介绍 医疗项目 验光配镜 保健产品 爱眼论坛

特色医院 漫话眼睛 眼表角膜 视网膜病 葡萄膜病 眼睑泪器 眼部检查

整形美容 用药常识 白内障 青光眼 眼肿瘤

4. 中国保健养生网

http://www.chinahealthcare.net

市场经纬 企业之星 精品新品 成果走廊 科普园地 环球扫描 消费指南

5. 中国保健酒网站

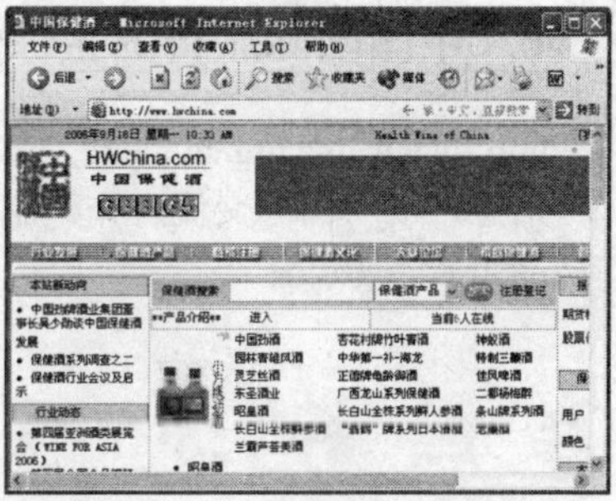

http://www.hwchina.com

保健酒产品 商家注册 保健酒文化大众论坛 家庭保健酒

6. 家庭医生医疗保健网

http://www.jtys.com.cn

杂志在线 饮食健康 医疗保健 性学专栏 儿童保健 美容天地 心灵之声

用药指南 医学快讯 信息荟萃 环球信息 海外快讯 手术图解

7. 中国医药保健品进出口商会信息网

http://www.cccmhpie.org.cn

信息部 综合部 西药部 展览部 医疗器械部

中药部 政策法规 国际医药信息 经贸信息

8. 中国国际旅行卫生保健协会

http://www.itha.org.cn

信息广场　国际交流合作　旅行药品用品　展示窗

9. 口腔健康保健网

http://tooth.nbcom.net

口腔会议 口腔新闻 口腔图片 口腔常识 口腔防治

口腔文献 口腔医生 口腔法规 口腔学会

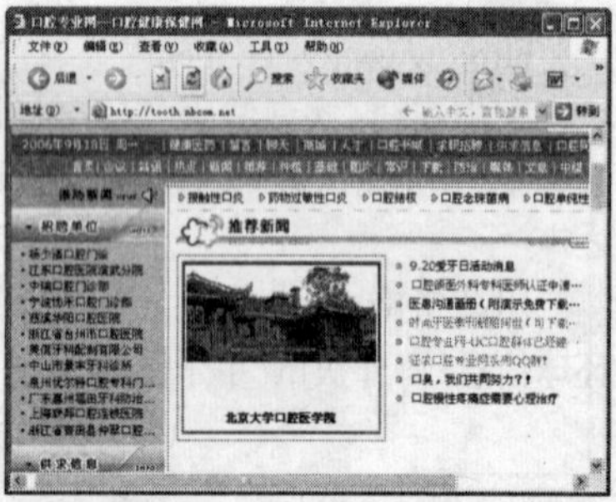

10. 丽齿保健网论坛

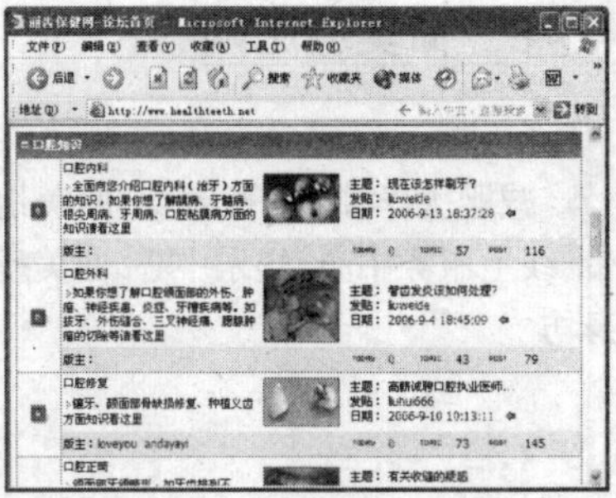

http://www.healthteeth.net

口腔内科 口腔外科 口腔修复 口腔正畸 牙病预防 牙科图片

牙病咨询 就医指导 牙科收费 牙医论坛 牙医日记 口腔综合

7-5 减肥

1. 今日减肥

http://www.weightlossno1.com

减肥资讯 减肥专辑 减肥食谱 今日健康 今日营养 今日美食 今日美容

2. 中国减肥网

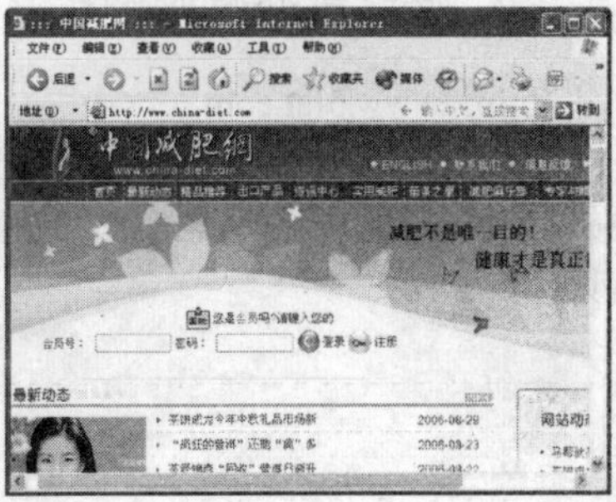

http://www.china-diet.com

精品推荐 出口产品 资讯中心 实用减肥 苗条之星

减肥俱乐部 专家与顾客 减肥博客

3. 曲美减肥网

http://www.0618.net

减肥大学堂 瘦身男女 曲美地带 线上服务中心 娱乐中心 曲美瘦身坊

4. 网路减肥教室

http://www.thin-rich.com

肥胖的原因 减重的原理 怎样减才健康 各种减重方法比较

减肥秘方 活动消耗热量表 食物热量表 减重电子报

5. 雅蔻营养减肥网

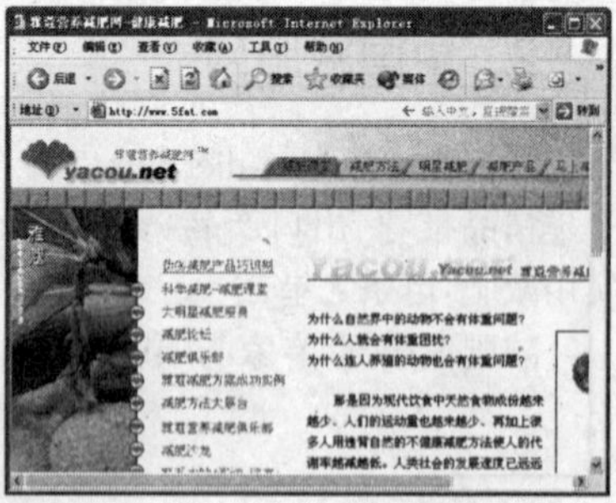

http://www.5fat.com

减肥课堂 减肥方法 明星减肥 减肥产品 马上减肥 减肥实例 减肥沙龙

7-6　健康

1. 搜狐健康频道

http://health.sohu.com

健康新闻 保健常识 心理健康 女性健康 艾滋病 健康博客 健康专题

健康论坛 点击健康 健康图库 健康图书 就医指南 疾病百科 乙肝频道

乳腺癌 专家访谈 药企巡展 健康记者 在线阅读

2. 健康快车

http://www.jkkc.com.cn

药品 保健品 母婴用品 成人用品 美容护肤 减肥瘦身 网上药店

3. 网易健康频道

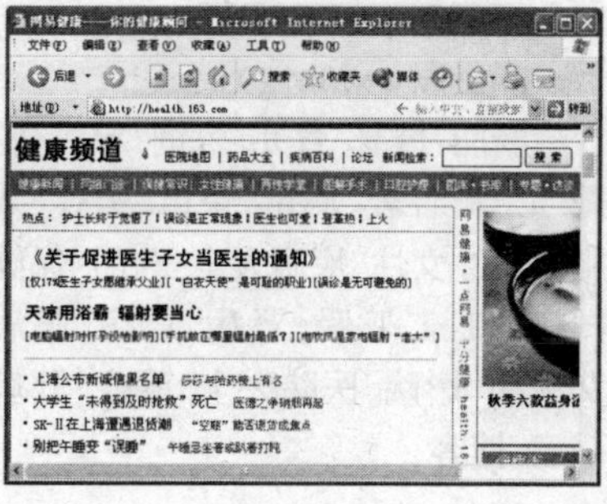

http://health.163.com

健康新闻 网络门诊 保健常识 女性健康 两性学堂 图解手术 口腔护理

图库 · 书库 专题 · 访谈

4. 新健康网络

http://www.newhealth.com.cn

药品招标 政策法规 医疗保险 医药行业 处方药非处方药 专家主页

医疗收费 医院服务 深圳医学 诊疗规范 港台医学 医学刊物 医科大学

药品检验 继续教育 卫生机构分布图 医生俱乐部 社区健康 医学组织

医事幽默 家庭医药 健康保健 寻医问药

5. 中国健康网

http://www.healthoo.com.cn

研究报告 产业经济 终端市场 保健品 科研信息 医药原料

国际药业 药材市场 动物用药 医药书城 药用辅料 产品报告

6. 南方健康网

http://www.fm120.com

新闻 健身 育儿 咨询 导医 中医 心理 性爱 测试 快讯 美容 减肥 男性 女性 疾病大全 药品 保健图谱 口腔 呼吸 肾病 胃病 眼病 艾滋病 影院 医院大全 癌症 肝病 癫痫 博客

7. 37℃医学网

http://www.37c.com.cn

医学资讯会 医学论坛 医学图谱 医学文献 医学书籍

健康资讯 健康论坛 疾病专区 生活 美容 预约挂号

8. 百灵生活频道

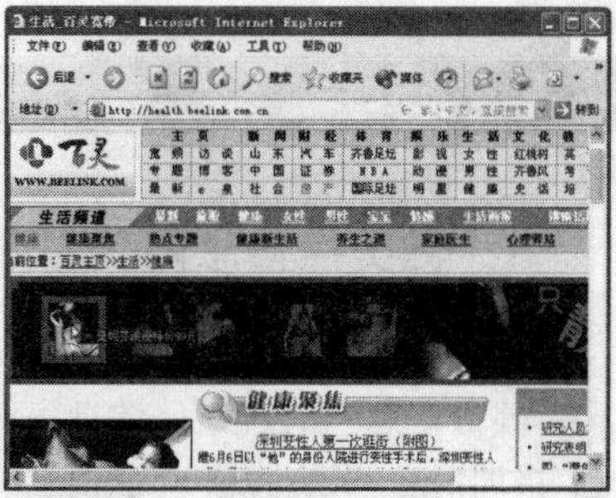

http://health.beelink.com.cn

女性 男性 宝宝 情感 生活画报 锵锵话题 专题集锦 健康聚焦

健康新生活 养生之道 家庭医生 心理驿站 两性健康 康体塑身

9. 千龙健康

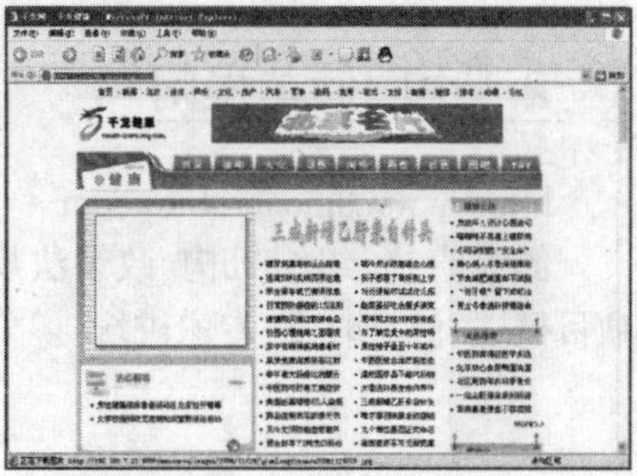

http://health.qianlong.com

研究报告 产业经济 终端市场 保健品 科研信息 医药原料

国际药业 药材市场 动物用药 医药书城 药用辅料

10. 其他健康网址

中国康复城	http://www.rehabcity.net.cn
飞华健康网	http://www.fh21.com.cn
中华网健康频道	health.china.com
华西医疗信息网	http://www.cd120.com
康桥网	http://www.kangqiao.net
迈博健康资讯	http://www.medboo.com
人民网健康频道	http://www.wsjk.com.cn
上海助医网	http://www.91985.com
中医绿色健康网	http://www.2100cn.com

7-7 健美

1. 健美操信息网

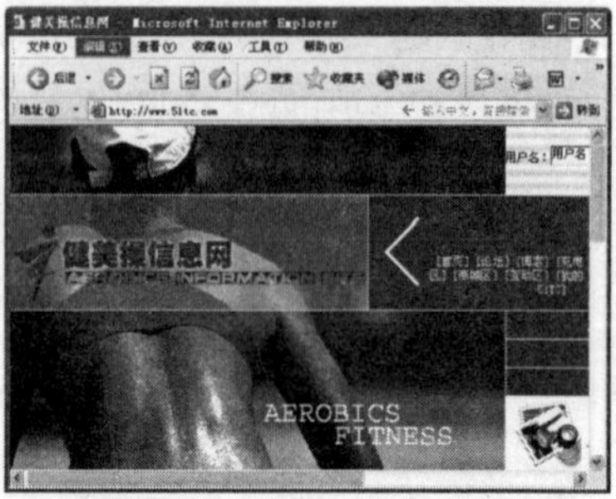

http://www.51tc.com

健身信息 私教信息 健身房信息 培训信息 采购信息 产品信息

2. 中国健美操网

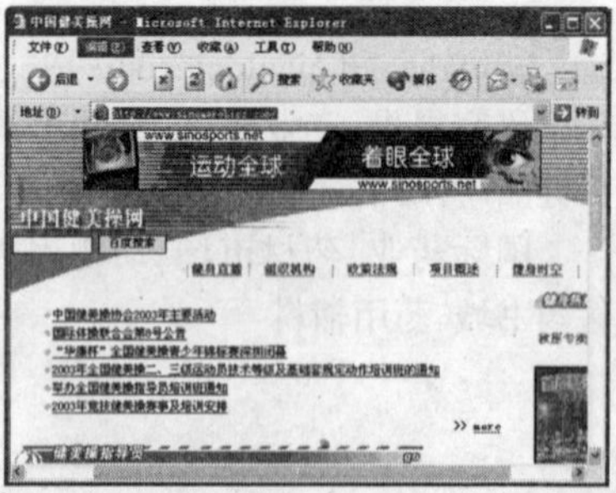

http://www.sinoaerobics.com

健身直播 组织机构 政策法规 项目概述 健身时空 专家讲坛

3. 中国健身第一站

http://www.cn-fitness.com

精彩图集 明星训练秘技　训练指南

赛事报道　国外健美明星　健康美食

4. 北京健美网

http://www.chinabbba.org

竞赛专栏 健美新星 健美专家 健美贡献奖制度 竞赛图片

活动图片 健美人才

5. 人人健美网

http://www.everybodybuilding.net

健身俱乐部 训练 营养 比赛 培训 加盟连锁 健美明星

健美营养测试 奥林匹亚先生集动作宝典 健美前辈

6. 健美帝国

http://www.jmdg.cn

健美商城 健美文章 健美图库 健美电影 会员上传像册

健美爱好者 健美企业 求职招聘 健美供求 健美论坛

7-8 美容化妆

1. 今日美容

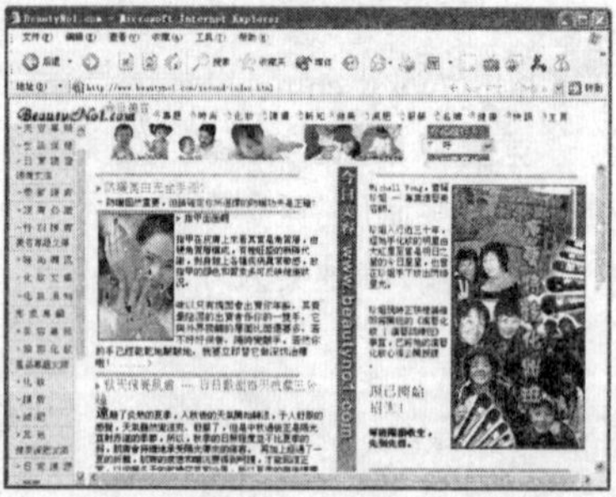

http://www.beautyno1.com

美容专辑 生活保健 日常护理 护肤文库 季节护肤 美容专题文库

時尚潮流 化妆文库 化妆须知 形象专辑 头部化妆頭 产品专题文库

健美减肥文库

2. 中华美容网

http://www.beauty100.com.cn

妆容频道 整形频道 新娘频道 服装频道 丽人社区 美容资讯

3. 中国影视化妆造型美容网

http://www.5m5m.net

女性 娱乐 动画 网址 图库 作品 拍摄 寰润图片 演员模特 化妆人才

化妆学校 服装租赁 魅眼妆彩 面部化妆 窈窕食谱 莹唇风韵 冰雪伊人

白领一族 塑身健康 招聘信息 美发飘逸 时尚流行 明眸粉黛 服饰香水

男女生活 婚嫁计谋 化妆用品 明星美容 明星时尚 电影电视 明星身材 剧组尝鲜 独家娱乐 数码评测 新闻速览 数码配件 影像攻略 影像鉴赏 数码相机 Photoshop 应用 笔记本

4. 浙江整形美容网

http://www.zjzr.com

整形外科 生活美容 知识交流 就诊指南

5. 中国美容网

http://www.chinabeautynet.com

美容 美体 化妆 美发 展会信息 中医美容 营销策划 企业管理

6. 中国美容美发网

http://www.chinamrong.com

供求商机 厂商大全 行业资讯 加盟招商 美容院专区 培训学校 行业人才

美容美发常识 化妆品商城 发布供求 加入美容美发化妆品黄页 展会信息

7. 其他美容化妆网址

中国芳香疗法 EDIY	http://www.ediy.cn
凤仪轩美容网	http://www.fengyixuan.com
东方化妆品网	http://ecnet.13906.com
中国美容商务网	http://www.chinaebeauty.com
中国美容时尚网	http://www.china-beautyfashion.com
湖北省美发美容协会	http://www.wm999.com
美容纵横	http://www.clue.com.cn
颜如玉网	http://www.yanruyu.com
中国国际美容网	http://www.prc-cosmetics.com
中华医学会医学美学与美容学分会网络信息中心	http://www.cma618.com

7-9 美食

1. 中华美食网

http://www.188777.com

美食情报 美食图库 美食315 旅游周边 餐饮擂台 餐饮网址

餐饮论坛 餐饮动态 餐饮人才 烹饪原料 餐饮设备 餐饮软件

起名测址 工商咨询 文化包装 餐饮宝典 餐饮管理 培训自考

健康百科 文化礼仪 餐饮与法 创业指南 投资策略 加盟连锁

旺铺招租 餐厅转让 供求商机 代理经销 制造加工 投资信息 展会信息

2. 营养·美食频道_新浪网

http://eat.sina.com.cn

饮食新闻 食尚主义 快乐厨房 好店推荐 吃情故事 营养食话

休闲吃趣 天下美味 西餐学校

3. 上海热线——美食

http://eat.online.sh.cn

寻饭店 打折头 烧小菜 开眼界 泡酒吧 订外卖

4. 美食中国

http://www.meishichina.com

美食资讯 美食厨房 饮食健康 家庭健康 饮食男女 图片频道

精选阅读 美食家 美食论坛 菜谱大全 地图杂志专题 中国美食

菜谱大全 家常菜做法图解 美食消费 厨房百科 魔法厨房 饮食文化

饮食常识 瘦身美容 母婴饮食 食疗食补 影视剧情 美食图片

5. 搜狐——非常美食

http://life.women.sohu.com/61/26/column204052661.shtml

非常美食 天天厨房 食眼界 食八卦 食色性 写食主义

6. 好心情美食站

http://www.goodmood.com.cn/food

餐饮资讯 中国菜点 异国美味 美食文化 饮食习俗

烹饪科学 美食趣话 风味小吃 食尚主义 快乐厨房

7. 其他美食网址

食神网	http://www.chichichi.com.cn
大洋网—食全食美	http://meal.dayoo.com
21CN—美食	http://food.21cn.com
新华网—美食频道	http://www.xinhuanet.com/food
CCTV—美食天地	http://www.cctv.com/life/meishi
中国烹饪协会	http://www.ccas.com.cn
合肥吃吃吃美食网	http://www.hf777.com
天府川菜频道	http://food.tyfo.com
吃遍福州美食网	http://www.78fz.com

美峰美食文化网	http://www.gsmeifeng.com
齐鲁饮食网	http://www.sd-ys.com
潮汕美食网	http://www.chaofood.com
重庆美食	http://food.online.cq.cn
八方美食_TOM 女性	http://lady.tom.com/home/food
长沙美食网	http://eat.csonline.com.cn
东方美食—嘻客美食网	http://www.xiok.com/food
美食世界	http://www.wxrb.com/mssj/mssj.htm
吃好啦	http://www.chihaola.com
龙虎网	http://www.longhoo.net/gb/longhoo/shopping/food
常州美食网	http://www.czmsw.com
南京食网	http://www.nanjingfood.com
青岛美食	http://www.qingdaonews.com/qdms.htm
温州美食网	http://www.wzcate.net
中国江苏网—美食	http://food.jschina.com.cn
中国吃网	http://www.6eat.com
兰州美食网	http://www.lzcate.com
吃四方美食天地	http://www.eat4.com
天下美食	http://www.foood.com.cn
芜湖美食网	http://www.wuhu777.com
广州美食网	http://www.gdsina.com/eat
天津美食网	http://www.tjcate.com
中国江西—江西美食	http://www.jxcn.cn/meishi
四川美食	http://www.sichuantour.com/custom/kind.asp?ID=1
云南美食网	http://www.yncate.com
天府美食网	http://www.cdcate.com
POCO 中国美食网	http://food.poco.cn
中国信息网美食频道	http://www.cis.net.cn/food
世界美食网	http://food.icxo.com
现代人健康美食网	http://www.mhf.cn
宁波美食	http://www.nbms.com.cn
南昌美食网	http://www.nccate.com

中华美食榜	http://www.catechina.net
江西美食网	http://www.jxcate.com
OK 广州美食网	http://www.okgz.com
深圳吃乐网	http://www.chilema.cn

第8章

法律、新闻、报刊、出版社

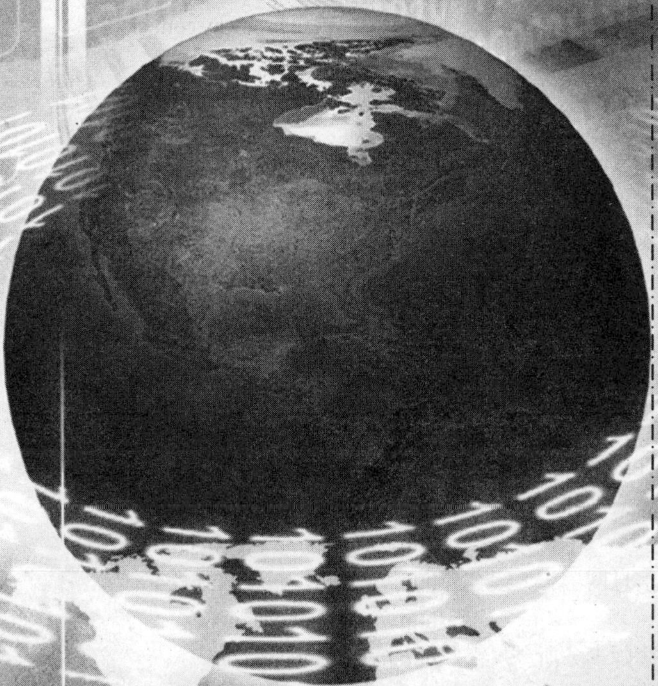

8-1 法律

提供专业在线免费法律咨询，法律法规全文检索，网上模拟法庭，律师社区；各类诉讼指南，法律文书，精彩案例，法学论文，法学专家、学者，法律网站导航。

华夏物证鉴定中心	http://www.china-wz.com
国法网	http://www.law.com.cn
法威网	http://www.lawhighway.com.cn
国信中国法律网	http://www.chinalaw.net
中国法律资源网	http://www.lawbase.com.cn
中国法网	http://www.cnlaw.net
中国民商法律网	http://www.civillaw.com.cn
中国普法网	http://www.legalinfo.gov.cn
中国知识产权网	http://www.cnipr.com.cn
正义网	http://www.jcrb.com
中华律网	http://www.attorney.net.cn

8-2 律师

提供免费在线法律咨询、在线法律顾问、律师专题社区、法律法规查询、诉讼技巧、案件评析、法律热点追踪并提供在线委托。

网上律师	http://www.netlawyer4u.com
天津律师信息网	http://www.china-lawfirm.com
律师在线	http://www.lawyers.net.cn
山东法扬律师事务所	http://www.fayang.com
广州武平律师在线	http://www.gzlawyer.com
北京逢时律师事务所	http://www.goldenlawyer.com
聊城律师在线	http://www.ygylaw.com
新泛亚律师（集团）事务所	http://www.lawyercn.com
深圳律师	http://www.148w.com
深圳律师网	http://www.lawstar.com.cn
十佳律师在线	http://www.top10lawyersofchina.com
中国律师导航	http://www.lawyer-china.com
世纪律师网	http://www.21cnlaw.com

中国律师网 http://www.chineselawyer.com.cn
中国网络律师 http://www.netlawcn.com

8-3 新闻网

介绍国内外新闻，及时报道社会新闻、科技、财经、军事、娱乐、体育等热点，提供新闻搜索、评论。

新浪新闻	http://news.sina.com.cn
新华网—全球新闻网	http://www3.xinhuanet.com
千龙新闻中心	http://news.qianlong.com
光明网	http://www.gmd.com.cn
人民网新闻中心	http://news.people.com.cn
TOM 新闻	http://news.tom.com
中国新闻网	http://www.chinanews.com.cn
北京新闻网	http://www.beijing.org.cn
天府热线—新闻中心	http://dailynews.sc.cninfo.net
北方网—新闻前线	http://news.enorth.com.cn
东方网—东方新闻	http://news.eastday.com
福建热线—新闻中心	http://news.okey.net
福建新闻网	http://www.fj.chinanews.com.cn
江苏音符新闻频道	http://news.jsinfo.net
广西新闻网	http://www.gxnews.com.cn
湖南信息港	http://news.2118.com.cn
江苏新闻网	http://www.js.chinanews.com.cn
江西热线新闻中心	http://www.zeronews.com
山西新闻网	http://www.daynews.com.cn
荆楚网—新闻频道	http://news.cnhubei.com
内蒙古新闻网	http://www.nmgnews.com.cn
齐鲁新闻网	http://news.sd.cninfo.net
青岛新闻网	http://www.qingdaonews.com
深圳之窗—新闻纵横	http://news.szptt.net.cn
四川在线新闻中心	http://newscenter.scol.com.cn
天津热线—新闻中心	http://dailynews.online.tj.cn
新疆新闻网	http://www.xjnews.cn

易得资讯新闻网 http://news.easy.com.cn
浙江—新闻中心 http://news.zj.chinavnet.com
重庆热线—新闻频道 http://news.online.cq.cn
重庆新闻网 http://www.cqnews.com.cn

8-4 报刊

1. 报刊综合

提供报刊信息查询、文化建设、订阅服务、代理各大报刊广告刊登、网址链接及报刊下载等。

中国报刊网 http://www.baokan.com.cn
报刊窗 http://www.bkc.com.cn
浏览网 http://www.gotoread.com
龙源期刊网 http://www.qikan.com
全国非邮发报刊联合征订目录 http://www.lhzd.com
中华期刊展示网 http://www.magshow.com

2. 计算机报刊

介绍有关计算机知识，提供大量免费资源下载、论坛等。

电脑爱好者 http://www.cfan.com.cn
计世网 buy.ccw.com.cn
中国计算机报 http://www.ciw.com.cn
中国电脑教育报 http://www.cce.com.cn
电脑报 http://www.yesky.com
微型计算机 http://www.cniti.com/mc
新潮电子 http://www.cniti.com/ef
微型计算机•数字家庭 http://www.cniti.com/mcdh
计算机应用文摘 http://www.cniti.com/pcd
网络世界 http://www.cnw.com.cn
电脑世界中国网 http://www.pcworld.com.cn
《信息与电脑》杂志 http://www.chinacc.com
电脑商情报 http://www.cbinews.com

电脑编程技巧与维护	http://www.comprg.com.cn
IT 经理世界	http://www.ceocio.com.cn

3. 日报

介绍最新的国内外新闻、特色新闻、热点推荐、多方面报道、旧报查询。

北京日报	http://epaper.bjd.com.cn/rb/20060714/
长江日报	http://www.cjdaily.com.cn
承德日报	http://www.cddaily.com.cn
大连日报	http://www.daliandailiy.com.cn
大众日报	http://dzrb.dzhttp://www.com
德阳日报	http://deyang.deyang.cc/dydaily.asp
法制网	http://www.legaldaily.com.cn
佛山在线	http://www.fsonline.com.cn
福建日报	http://www.fjdaily.com
福州日报	http://www.fzd.com.cn
甘肃日报	http://gsrb.gansudaily.com.cn
工人日报	http://www.grrb.com.cn
光明网	http://www.gmw.cn
广西日报	http://pdf.gxnews.com.cn/gxrb.php
哈尔滨日报	http://www.harbindaily.com
海南日报	http://hnrb.hinews.cn
扬州日报	http://www.yzrb.com
河北经济日报	http://www.hbjjrb.com
河北日报	http://hbrb.hebeidaily.com.cn
河南日报	http://epaper.hnby.com.cn/hnrb
黑龙江新闻网	http://www.hljdaily.com.cn
呼伦贝尔日报	http://www.hlbrdaily.com.cn
湖州日报	http://www.hangzhou.com.cn/czbhzrb
华西都市报	http://www.wccdaily.com.cn
惠州新闻网	http://www.hznews.com
江门日报	http://e.jmnews.com.cn
焦作新闻网	http://www.jzrb.com.cn

解放日报	http://www.jfdaily.com/gb/node2/node17/node167/index.html
锦州日报	http://www.jbw.cn/rb
京华时报	http://www.beijingtimes.com.cn
经济日报	http://www.economicdaily.com.cn
科技日报	http://www.stdaily.com
辽宁日报	http://newspaper.lndaily.com.cn/lnrb
浏阳日报	http://www.lyrb.com.cn
鲁中生活日报	http://www.lifedaily.com.cn
南京报业网	http://www.njrb.com.cn
洛阳新闻网	http://www.lyd.com.cn
茂名日报	http://www.maomingdaily.com.cn
牡丹江日报	http://www.dpcm.cn/ribao
南方报业	http://www.nanfangdaily.com.cn
南通日报在线	http://www.ntrb.com.cn
南阳新闻网	http://www.nydaily.com.cn
平顶山新闻网	http://www.pdsdaily.com.cn
钦州日报	http://www.qzrb.com.cn
衢州日报	http://www.qzdaily.com.cn
人民日报	http://people.com.cn/
三秦都市报	http://www.sanqindaily.com
山西日报	http://www.daynews.com.cn/mag1
山西经济日报	http://www.daynews.cn/mag6/jinjiribao
山西法制报	http://www.daynews.cn/mag3
陕西日报	http://www.sxdaily.com.cn
汕头日报	http://www.stdaily.com.cn/strb/20060714/index.htm
上虞日报	http://www.shangyudaily.com
绍兴日报	http://www.shaoxingdaily.com.cn
沈阳日报	http://www.syd.com.cn/syrb/2006-07/14/node_2.htm
石狮日报	http://www.ssrb.com.cn
寿光日报	http://www.sgdaily.org.cn
四川日报	http://www.sichuandaily.com.cn

苏州新闻网	http://www.szrbs.net
泰州日报	http://www.tznews.cn/html/tzrb/index.html
滕州在线	http://www.tzdaily.com.cn
天津日报	http://www.tianjindaily.com.cn
温州日报	http://www.wzrb.com.cn
无锡日报	http://www.wxrb.com
厦门日报	http://www.csnn.com.cn/xmrb/index.htm
萧山日报	http://www.xsdaily.com
扬州日报	http://www.yzrb.com
中国检察日报	http://www.jcrb.com.cn
三峡日报	http://www.cn3x.com.cn
营口日报	http://www.ykd.com.cn
玉林日报	http://www.ylrb.com.cn
云南日报	http://www.yndaily.com
枣庄日报	http://www.zaozhuangdaily.com.cn
浙江日报	http://www.zjdaily.com.cn
中国经济时报	http://www.cet.com.cn
中国人民法院日报	http://www.rmfyb.com
周口日报	http://www.zkrb.com.cn
珠海特区报	http://www.zhuhaidaily.com.cn
安徽日报	http://www.ahrb.com.cn
番禺日报	http://jjww.pyb.com.cn

4. 早/晚报

介绍热点新闻、国内外新闻、体育新闻、文娱新闻、经济新闻、科教新闻、学生记者、县市新闻焦点、特色新闻，提供新闻搜索、评论。

北京晨报	http://www.morningpost.com.cn
南国早报	http://pdf.gxnews.com.cn/ngzb.php
长沙晚报	http://csonline.com.cn
成都晚报	http://www.cdwb.com.cn
大连晚报	http://www.dlwb.com.cn
大同晚报	http://www.dtwb.com.cn
海口晚报	http://www.hkwb.net

合肥晚报 http://www.hfwb.hf.ah.cn
今晚报 http://www.jwb,com.cn
锦州晚报 http://www.jbw.cn/wb
辽沈晚报 http://www.lswb.com.cn
秦皇岛晚报 http://www.qhdwb.com
三晋都市报 http://www.daynews.com.cn/mag2
山西晚报 http://www.daynews.com.cn/mag4
汕头特区晚报 http://www.step.com.cn
沈阳晚报 http://www.sywb.com.cn
温州晚报 http://www.wzwb.com.cn
西安晚报 http://www.xawb.com
潇湘晨报 http://www.xxcb.com.cn
新民晚报 http://www.xmnext.com
扬州晚报 http://www.yzwb.com
扬子晚报 http://www.yangtse.com
羊城晚报 http://www.ycwb.com/gb/node/ycwb.htm
重庆晚报 http://www.cqwb.com.cn
重庆晨报 http://www.cqcb.com
北方晨报 http://www.bfcb.com.cn
华商早报 http://www.hscb.com.cn

5. 其他新闻报刊

介绍各地方最新新闻、国际新闻、各行业新闻、经济新闻，提供旧报查询，软件下载、论坛等。

中国电脑教育报 http://www.cce.com.cn
中国电力报 http://www.cepn.sp.com.cn
东方烟草报 http://www.eastobacco.com
大众消费报 http://www.dzxf.net
中国计算机报 http://www.ciw.com.cn
电脑商情报 http://www.cbinews.com
电子报 http://www.netdzb.com
东南快报 http://www.dnkb.com.cn
纺织导报 http://www.texleader.com.cn

佛山广播电视报	http://www.fstv.net
公益时报	http://www.gongyishibao.com
海峡消费报	http://www.icn.com.cn
河北工人报	http://www.hbgrb.net
中国贸易报	http://www.chinatradenews.com.cn
中国民航报	http://www.caacjournal.com
江苏法制报	http://www.jslegal.com
经济导报	http://www.eiahk.com
人民公安报	http://www.cpd.com.cn
民主与法制时报	http://www.mzyfz-news.com.cn
内蒙古商报	http://www.nmgsb.net
上海青少年科技报	http://www.qsnkjb.com
人民摄影报	http://www.peoplephoto.com
山西工人报	http://www.sx.xinhuanet.com/sxgrb/index.htm
汕头都市报	http://www.stcd.com.cn
石油大学报	http://www.upnews.com.cn
世界医药报	http://www.worldmedicinenews.com
深圳商报	http://paper.sznews.com/szsb/index.htm
市场信息报	http://www.scxxb.com.cn
中国证券报	http://www.cs.com.cn
中国邮政报	http://www.chinapostnews.com.cn
围棋报	http://www.wqb.com.cn
中国畜牧水产报	http://www.clanews.com
中国质量报	http://www.cqn.com.cn
温州商报	http://www.wzed.com.cn
中国信息报	http://www.zgxxb.com.cn
中国中医药报	http://www.cntcm.com.cn
新文化报	http://xwhb.net
中国食品报	http://www.cnfood.cn
中国税务报	http://www.ctaxnews.com.cn
文化艺术报	http://www.whysb.net
西北信息报	http://www.xbxxb.com
中华工商时报	http://www.cbt.com.cn

中华教育报	http://www.chineseedu.org
信息早报	http://www.infomorning.com
中国工商报	http://www.cicn.com.cn
中国测绘报	http://www.zgchb.com.cn
学英语报社	http://www.e-l-e.net.cn
英语辅导报	http://www.ecp.com.cn
英语周报	http://www.ew.com.cn
证券导报	http://www.szs.com.cn
中国保险报	http://www.zgbxb.com.cn
中国交通报	http://www.zgjtb.com
深圳特区报	http://paper.sznews.com/tqb/index.htm
中国教育报	http://www.jyb.com.cn
成都商报	http://www.cdsb.com
中国劳动保障报	http://www.clssn.com
中国旅游报	http://www.ctnews.com.cn
中国绿色时报	http://www.greentimes.com
周末报	http://www.zhoumo.com.cn
组织人事报	http://www.emm.com.cn
中原铁道报	http://www.zytdb.com
重庆商报	http://www.chinacqsb.com
西双版纳报	http://www.bndaily.com.cn

8-5 出版社

电子工业出版社	http://www.phei.com.cn
人民邮电出版社	http://www.ptpress.com.cn
清华大学出版社	http://www.tup.tsinghua.edu.cn
机械工业出版社	http://www.cmpbook.com
中国电力出版社	http://www.cepp.com.cn
中国标准出版社	http://www.bzcbs.com
中国对外翻译出版公司	http://www.ctpc.com.cn
中国税务出版社	http://www.taxph.com
中国铁道出版社	http://www.tqbooks.net
中国水利水电出版	http://www.waterpub.com.cn

中国物资出版社	http://www.clph.cn
作家出版社	http://www.zuojiachubanshe.com
中国译林出版社	http://www.yilin.com
中央广播电视大学出版社	http://www.crtvup.com.cn
安徽教育出版社	http://www.ahep.com.cn
百花文艺出版社	http://www.bhpubl.com.cn
北京出版社出版集团	http://www.bph.com.cn
北京大学出版社	cbs.pku.edu.cn/main.jsp
北京航空航天大学出版社	http://www.buaapress.com.cn
北京语言文化大学出版社	http://www.blcup.com
长江文艺出版社	http://www.cjlap.com
当代世界出版社	http://www.worldpress.com.cn
地质出版社	http://www.gph.com.cn
中国劳动社会保障出版社	http://www.class.com.cn
中国林业出版社	http://www.naturalbook.com
华夏出版社	http://www.hxph.com.cn
化学工业出版社	http://www.cip.com.cn
中国传媒大学出版社	http://www.cucp.com.cn
经济科学出版社	http://www.esp.com.cn
经济日报出版社	http://www.edp.com.cn
科学出版社	http://www.sciencep.com
中国建筑工业出版社	http://www.china-abp.com.cn
中国金融出版社	http://www.chinafph.com
群众出版社	http://www.qzcbs.com
中国环境科学出版社	http://www.cesp.com.cn
中国科学技术大学出版社	press.ustc.edu.cn
中国录音录像出版总社	http://www.cavph.com
中国美术出版总社	http://www.artscbs.com
人民卫生出版社	http://www.pmph.com
人民文学出版社	http://www.rw-cn.com
人民音乐出版社	http://www.rymusic.com.cn
中国人民大学出版社	http://www.crup.com.cn
少年儿童出版社	http://www.jcph.com
社会科学文献出版社	http://www.ssap.com.cn

中国农业出版社	http://www.ccap.com.cn
中国摄影出版社	http://www.cpgph.com
中国石化出版社	http://www.sinopec-press.com
中国地图出版社	http://www.chinamap.com
团结出版社	http://www.tjpress.com
文物出版社	http://www.wenwu.com
中国妇女出版社	http://www.womenbooks.com.cn
希望电子出版社	http://www.bhp.com.cn
中国纺织出版社	http://www.c-textilep.com.cn
新时代出版社	http://www.ndip.cn
中国方正出版社	http://www.fzpresschina.com
语文出版社	http://www.ywcbs.com
北京师范大学出版社	http://www.bnup.com.cn
对外经贸大学出版社	http://www.uibep.com
北京理工大学出版社	http://www.bitpress.com.cn
北京邮电大学出版社	http://www.buptpress.com
中国大百科全书出版社	http://www.ecph.com.cn
东北财经大学出版社	http://www.dufep.cn
北京普教电子音像出版社	http://www.bpy.com.cn
东北大学出版社	http://www.neupress.com
东北师范大学出版社	http://www.nenup.com
福建教育出版社	http://www.fep.com.cn
福建科学技术出版社	http://www.fjstp.com
复旦大学出版社	http://www.fudanpress.com
高等教育出版社	http://www.hep.edu.cn
广东教育出版社	http://www.gjs.cn
广东人民出版社	http://www.gdpph.com
哈尔滨地图出版社	http://www.hcph.com.cn
湖南美术出版社	http://www.arts-press.com
海洋出版社	http://www.oceanpress.cn
湖北教育出版社	http://www.hbedup.com
湖北少年儿童出版社	http://www.hbcp.com.cn
湖南文艺出版社	http://www.hnwy.net
花山文艺出版社	http://www.hspul.com

华东师范大学出版社	http://www.hdsdbook.com.cn
江苏教育出版社	http://www.1088.com.cn
江苏人民出版社	http://www.book-wind.com
江苏少年儿童出版社	http://www.sushao.com
辽宁电子出版社	http://www.lnep.net
江西人民出版社	http://www.jxpph.com
江西省美术出版社	http://www.jxfinearts.com
教育科学出版社	http://www.esph.com.cn
金城出版社	http://www.jccb.com.cn
百花洲文艺出版社	http://www.bhzwy.com
兰州大学出版社	http://www.onbook.com.cn
辽海出版社	http://www.lhph.com.cn
辽宁大学出版社	http://press.lnu.edu.cn
辽宁科学技术出版社	http://www.lnkj.com.cn
宁夏人民出版社	http://www.nxcbn.com
辽宁教育出版社	http://www.lep.com.cn
山东出版信息网	http://www.sdpress.com.cn
上海交通大学出版社	http://www.jiaodapress.com.cn
山东教育出版社	http://www.sjs.com.cn
山东人民出版社	http://www.sd-book.com.cn
上海教育出版社	http://www.seph.sh.cn
上海科学技术出版社	http://www.sstp.com.cn
山西经济出版社	http://www.sxep.com.cn
山西科学技术出版社	http://www.sxstph.com.cn
陕西旅游出版社	http://www.sxlycbs.com
陕西师范大学出版社	http://www.snuph.com
上海财经大学出版社	http://www.sufep.com
山东科学技术出版社	http://www.lkj.com.cn
中国青年出版总社	http://www.cyp.com.cn
中国轻工业出版社	http://www.chlip.com.cn
上海出版	http://www.book.sh.cn
上海辞节出版社	http://www.cishu.com.cn
上海浦东电子出版社	http://www.hi-book.com.cn
上海远东出版社	http://www.ydbook.com

上海外语教育出版社	http://www.sflep.com
上外音像出版社	http://www.sflaph.com.cn
上海译文出版社	http://www.stph.com.cn
电子科技大学出版社	http://www.uestcp.com.cn
四川大学出版社	http://www.scupress.com.cn
四川文艺出版社	http://www.scwys.com
上海文艺出版总社	http://www.shwenyi.com
苏州大学出版社	http://www.sudapress.com
天津教育出版社	http://www.tjeph.com.cn
同济大学出版社	http://www.tongjipress.com.cn
香港宣道出版社	http://www.cap.org.hk
外文出版社	http://www.flp.com.cn
外语教学与研究出版社	http://www.fltrp.com
武汉大学出版社	http://ww.wdp.com.cn
西安电子科技大学出版社	http://www.xduph.com
西北工业大学出版社	http://www.nwpup.com
厦门音像出版社	http://www.xmyx.com.cn
中国协和医科大学出版社	http://www.pumcp.com
中国国际交流出版社	http://www.chinavoices.net
浙江教育出版社	http://www.jys.zjcb.com
浙江少儿出版社	http://www.ses.zjcb.com
延边人民出版社	http://www.ybcbs.com
云南教育出版社	http://www.yneph.com
浙江大学出版社	http://www.zjupress.com
中国出版网	http://www.chinapublish.com.cn
郑州海燕出版社	http://www.haiyan.com
重庆大学出版社	http://www.cqup.com.cn

第 9 章

网上购物、网上书店

9-1 网上商城

1. 96858 网上超市

http://www.85818.com.cn

食品饮料 家电 日用百货 广和生活 港澳商品 通讯

图书软件 服务 服饰 鲜花礼品 宠物用品 儿童 办公 电子

2. 263 商城

http://shopping.263.net

数码 家电 摄影器材 通讯 电脑 票务 音像 图书 化妆品 保健

礼品 饰具 玩具 成人用品 鲜花 食品 家居 运动 汽车用品

数字卡 软件 字库 宠物用品 服装服饰

3. 365 网上购物城

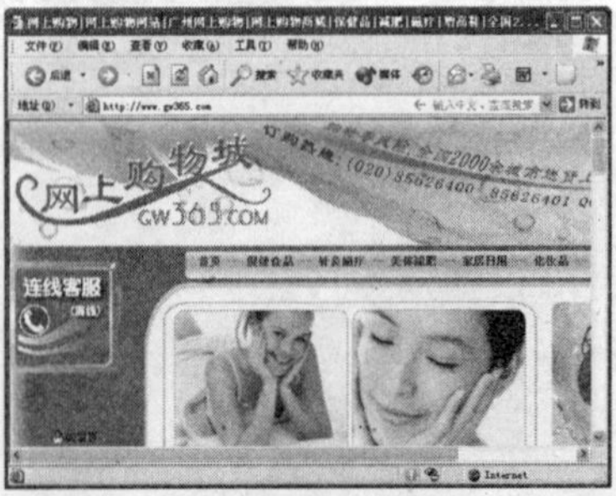

http://www.gw365.com

保健食品 针灸磁疗 美体减肥 家居日用 化妆品 电脑书 增高鞋

4. 中国音像商务网

http://www.cnave.com

音像超市 批发中心 企业黄页 一曲成名 在线视听 发烧天碟 生活驿站

5. 卓越网

http://www.joyo.com

图书 影视 音乐 玩具礼品 钟表首饰 化妆 数码 手机通讯

6. 2688 网店

http://www.2688.com

图书 音像 化妆品 数码 手机 软件 日用 礼品

7. 中华网网上商城

http://shop4u.china.com

图书 影视 音乐 玩具礼品 钟表首饰 化妆 数码 手机 母婴

厨具 家居 健康 个人护理 软件游戏 小家电

8. e 国网上商城

http://www.eguo.com

食品果园 运动健康 化妆服装 个人护理 音像图书 家居妇婴

玩具礼品 数码家电 通讯手机 软件彩扩 蛋糕鲜花 乐器工艺 网店黄页

办公 IT 旅游酒店 演出机票 成人用品 火机军刀 分类招聘 集团订购

医疗宠物 论坛博客 汽车餐饮 日用健康

9. 云网数字卡产品专卖

http://www.cncard.com

网络游戏 通讯无限 考教报名 网上保险 彩民部落 数字生活 软件 E 站

10. 西单 igo5 网上商城

http://www.igo5.com

通讯产品 数码家电 摄影器材 电脑硬件 化妆品 儿童玩具 日用家居

11. 硅谷动力网上 IT 超市

http://shop.enet.com.cn

新闻 硬件 笔记本 数码 手机 服务器 信息化

商城 报价 学院 下载 女性 游戏

12. 新浪商城

http://mall.sina.com.cn

家电 通讯 IT 数码 服装 图书 化妆 运动 鲜花礼品 汽车 台湾馆 拍卖

13. 12 个网

http://www.668shop.com

香水 彩妆 玩具 钟表 电器店 礼品鲜花 女性百科 健康护理

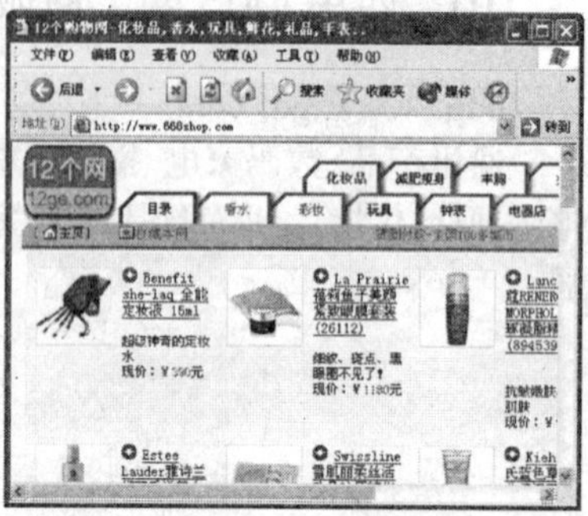

14. 优雅珠宝商城

http://www.euyar.com

925银饰馆　流行饰品馆　钻石馆　珠宝馆　金饰馆 订制馆

品牌专卖 结婚馆　贺卡礼券特色廊　限时优惠 在线拍卖 特卖专区

15. 338 网上音像超市

http://www.338av.com

CD 超市 VCD 超市 DVD 超市 在线视听

16. 6688 网上商城

http://www.6688.com

网上商城 企业商机 生活资讯社区

17. 易购网

http://www.egowo.com

Skype 产品 网络通信产品 服装 饰品 玩具

礼品 化妆品 成人保健 运动健身 康体

18. 淘宝网

http://www.taobao.com

数码通讯 女人 母婴 家居 男人 游戏 运动 书籍音像 香港街 淘宝商城

19. 其他网上商城

华婴网	http://www.babycity.com.cn
江都商城	http://www.554488.com/jdsc/main.asp
联华网上购物中心	http://www.lhok.com
数卡网	http://www.jhttp://www.com.cn
东方百业网	http://www.eastall.com
精品购物指南	http://www.lifestyle.com.cn
旅游购物网	http://www.etourshop.com
商城超市	http://www.sunnyby.net
易购 365	http://www.ego365.com
网易商城	http://mall.163.com
51MAI 时尚购物网	http://www.51mai.com
折扣网	http://www.zhekou.com.cn
中国电脑维修配件网	http://www.oldpc.net
八闽易网	http://www.8mine.com
中国二手	http://www.cn2hand.com
中国二手汽车网	http://2sc.cheshi.com.cn

9-2 网上书店

1. 贝塔斯曼在线

http://www.bol.com.cn

图书 音像 礼品

2. 当当网上书店

http://www.dangdang.com

图书 音乐 影视 定制百货 店中店

3. 新华书店

http://www.xinhuabookstore.com

图书 日记 阅读 掌上书城 文轩俱乐部 论坛 集团订购

4. 卓越网图书

http://www.joyo.com

图书 影视 音乐 玩具礼品 钟表首饰 化妆 数码 手机通讯

5. 华储网

http://www.huachu.com.cn
电脑书 外语书 软件

6. 中国图书网

http://www.bookschina.com

特价图书 礼品图书 文学图书 生活图书 经管图书 社科图书 艺术图书

教材书店 建筑图书 医学图书 计算机图书 语言图书 少儿图书 考试图书 外版图书 法律图书 出版社浏览

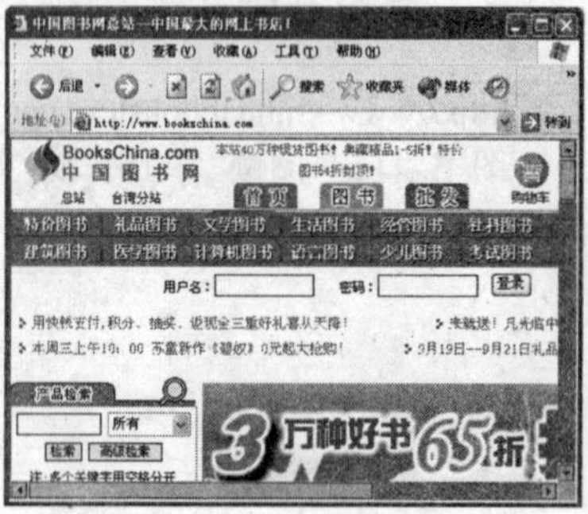

7. 互动出版网

http://www.china-pub.com

计算机书店 经管书店 外语书店 数理化书店 通信书店 工业技术书店 法律书店 建筑书店

8. 新华图书网

http://www.xhol.com.cn

图书信息 订单管理 书业动态 特价书目下载 一般书目下载

9. 800 图书网

http://www.book800.com

学术书专卖 特价书专卖 心理阳光电脑书专卖 儿童书专卖 外语书专卖 医学书专卖

10. 建筑书店

http://www.buildbook.com.cn

新书广场 图书评论 设计画册 特价区 排行榜 教师学生 作者档案

出版社 团购批发 图书馆通道 特许加盟

11. 考试书店

http://www.kaoshi.net

考研 高考 中考 职称 外语 计算机 多媒体

12. 考研书店

http://shop.kaoyan.com

图书分类 新书上架 专卖店 折扣店 二手市场 新书预订 图书新闻

13. 流行书站

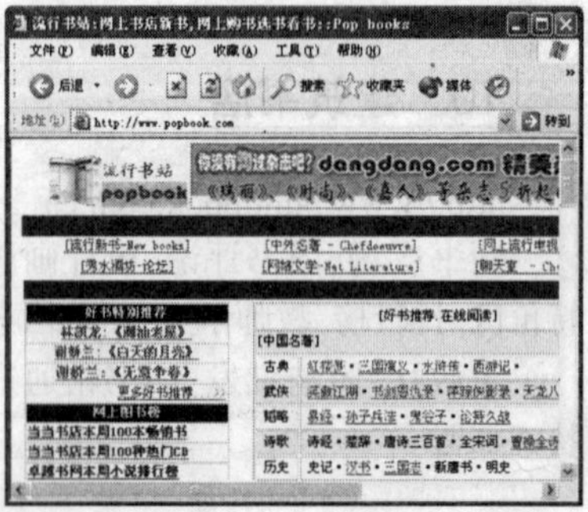

http://www.popbook.com

流行新书 中外名著 英语俱乐部 网络文学

14. 书生网

http://www.21dmedia.com/ebook

中外文学　生活休闲　电脑网络　军事时政　励志职场

投资理财　管理营销　教育科研　人文艺术

15. 旌旗网上书市

http://www.jingqi.com

人文艺术　文学技术　财经管理　生活实用　科技教育　少儿读物

16. 中国书店

http://www.cathay.cn.net

新书　古旧书刊　文房四宝　拍卖　出版　特技图书

17. 中国购书网

http://www.buybook.com.cn

考试 传记 少儿 英语 旅游 文学 励志

保健 教材 美容 计算机管理

18. 蔚蓝网络书店

http://www.welan.com

科技 经管 社科成果生活 文学艺术

文化 教育 外语 杂志 音像

19. 其他网上书店

北京考古书店	http://www.bjkgsd.com.cn
北京天时音像书店	http://www.timelybook.com
安徽芜湖外文书店	http://whwwsd.com
北京图书大厦	http://www.bjbb.com.cn
北京永康鑫盛书店	http://www.cyol.net/2001/rencai/bjykxs/ykxs-zxgm.htm
大洋书城	http://bookcity.dayoo.com
北京富益视点图书中心网上书市	http://www.e-bookshop.com.cn
天平法律图书网	http://www.tpbook.com.cn

佛山市新华书店	http://www.fssxhsd.com
贵州省新华书店	http://www.gzxhsd.com.cn
天林书城	http://www.gdbook.com
海天网上科技书店	http://www.lcht.net
汉唐北美中文书店	http://www.hantang2000.com
湖南长沙青山书店	http://www.qfbook.com
河南省新华书店	http://www.hnxhbook.com.cn
湖北省新华书店	http://www.etjbooks.com.cn
金桥书城	http://book.jqcq.com
内蒙古外文书店	http://www.nmwwsd.com.cn
青岛工程经济书店	http://www.proecobs.com.cn
山东省潍坊市新华书店	http://www.xinhuabookshop.com.cn
上海书城	http://www.bookmall.com.cn
深圳市丁当达网上书店	http://www.dingdangda.com
沈阳市新华书店	http://www.sybooks.com.cn
顺德市新华书店	http://www.sdbookstore.com
思书店	http://www.ccbookshop.com
芜湖市外文书店	http://www.whwwsd.com
昆明新知书城网上书店	http://www.xinzhi.com.cn
农业书城	http://book.aweb.com.cn
学步桥书业集团	http://www.xuebuqiao.com
中国电子图书网	http://www.cnbook.com.cn
众邦网上书店	http://www.zbbook.com
中国图书俱乐部	http://www.chinabookclub.com
重庆出版集团	http://www.cqph.com
一兆书库	http://www.my1m.com
中国书库	http://www.bookchinese.com
白鹿书院	http://www.oklink.net
百万书库	http://www.millionbook.com

第 10 章

IT网站

10-1 电脑公司

1. 华硕

http://www.asus.com.cn

产品信息 荣耀金典 技术支持 下载专区

2. 技嘉科技

http://www.gigabyte.com.cn

主板 笔记型电脑 绘图加速卡 数位家电 散热产品

桌上型电脑 网络服务器 电脑周边配备 通讯 手机

3. 长城

http://www.greatwall.com.cn

企业新闻 时常快讯 投资导引 媒体报道 股市行情 业务领域 产品导航

4. 海信

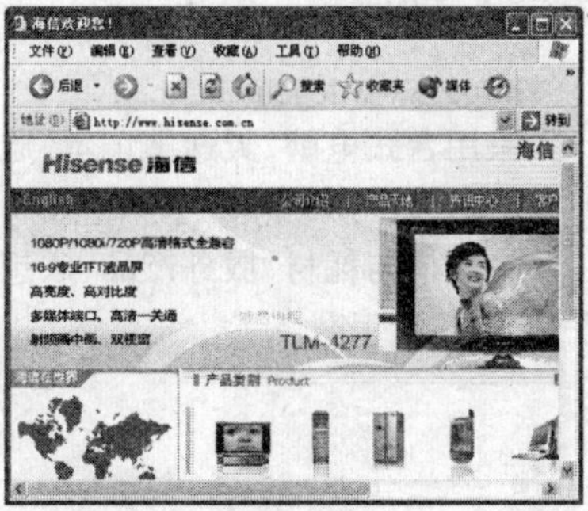

http://www.hisense.com.cn

家电　通信　商用设备　服务类　地产类 模具 注塑

5. 宏基

http://www.acer.com.cn

笔记本　台式机 服务器 掌上电脑 显示器 投影机

6. 浪潮

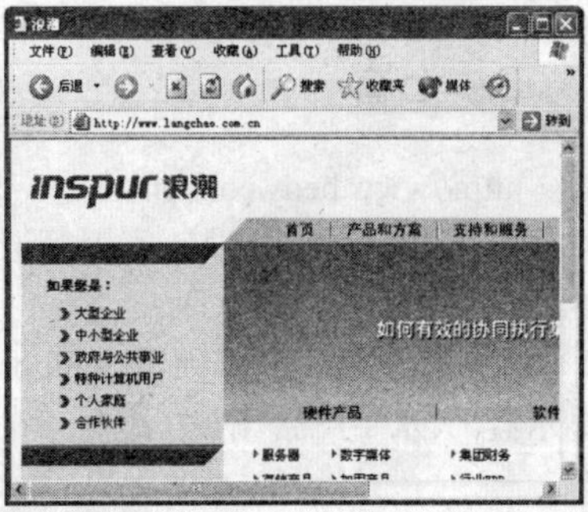

http://www.langchao.com.cn

服务器 数字媒体 存储产品 加固产品 浪潮电脑 自助设备 税控产品

信息安全　集团财务　开发平台　行业 ERP 行业软件 标准 ERP 套件（PS）

电子政务软件　易系列　Express　金融行业软件　浪潮协同　DCwork　通信行业软件

7. 联想

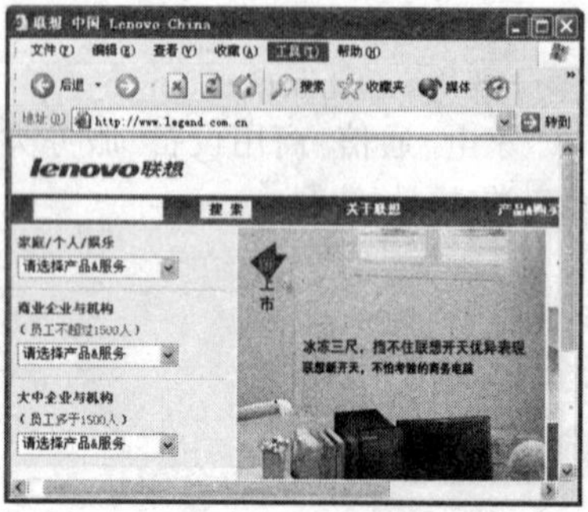

http://www.legend.com.cn

家用台式电脑 天逸笔记本 旭日笔记本 数码产品

打印机与耗材 服务产品 联想手机 联想天工网络

8. 双敏科技

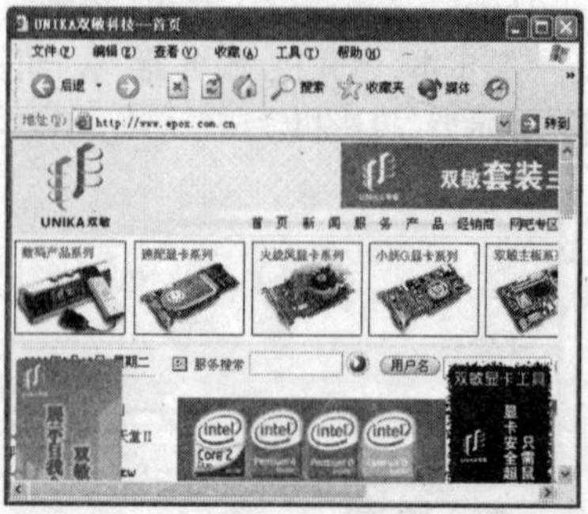

http://www.epox.com.cn

数码产品 速配显卡 火旋风显卡 小妖G显卡系列 双敏主板 青云主板 业界报道 驱动更新 业界报道 UniPet标准系统系列

9. 七喜

http://www.hedy.com.cn

家用电脑 商用电脑 家用笔记本 商用笔记本 移动电话

SONY 产品 三星硬盘 Philips 显示器 大水牛产品 硒鼓 墨盒

10. 清华同方

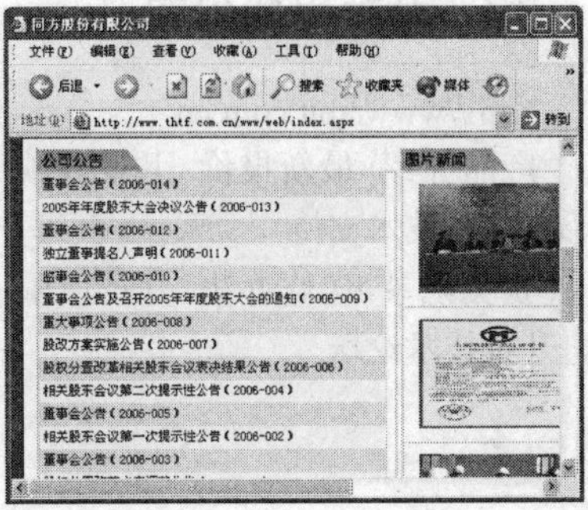

http://www.thtf.com.cn
公司公告 图片新闻 产品推荐

11. 清华紫光

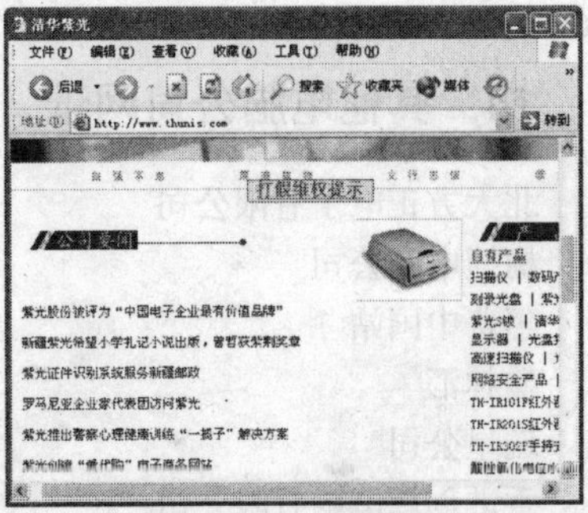

http://www.thunis.com
公司要闻 媒体报道 产品分类

12. IBM 中国公司

http://www.ibm.com.cn
Systems 与服务器 软件产品 专业图形工作站 零售终端 打印机 存储技术 在线订购 支持与下载 服务与解决方案

13. 升技电脑公司

http://www.abit.com.cn

产品介绍 最新报价 下载区域 购买指南 技术支持

获奖纪录 送修办法 升技俱乐部 升技技术论坛

14. 其他电脑公司网址

北大方正电子有限公司	http://www.founder.com.cn
梅捷电脑公司	http://www.soyo.com.cn
惠普中国站	http://www.hp.com.cn
翰林汇	http://www.highly.com.cn
瑞星公司	http://www.rising.com.cn
香港创辉电脑有限公司	http://www.dtk.com.cn
北极星软件有限公司	http://www.lodesoft.com
北京交大铭泰信息技术有限公司	http://www.sunv.com
北京世纪豪杰计算机技术有限公司	http://www.herosoft.com
北京华胜计算机公司	http://www.huasun.com.cn
同维电脑公司	http://www.twsz.com
江民科技	http://www.jiangmin.com.cn
金山在线	http://www.kingsoft.net
洪恩在线	http://www.hongen.com
北信源	http://www.vrv.com.cn
冠群金辰	http://www.kill.com.cn
得实集团	http://www.dascom.com.cn

10-2 IT 资讯

1. 赛迪网

http://www.ccidnet.com

情报中心 赛迪网校 嘉宾聊天 直播 专题 短信 电子杂志 调查 IT 博客

社区 狗扑e可贴 ERP CRM 协同商务 电子商务 电子政务 商务智能

Java 数据库 网管 安全 Linux 文档·源码 技术社区 服务器 笔记本

台式机 数码相机 打印机 投影机 播放器 手机 软件 产品报价 产品社区

2. 慧聪 IT 行业

http://www.it.sinobnet.com

IT 资讯中心 IT 交易市场 互动社区 行情前线 产品导购 产品评测

每日招标信息 论坛社区 行业大全 新品快报 市场分析 业内评论

研究报告 展览会议 热点专题 供应信息求购信息产品库企业库

3. 湖南信息港-IT 世界

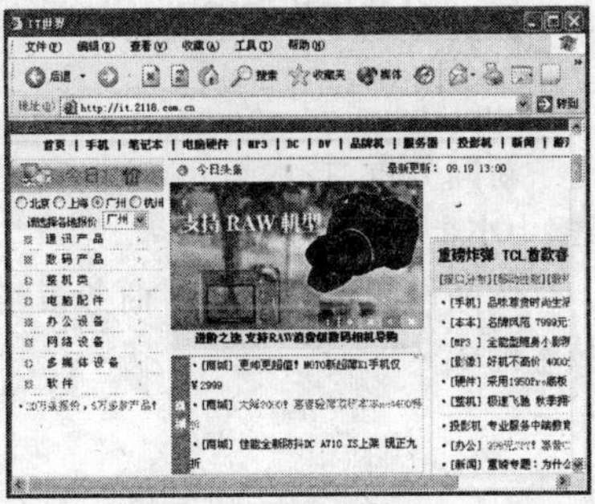

http://it.2118.com.cn

手机 笔记本 电脑硬件 MP3 DC DV 品牌机

服务器 投影机 新闻 游戏 学院

4. 21CN-IT 频道

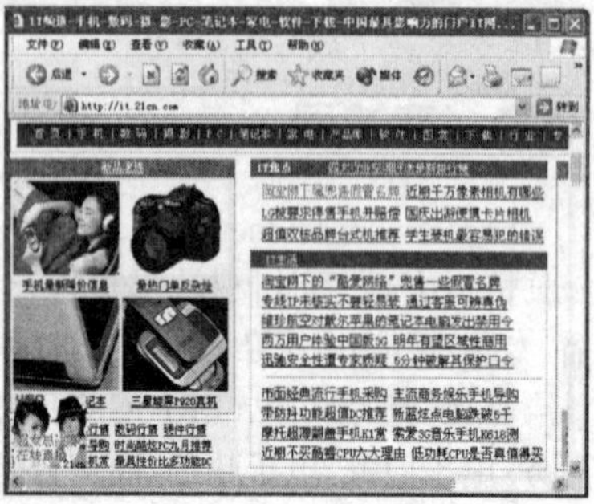

http://it.21cn.com

手机 数码 摄影 PC 笔记本 家电 产品库 软件 图赏 下载 行业专题 论坛

5. 天极 ChinaByte

http://www.chinabyte.com

IT 新闻 评论天地 通信 互联网 信息化 企业软件 解决方案 商用系统

服务器 数据调查 CB 博客 CB 论坛 企业博客

6. ZDNetChina

http://www.zdnet.com.cn

新闻分析 技术新知 开发者在线 中小企业 技术文档

产品评测 下载软件 商务策略 技术论坛

7. 北方网–IT 浪潮

http://it.enorth.com.cn

业界动态 COM 评论 新品show 移动与数码 硬件评测

软件下载 劲爆酷图 网络生活 电脑学院 市场行情

8. 电脑秀

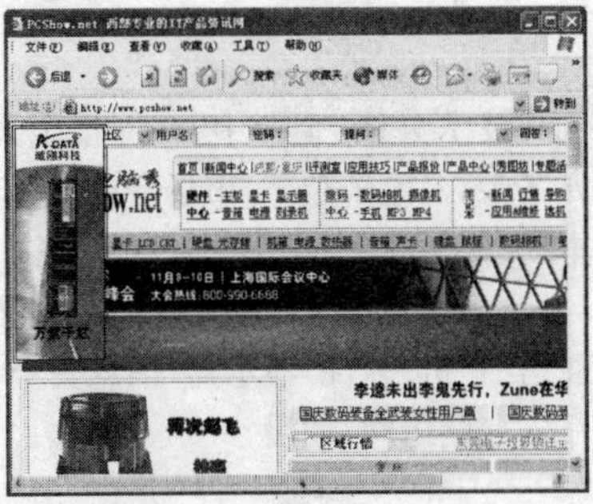

http://www.pcshow.net

新闻中心 评测室 应用技巧 产品报价 产品中心

秀图坊 下载 IT 社区 城市联盟

9. 电脑驿站–PCdak

http://www.pcdak.com

商品介绍 企业上网 联盟经销 资讯中心 驿站论坛

10. eNet 硅谷动力

http://www.enet.com.cn

资讯 硬件 笔记本 数码 手机 服务器 信息化 商城 报价 学院 社区

11. 计世网

http://www.ccw.com.cn

技术天地 企业中心 周报全文 方案中心 电子杂志 市场会展 笔记本

台式机 DIY数码 服务器 网络通信 手机 软件 显示器 信息安全

存储组网 动漫

12. 太平洋电脑信息网

http://www.pconline.com.cn

产品库 今日报价 产业资讯 评测室 数码世界 软件 下载 摄影 论坛

游戏 二手 视频 通信 图库 渠道商情 企业频道 招聘培训 网络设备

办公设备 服务器

13. 其他 IT 资讯网址

电脑之家—Pchome	http://www.pchome.net
深圳电脑频道	http://www.computer.szptt.net.cn
搜狐 IT 频道	http://it.sohu.com
网易科技	http://tech.163.com
新浪网—科技时代	http://tech.sina.com.cn
银河网—IT 频道	http://it.inhe.net

10-3 计算机安全

网络 110	http://www.net110.com
计算机安全	http://www.nsc.org.cn
中国计算机安全	http://www.infosec.org.cn
20cn 网络安全小组	http://www.20cn.net
黑色海岸线网络安全资讯站	http://www.hackersky.com
安业科技—安全世纪	http://www.aqcn.com
世纪互联	http://cert.21vianet.com
天天安全网	http://ttian.net
天网安全阵线	http://www.sky.net.cn
网络安全	http://netsafe.ayinfo.ha.cn
网络最高安全指南	http://www.3w3.org
中国安全防范行业网	http://www.21csp.com.cn
绿鹰木马病毒网络安全网站	http://www.cnlvker.com
中国信息网络安全网	http://www.china-infosec.org.cn
中国数字认证网	http://www.ca365.com
黑客城	http://www.hack3.com
黑客同志	http://vrgames.myrice.com
黑客十字军	http://www.haker10.6to23.com
网吧终结者	http://www.cy07.com
黑白网络	http://www.heibai.net

10-4 网上搜索

中文上网 3721	http://www.3721.com
新浪搜索	http://search.sina.com.cn
雅虎中国	http://cn.yahoo.com
网易搜索	http://search.163.com
21cn 搜索引擎	http://search.21cn.com
google 搜索	http://www.google.com
中国安徽企业网	http://www.soucool.com
赛迪网搜索	http://itsearch.ccidnet.com
上海热线搜索	http://search.online.sh.cn
搜豹：搜索	http://search.sobao.com
搜刮网—MP3 搜索	http://www.sogua.com
搜狗	http://www.sogou.com/dir
中华大黄页	http://www.chinabig.com
万达网搜索器	http://www.china139.com
北极星搜索引擎	http://www.beijixing.com.cn
ChinaRen 校友录搜索	http://search.chinaren.com
天网搜索	http://e.pku.edu.cn
网络指南针	http://www.compass.edu.cn
香港搜索器	http://www.hksrch.com
全球华人寻人引擎	http://www.look4u.com/gb

10-5 软件下载

1. 华军软件园

http://www.newhua.com/index.htm

下载分类 最新更新 下载排行 软件资讯 硬件资讯 软件商城 动漫频道

免费邮件 广告联系 软件发布 软件举报 正版软件 同城分类

2. 天空软件站

http://www.skycn.com

网络软件 系统工具 应用软件 联络聊天 图形图像 多媒体类

行业软件 游戏娱乐 编程开发 安全相关 教育教学

3. 赢政天下

http://soft.winzheng.com

赢政论坛 赢政资讯 成语词典 赢政博客 国产软件 国外软件 汉化补丁

破解补丁 赢政娱乐 工具箱 软件发布 赢政 U 盘 免费邮局

4. 中国软件下载站

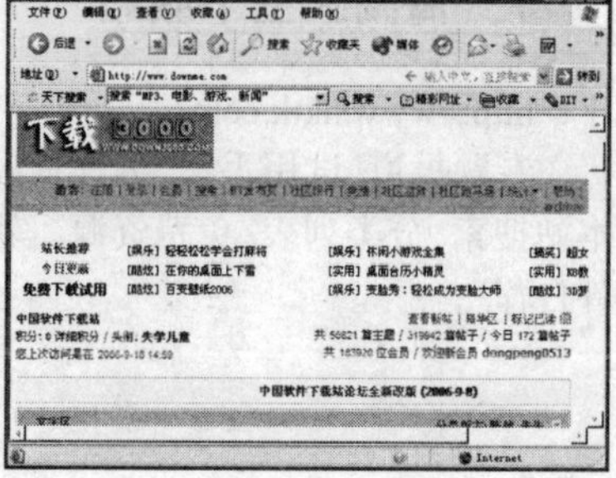

http://www.downme.com

软件下载 电脑网络 mp3 下载 动漫 BT 下载 游戏下载 各类图片下载

5. 多快热线下载

http://www.iou99.com

网络工具 系统工具 多媒体类 图形图像 应用软件 行业软件 教育教学

安全相关 编程开发 源码下载 电子书库 游戏娱乐

6. 太平洋软件下载

http://www.pcdownload.com.cn

装机软件 杀毒软件 网络安全 玩转QQ 电子书籍 精美壁纸 特色图标

屏保主题 视频短片 软件发布

7. 海阔天空下载站

http://www.hktk.com

专题报道 试用手记 编程资源 本站搜索 分类列表 免费资源　软件自荐

8. 21CN 下载频道

http://download.21cn.com

图片下载 闪客天地 娱乐搞笑 防毒中心 行业 论坛 系统

网络 多媒体 桌面 图形 实用 驱程 数码 外挂 专题 软件发布

9. 其他软件下载

海龙王软件下载	http://www.soft999.com
软件屋	http://www.softhouse.com.cn
软件新干线	http://www.caiqing.net
鲨鱼丸下载	http://www.whatisnet.net
163 软件站	http://www.soft163.com
阿程下载园	http://www.acdown.com
吧喔软件站	http://www.88oo.com
电脑之家软件下载	http://download.pchome.net
飞跃颠峰下载站	http://www.flydown.com
黑软乐园	http://www.sq88.com
世纪软件园	http://www.downxp.com
泡泡网软件下载中心	http://ttdown.com
维维软件园	http://www.vvsoft.net
古城热线软件下载	http://vsoft.xaonline.com
福州热线软件下载	http://soft.fjii.com
共创软件联盟	http://www.cosoft.org.cn
共享软件社区	http://www.shareware.net.cn
湖南信息港软件下载	http:// soft.2118.com.cn
上海热线软件下载	http://download.online.sh.cn
腾讯软件	http://dl.tencent.com
天虎热线下载频道	http://down.tyfo.com

天极网下载频道	http://www.mydown.com
Flyhorse	http://www.flyhorse.net
温州热线软件下载	http://download.wz.zj.cn
中国软件联盟	http://www.chinasoftwareunion.com
新浪下载中心	http://download.sina.com.cn
漳州软件园	http://soft.fjzz.com
中国软件行业协会	http://www.csia.org.cn
中国软件在线	http://www.softonline.com.cn
中华网下载频道	http://download.china.com
坏鱼网络下载	http://www.badyu.net

10-6 驱动下载

1. 驱动之家

http://www.mydrivers.com

显示类驱动 主板类驱动 存储类驱动 SCSI/RAID 控制器驱动 音频类驱动

办公设备类驱动 笔记本电脑综合驱动 输入输出设备驱动 硬件工具、优化程序 PDA 软件

2. IT168 驱动下载

http://download.it168.com

网络　系统　图像　多媒体　办公　游戏　编程　安全　教育　服务器　Flash　Linux　MAC　Palm　WinCE　趣味下载

3. 天极网驱动世界

http://drivers.yesky.com

显卡驱动 主板驱动 摄像头驱动 数码相机 声卡驱动 网卡驱动

打印扫描驱动 数码设备驱动 输入设备驱动 光驱驱动 磁盘驱动

调制解调器驱动 笔记本电脑驱动

4. 中关村在线驱动下载

http://download.zol.com.cn/topic/driver

万能驱动 硬件驱动 数码驱动 办公驱动 PC/笔记本驱动 手机通讯 网络驱动

10-7 域名注册

1. DNS110 域名频道

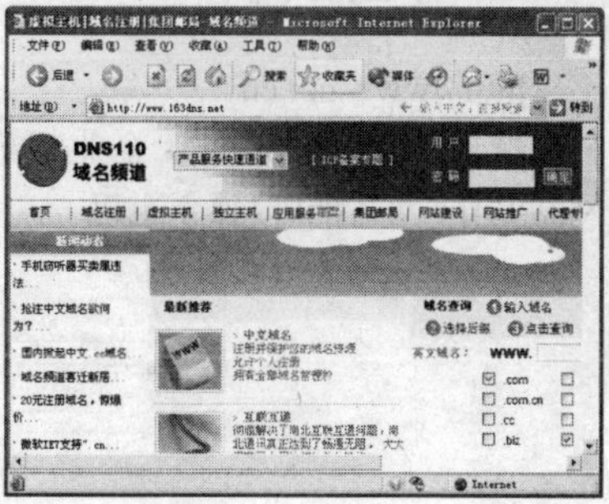

http://www.163dns.net

域名注册 虚拟主机 独立主机 应用服务

集团邮局 网站建设 网站推广 代理专区

2. 中资源域名注册

http://www.zzy.cn

特惠套餐 域名注册 虚拟主机 企业邮局 服务器租用 网站推广 网站建设 代理专区 帮助中心

3. 新网互联

http://www.dns.com.cn

域名注册 虚拟主机 企业邮箱 灵智建站 企业 WAP

4. 中国万网

http://www.net.cn

域名注册 虚拟主机 企业邮箱 网站制作 网站推广 独立主机

5. 中国频道

http://www.china-channel.com

域名注册 虚拟主机 独享主机 独立主机 企业邮局 网站建设 SSL 证书

网络 U 盘 渠道加盟

6. 其他域名注册网址

中国互联网络信息中心	http://www.cnnic.net.cn
盈科数字商务	http://www.1stchina.com
186 电子商务平台	http://www.186.com
中国 165 数据中心	http://www.165cn.net

第 11 章

电子邮箱、人才招聘与求职

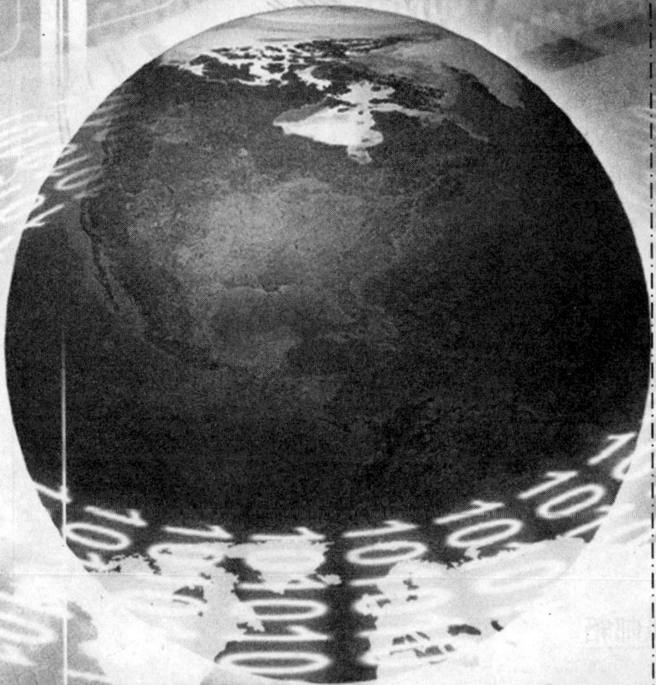

11-1 电子邮箱

1. 网易 163 免费邮箱

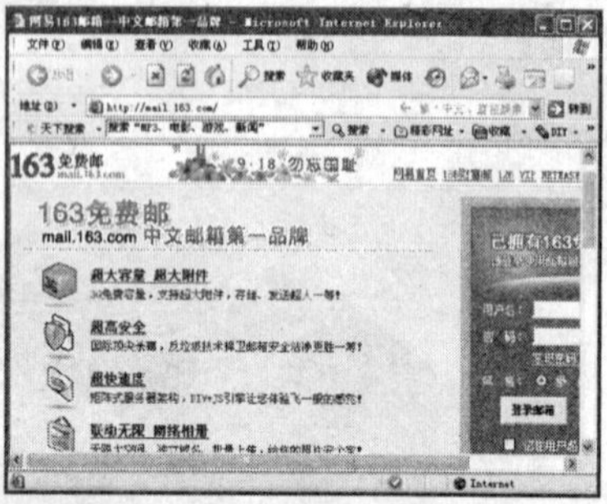

http://mail.163.com

3GB 免费容量，支持超大附件；国际顶尖杀毒，反垃圾技术捍卫邮箱安全洁净更胜一筹；矩阵式服务器架构，DIV+JS 引擎让您体验飞一般的感觉；无限大空间、独立域名、批量上传，给你的照片安个家

2. 雅虎免费邮箱

http://cn.mail.yahoo.com

超大 3.5GB 免费容量，20MB 超大附件

3. 搜狐邮箱

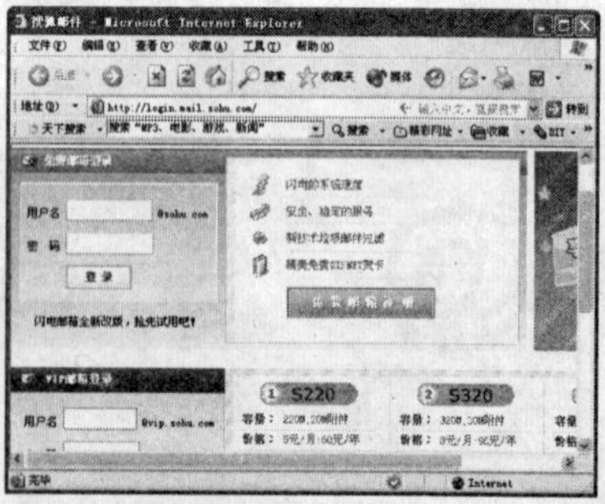

http://login.mail.sohu.com

VIP 邮箱 S220:220MB 容量，20MB 附件，5 元/月

VIP 邮箱 S320:320MB 容量，30MB 附件，8 元/月

VIP 邮箱 S600:600MB 容量，60MB 附件，15 元/月

免费邮箱：50MB 容量，10MB 附件

4. TOM 免费邮箱

http://mail.tom.com

1.5GB 邮箱容量，30MB 大附件支持

5. 网易 126 免费邮箱

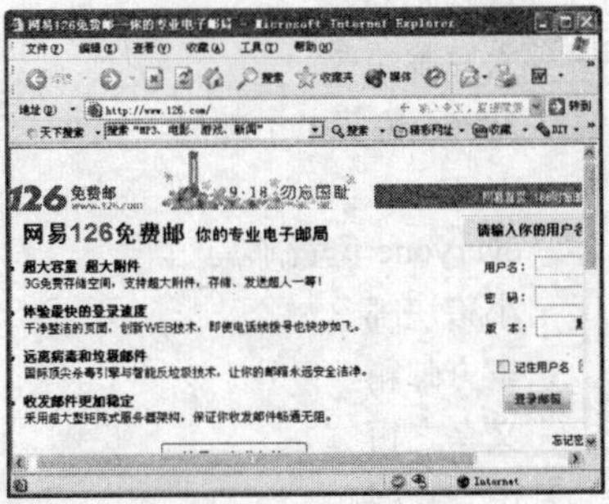

http://www.126.com

3GB 超大容量，30MB 大附件支持

6. 新浪邮箱

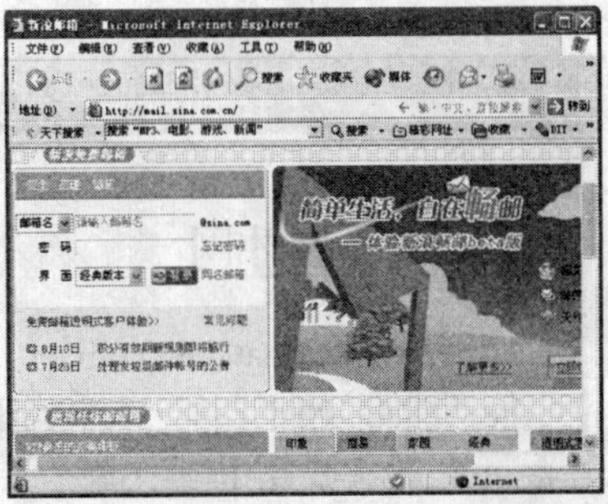

http://mail.sina.com.cn

免费邮箱：2GB 大容量，15MB 附件

任你邮商易 VIP 邮箱：600MB 容量，50MB 附件，15 元/月

任你邮印象 VIP 邮箱：300MB 容量，50MB 附件，8 元/月

任你邮经典 VIP 邮箱：200MB 容量，50MB 附件，48 元/年

任你邮家园 VIP 邮箱：200MB~2GB 容量，118~798 元/年

7. 其他邮箱网址

263 电子邮件	http://mail.263.net
QQ 邮箱	http://mail.qq.com
亿邮	http://www.eyou.com
21CN 免费邮箱	http://mail.21cn.com
搜狗邮箱	http://mail.sogou.com
亿唐邮局	http://mail.etang.com
上海热线吸铁石邮局	http://mail.citiz.net
中华网信天邮	http://paymail.china.com
新华网免费邮箱	http://mail.xinhuanet.com/
百姓邮局	http://www.bxemail.com
人民邮箱	http://www.peoplemail.com.cn
58866 免费电子邮局	http://www.58866.com.cn
BigFoot	http://www.bigfoot.com
everyone 免费邮局	http://www.everyone.net
小猪快邮	http://www.lianluo.com
东方邮箱	http://mail.eastday.com
义乌之窗	http://mail.ywzc.net
中安在线	http://freemail.anhuinews.com
963 电子商务邮局	http://www.963.net
e 龙电子邮局	http://mail.elong.com
商都电子邮箱	http://www.371.net

11-2 人才招聘与求职

1. 中国人才网

http://www.chinatalent.com.cn

简历中心 网上招聘 人事代理 外企服务 猎头服务 国际交流

2. 21 世纪人才网

http://www.21cnhr.com

国内人才引进 海外人才引进 西部开发与国内合作 海外人才服务

人才市场管理 人才服务 照顾家庭困难 专技职称职业资格 公务员管理

专家与博士后管理 工资福利 行政奖励 军转安置 事业单位改革与管理 教育培训 信访、仲裁、行政复议 人事人才工作宣传

3. 528 招聘网

http://www.528.com.cn

拥有 30 万家注册招聘单位，100 万份注册简历

4. 中华英才网

http://www.chinahr.com

找工作 企业招聘 校园招聘 猎头服务

国际频道 职业指导 个人服务 企业服务

5. 中国 People258 人才网

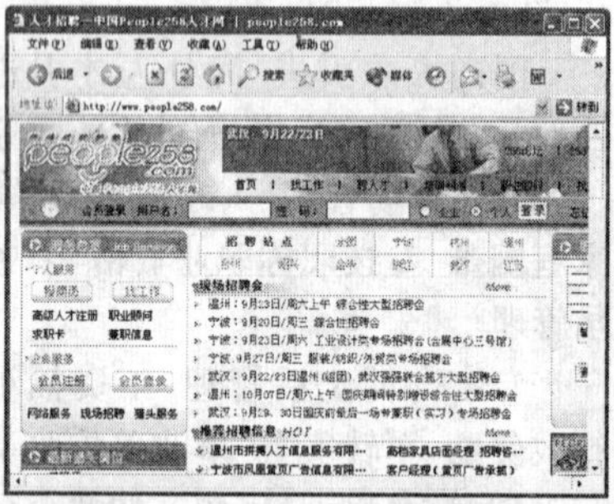

http://www.people258.com

找工作 聘人才 培训频道 职业顾问 找兼职 校园招聘

6. 高新人才热线

http://www.hrdonline.com

人事代理 招商服务 人才派遣 培训-职称 出入境管理

校园频道 招聘会 流动党员 人才论坛

7. 诚信人才网

http://www.cxrc.com.cn

个人求职 企业招聘 猎头中心 校园招聘 诚信学校 职场宝典

职业介绍

8. 前程无忧人才招聘

http://www.51job.com

各地招聘 高级人才 IT 人才 校园招聘 培训充电

9. 网易精英招聘

http://jobs.163.com

全国招聘 北京招聘 上海招聘 广州招聘 教育培训 HR 管理

校园专区 短信求职 招聘会 企业招聘 个人求职 职位搜索 简历推荐

10. 搜狐-求职

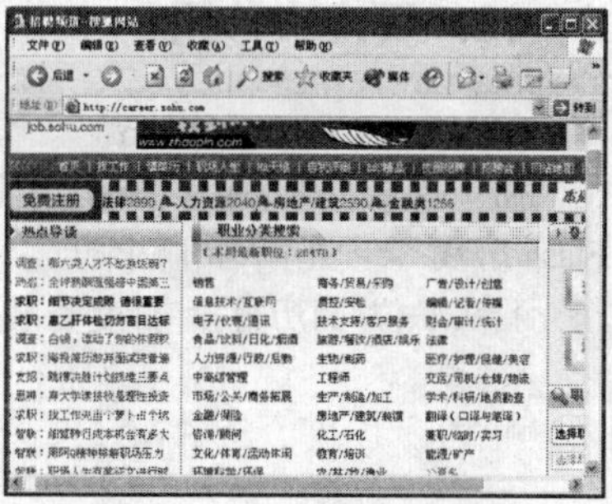

http://career.sohu.com

找工作 填简历 职场人生 HR 天地 自我评测 BBS 精品

校园招聘 招聘会

11. 华夏英才网

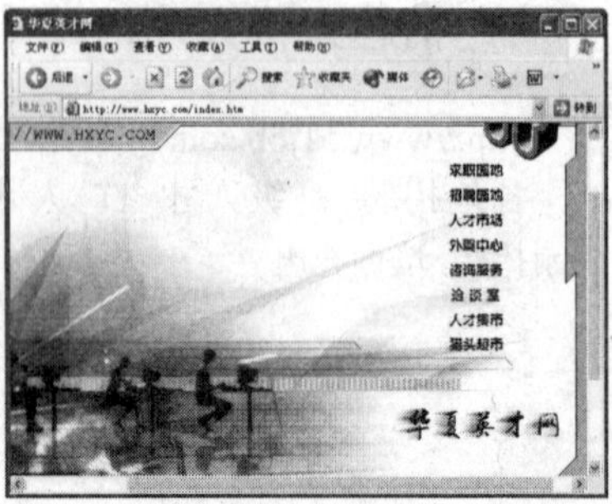

http://www.hxyc.com

求职园地 招聘园地 人才市场 外驾中心 咨询服务

洽谈服务 人才集市 猎头超市

12. 求职广场

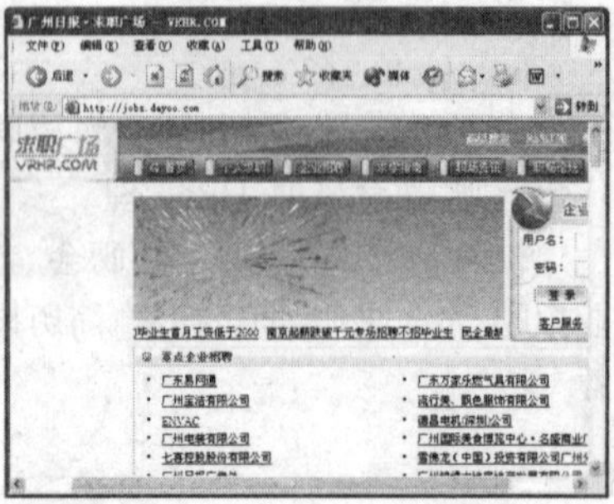

http://jobs.dayoo.com

个人求职 企业招聘 求学指南 职场资讯 职场论坛 无线求职

13. 百度人才网

http://www.baidujob.com

简历模板 HR 工具 职场书库 Flash 游戏 企业指南 招聘求职

猎头职位 简历直投 百度资讯

14. 百万工作网

http://www.jobmb.com

招聘　求职　最新招聘会公告　招聘会邀请函

15. 中国 IT 人才网

http://www.ittalent.com.cn

职场动态　求职中心　招聘中心　人事代理　职业教育　简历中心

职位中心　会员服务　人才论坛

16. 天下英才网

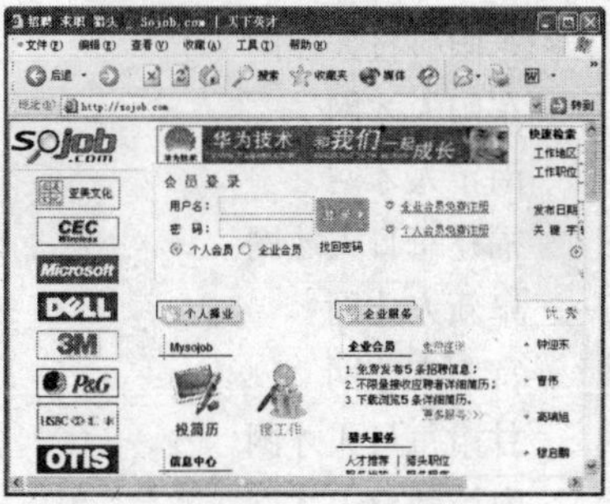

http://sojob.com

个人求知　企业招聘　面试准备　简历一点通　职业发展　招聘会信息

案例法规　职场36计　薪资福利　营销培训　高级人员推荐

北京职位快速查询　上海职位快速查询　广州职位快速查询

17. 21Jobs 高新技术人才网

http://www.21jobs.net

我的工作 我的简历 搜索设置 作品展示 我的故事

订阅工作 外包工作 企业用户

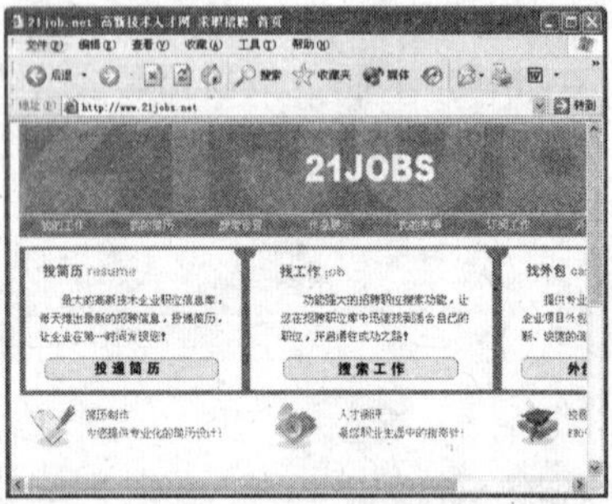

18. 其他人才招聘与求职网址

北京人才网	http://www.bjrc.com
安徽每日人才网	http://ah.rc365.com
保定热线求职招聘网	http://job.bdinfo.net
北京科技人才网	http://www.bjkjrc.com.cn
长沙高新人才网	http://www.15job.com
创思 IT 精英俱乐部	http://www.hr-bank.net
登龙门人力资源网络	http://www.denglongmen.com
求职招聘-我的工作网	http://www.myjob.com.cn
东阳科技人才网	http://www.dykr.com
东阳人才网	http://www.dyrc.gov.cn
南宁人才网	http://www.nnrc.com.cn
福建每日人才网	http://fj.rc365.com
阜新人才网	http://www.fxrcrx.com
富阳人才网	http://www.fyrc.net
甘肃每日人才网	http://gs.rc365.com
海淀教育人才网	http://hdjwrc.gov.cn
广州每日人才网	http://gdgz.rc365.com

哈尔滨人才网	http://www.hrbrc.com
海沧人才网	http://www.hcrc.com.cn
杭州人才网	http://www.hzrc.com.cn
人才职业网	http://www.renjob.com
湖北人才网	http://www.jobhb.com
湖南人才网	http://www.hnrcsc.com
基业人才网	http://www.job-key.com
河西人才网	http://www.tjhxrc.com
济南高层次人才网	http://www.jnbjrc.gov.cn
河南中等职业学校联合人才网	http://www.hnzr.com.cn
兼职招聘网	http://www.jianzhi.com
敬业人才网	http://www.jobprc.com
昆明每日人才网	http://ynkm.rc365.com
煤炭人才网	http://www.3jjj.com/coal_rc.asp
北京每日人才网	http://bj.rc365.com
青海每日人才网	http://qh.rc365.com
每日人才网	http://www.rc365.com
内蒙古人才网	http://www.nmgrc.com
南方人才网	http://www.job168.com
南通人才网	http://www.ntrc.gov.cn
宁波人才网	http://www.nbrc.com.cn
浦东人才网	http://www.pdhr.com
浦江人才网	http://www.pjren.com
山东人才网	http://www.qlrc.com
衢州人才网	http://www.qzrcw.com
瑞安人才网	http://www.577job.com
汕头人才网	http://www.strc.com.cn
台州人才网	http://www.tzrc.com
唐山人才网	http://www.tsrcw.com
天津市海外人才服务中心	http://www.tjscse.com
退役军人人才网	http://www.8181.com.cn
网络求职—上海申才网	http://www.sc.sh.cn

温州人才网	http://www.wzrc.net
西北人才网	http://www.xbrc.gov.cn
象山人才网	http://www.nbxsrc.com
萧山人才网	http://www.xshr.com
新安人才网	http://www.ahjob.com.cn
新加盟人才网	http://www.today888.com
中国国家人才网	http://www.newjobs.com.cn
扬子人才网	http://www.yzjob.net
西藏每日人才网	http://xz.rc365.com
中国贵阳人才网	http://www.gyrc.com.cn
中国海峡人才网	http://www.hxrc.com
厦门人才网	http://www.xmrc.com.cn
宜兴人才网	http://www.yxrc.com.cn
中国沈阳人才网	http://www.syrc.com.cn
义乌人才网	http://www.ywrc.com.cn
银河人才网	http://job.inhe.net
云南高校人才网	http://www.ynjob.com
中国水利人才网	http://rencai.chinawater.net.cn
云南每日人才网	http://yn.rc365.com
中国西安人才网	http://www.zxrs.com
招聘求职知识网	http://www.jobfind.com.cn
中国厨师人才频道	http://www.6eat.com/Temp_User/default.aspx
浙江人才网	http://www.zjrc.com
集聚南北人才网	http://www.nb360.com
中国女子人才网	http://www.cwmrc.com
智联招聘网	http://www.zhaopin.com
中国保险人才网	http://www.insurejob.com
海淀人才	http://www.hdrc.com.cn
通才网	http://www.jobsinfo.com.cn
广州留学人员信息网	http://www.gzscse.gov.cn
中山市人才信息网	http://www.zsrc.net
深圳国际人才网	http://talents.sz.gov.cn

珠海人力资源网	http://www.zh-hr.com
中国广州人事网	http://www.gzpi.gov.cn
珠三角五邑人才热线	http://www.jmjob.com
番禺市人事人才信息网	http://www.pyrc.com.cn
虎门人才网	http://www.hmhr.com
顺德人才网	http://job.shunde.net
佛山市中心劳动力市场	http://www.job2000.com.cn
广东省人才网	http://www.gdrc.com
松江人才网	http://sj.21cnhr.com
汽车与人才	http://www.carhr.com
上海高校毕业生就业指导中心	http://www.firstjob.com.cn
东方人才热线	http://www.ejol.com.cn
互动人才网	http://www.hr.net.cn
伯乐人才网	http://www.86hr.com
宝山人才	http://bs.21cnhr.com
思强人才网	http://www.strongnet.com
北方网—北方职场	http://job.enorth.com.cn
天津每日人才网	http://tj.rc365.com
津轻人才中心	http://www.jqrc.com.cn
北方人才网	http://www.tjrc.com.cn
中国天津人事信息网	http://www.tjpnet.gov.cn
泰达人才热线	http://www.tedahr.com
天津人才信息网	http://www.tjjob.com
福州每日人才网	http://fjfz.rc365.com
京闽求职招聘广场	http://www.jmrc.com.cn
侨乡人才信息网	http://www.qxrc.com
石狮人才网	http://www.sshr.net
福建人才联合网	http://www.fjrclh.com
抚顺人才网	http://www.fsrc.com.cn
营口市人才信息网	http://www.ykrc.com.cn
大连市人才工作网	http://www.dlrc.gov.cn
鞍山市人事人才信息网	http://www.asrs.gov.cn

大连人才网	http://www.dl-rc.com
辽宁人才市场	http://www.lnrcsc.com
江苏人才热线	http://www.jstalent.com
苏州人才市场	http://www.rencai.sz.jsinfo.net
中国东吴人才热线	http://www.dwrc.sz.js.cn
中国·无锡人才网	http://www.wxhrm.com
连云港人才网	http://www.lygrc.com
江苏人才网	http://www.jsrc.com
张家港人才网	http://www.zjgrc.com
中国太仓人才市场	http://www.tcrc.sz.jsinfo.net
南京人才市场	http://www.njrsrc.com
常熟人才市场	http://www.csrcsc.com
常州人才网	http://www.czrc.com.cn
德阳人事人才网	http://www.dyrc114.com
中国三江人才网	http://www.ybrc.gov.cn
天虎人才网	http://job.tyfo.com
中国成都人才市场	http://www.rc114.com
青岛人才政务网	http://www.zgqdrc.com
烟台人才热线	http://ytrc.gov.cn
潍坊人才市场	http://www.wfrcsc.com
威海市劳动力市场	http://www.weihai.lm.molss.gov.cn
青岛市南人才网	http://www.qdrc.com
秀山人事人才网	http://xs.cqpa.gov.cn
重庆每日人才网	http://cq.rc365.com
重庆人才大市场	http://www.hrm.cq.cn
陕西人事人才信息网	http://www.sxrs.gov.cn
陕西每日人才网	http://sx.rc365.com
中国西安人才网	http://www.xajob.com
西安市人才网	http://www.xasrc.com
长春每日人才网	http://jlcc.rc365.com
吉林人才在线	http://www.rczx.com
荆州每日人才网	http://hbjz.rc365.com

十堰人事人才网	http://www.hbsyrs.gov.cn
湖北三峡人才市场	http://www.hbsxrc.com.cn
湖北人事信息网	http://www.hbrs.gov.cn
湖北人才网	http://www.jobhb.com
博思人才网	http://www.bossnet.com.cn
长沙人才网	http://www.cshr.com.cn
云南企业人才市场	http://www.ynqyrc.com
江西人才人事网	http://www.jxrencai.com
江西高级人才招聘网	http://www.jxwork.com
江南人才热线	http://www.rcnc.net
河南每日人才网	http://henan.rc365.com
郑州高新人才网	http://www.zzgxrc.com
天基人才网	http://www.tjinfo.com
郑州人才网	http://www.yourjob.com.cn
广西人才网	http://www.gxrc.com
太原市职业介绍服务中心	http://www.tylm.com.cn
太原人才网	http://www.tyrc.com.cn
山西每日人才网	http://th.rc365.com
合肥市人才市场	http://www.hfrc.ah.cn
安徽人才网	http://www.ahhr.com.cn
慈溪人才网	http://www.cxhr.com
玉环县人力网	http://www.yhrl.com
上虞市人才服务中心	http://www.syrc.org
嘉兴人事人才网	http://www.jxrcsc.com.cn
高新人才网	http://www.hhrc.com.cn
温州人才招聘网	http://www.fog.com.cn
绍兴就业网	http://www.sxjob.com
余姚人才市场	http://www.yyrc.com
西湖・人才网	http://www.xhrc.net
拱墅人才网	http://www.gsrc.com.cn
奉化市劳动力市场	http://www.fhclm.com
绍兴人才市场	http://www.sxrc.com.cn

苍南人事	http://www.cnrsj.com
浙江人力资源网	http://www.zjhr.com
湖州人事人才网	http://www.hzhr.com
银川每日人才网	http://nxyc.rc365.com
石家庄每日人才网	http://sjz.rc365.com
燕赵人才超市	http://www.job81828.net
海南毕业生就业指导信息网	http://www.hnbys.net
海南每日人才网	http://hn.rc365.com
海南人才网	http://www.hnjob.net
海南人才在线	http://job.hainan.net
贵州人才信息网	http://www.gzrc.gov.cn
内蒙古每日人才网	http://nm.rc365.com
中国济南人才网	http://www.cn-jnrc.com
珠三角联合人才网	http://www.ujob.com.cn

第 12 章

家庭、儿童、鲜花、网上寻人

12-1　家庭网

1. 家庭医药网

http://www.jtyy.com

医学动态 询诊热线 性博士信箱 名医名院 电子版 选药指南 医药法规

2. 中国家庭旅馆网

http://www.jtlg.net

媒体报道 帮助中心 旅馆信息 下载专区 交流中心

3. 中国家庭教育网

http://www.jiaj.org

在线课堂 家教周报 家教案例 专家在线 学习指南 成长顾问

学前教育 孩子在线 关联书店 八面来风 服务热线 地方专栏 众议院

4. 中国家庭消费网

http://www.china-fc.cn

消费聚焦 消费指导 品牌中心 消费在线 消费研究 法律法规 人物专访

医药保健 IT与通讯 教育 汽车 房产 电子电器 金融保险投资 食品饮料调料 服装鞋类 酒店旅游餐饮 家庭日用 家居装饰 妇、婴、幼儿用品

5. 家庭医生医疗保键网

http://www.familydoctor.com.cn

杂志在线 饮食健康 医疗保健 性学专栏 儿童保健 美容天地 心灵之声

用药指南 医学快讯 信息荟萃 环球信息 海外快讯 手术图解 杂志社

6. 家庭财富网

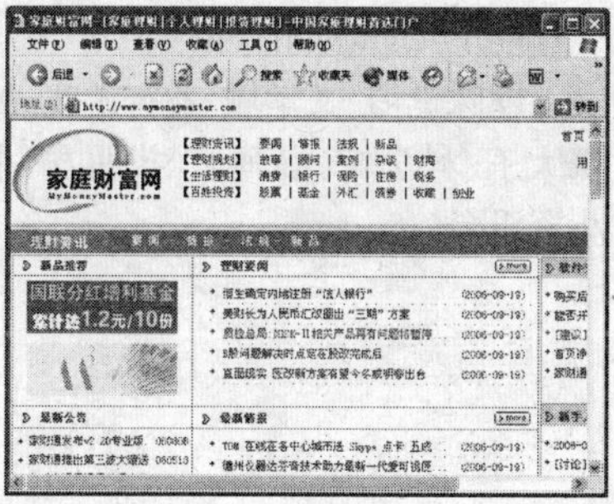

http://www.mymoneymaster.com

理财资讯 理财规划 生活理财 百姓投资

12-2 儿童天地

1. 东方少年

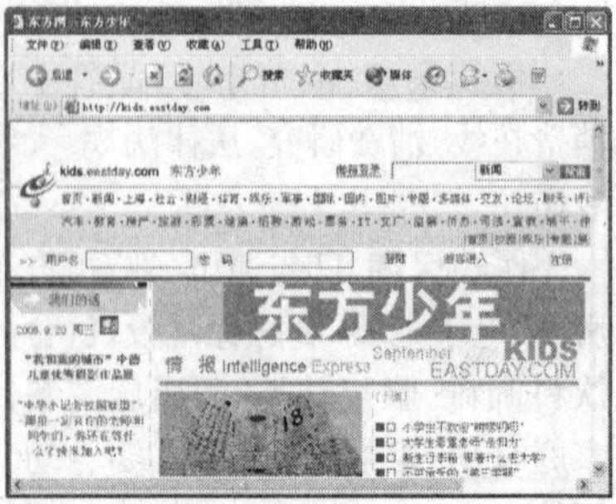

http://kids.eastday.com

小道 群言 快报 手记 趣味测试 专题集锦

2. 儿童青少年心理健康

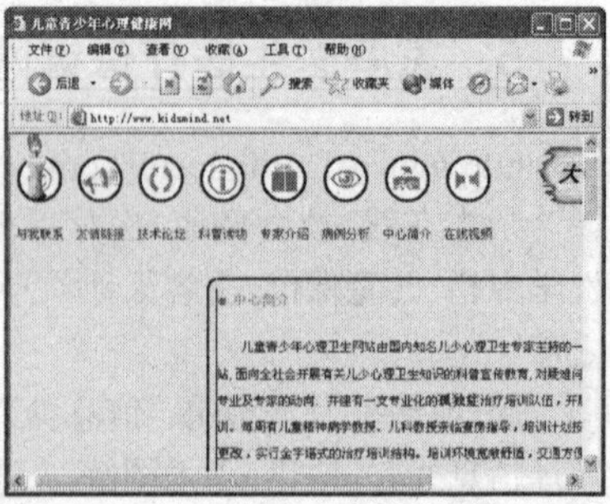

http://www.kidsmind.net

技术论坛 科普读物 专家介绍 病例分析 中心简介 在线视频

3. OK 宝贝

http://www.okbb.cn

趣味学习 文学城 益智游戏 故事大王 科学馆 漫画城 找朋友 小小资讯台

4. 中国儿童网

http://www.chinachildren.net.cn

中童短信 父母进入 儿童进入 宝宝档案录 找呀找朋友

贺卡中心 儿童杂志 教育大本营 打开心结

5. 中国少年儿童

http://www.zgsnet.org/bbsxp

夏令营 小记者 习作园地 你问我答 心情诉说 诗苑漫步 音乐沙龙

6. 少儿信息港

http://www.sst.org.cn

少儿图书馆 知识E点灵 网络课堂 少儿博客

7. 中少在线

http://www.ccppg.com.cn

校园 学习 成长 法制 娱乐 作品 团队生活 活动 博览 体育 图书商城

8. 中国少年雏鹰网

http://www.chinakids.net.cn

游戏 动漫 聊天室 树宝宝 雏鹰争章

9. 中国儿童卫生保健疾病防治指导中心

http://www.cchdc.org.cn

儿童保健 疾病专区 名医名院介绍 寻医导药 妇幼保健院

专家咨询 继续教育 科研专区 政策法规

10. 中国儿童中心

http://www.ccc.org.cn

校外活动 兴趣培训 实验教育 儿童发展研究 图书期刊 儿童天地 家长园地

11. 下一代网站

http://www.xiayidai.com.cn

童年时光 青春在线 合家欢 关心下一代 少年宫 50 年 社区 计算机大赛

12. 新浪亲子中心

http://baby.sina.com.cn

健康呵护 专家答疑 教育园地 宝贝主页 博客 原创 幼儿园

13. 新知堂剑桥少儿英语网

http://www.xinzhitang.com.cn

剑桥少儿英语 英语学习园地 剑桥少儿英语俱乐部

剑桥少儿英语 BBS 澳大利亚中学英语

14. 中国多动网

http://www.duodong.com

基本常识 病因病机 诊断鉴别 治疗方法 预防护理 病友俱乐部 精品社区

健康教育 儿童保健 特效产品 销售网络 电子病历

15. 中国神童网

http://www.61child.com

教育中心 家长中心 儿童中心 儿童游戏 家长学校 购物广场 虚拟社区

16. 其他儿童网址

威海青少年网 http://www.wh-youth.gov.cn
中国少年儿童基金会 http://www.cctf.org.cn
中国少年儿童手拉手地球村 http://www.dqc.org.cn
彩虹网 http://www.yoll.com

12-3 幼儿

1. 中国娃娃网

http://www.chinababy.com

娃娃家新闻台 娃娃天地 健康呵护 大手牵小手 招生培训 人才中介

幼教商机 明星院校 教师一线

2. 爱宝宝网

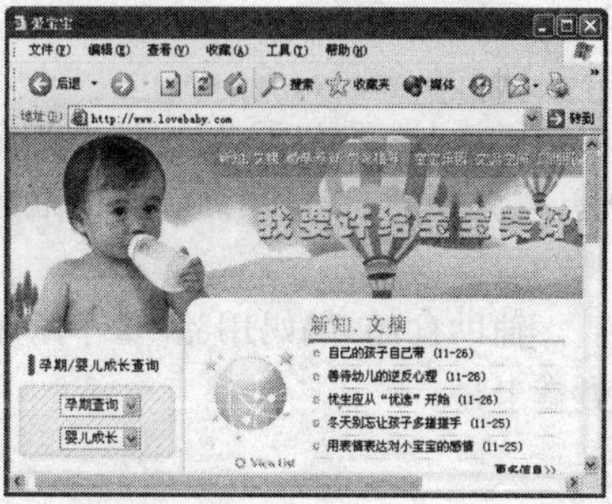

http://www.lovebaby.com

新知·文摘 婚孕养育 专家指导 宝宝乐园 交流空间 宝宝论坛

3. 中华母婴网

http://baby.langfang.net

妈咪学前班 妈咪学堂 慈父方案 宝宝万花筒 心灵加油站 微笑服务台

母婴网商城 网上挂号 怀孕前 孕早期 孕中期 孕晚期 分娩 新生儿 0-1 岁 1-3 岁 4-6 岁

4. 妈妈宝宝

http://www.mom-baby.com.cn

怀孕 营养 健康 心理 教育 生活 妈妈

5. 娃娃网

http://www.wa-wa.com

奶粉 日用品 婴儿洗护 婴儿保健 婴儿喂养 安全用品 玩具 纸尿裤

辅助食品 妈妈用品 童车童床 音像书籍

6. 摇篮网

http://www.yaolan.com

准备怀孕 怀孕期 出身与分娩 婴儿期 幼儿期 学龄前 生长发育

营养饮食 保健与安全 疾病与防治 智能开发 心理健康 健美与调适

居家万事 怀孕热线

7. 华夏婴幼儿用品网

http://www.babycity.com.cn

厂商合作 品牌推广 连锁服务 华婴连锁 无店铺连锁

孕婴商城 育婴频道 母婴护理

8. 金苹果学前教育网

http://www.61bb.com

校园直通车 生活百利广场 缪斯的天空 游戏天堂 网上点播 亲情购物吧

12-4 家居网

1. 中国家居网

http://www.jiajuwang.com

企业报道 展会新闻 房市风云 供求信息　招商合作 企业大全 设计师园地

精品展示 网络商学院 职场攻略 家居安全 创意空间 装修日记

2. e家家居

http://www.e-jjj.net.cn

e家玩 案例多多 设计师 虚拟家装 玩家DIY 家居品牌

家居产品 居家百科 e家博客 e家视听

3. 家居易站

http://www.homee.com.cn

瓷砖 地板 壁纸 吊顶 洁具 淋浴房 厨柜 浴室柜 壁柜 步入式衣帽间

门窗 锁具 楼梯 散热器 灯具 家装电器 饰品 门厅家具 客厅家具 餐厅家具

卧室家具 书房家具 儿童家具 储物柜架 办公家具 编制家具 便携式家具

4. 全球五金网

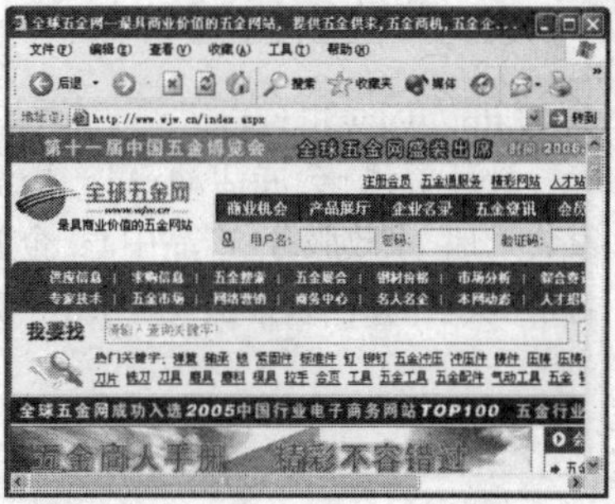

http://www.wjw.com.cn

供应信息 求购信息 五金搜索 五金展会 钢材价格 市场分析 综合资讯

行业频道 五金协会 专家技术 五金市场 网络营销 商务中心 名人名企

本网动态 人才招聘 五金论坛

5. 城市家居消费网

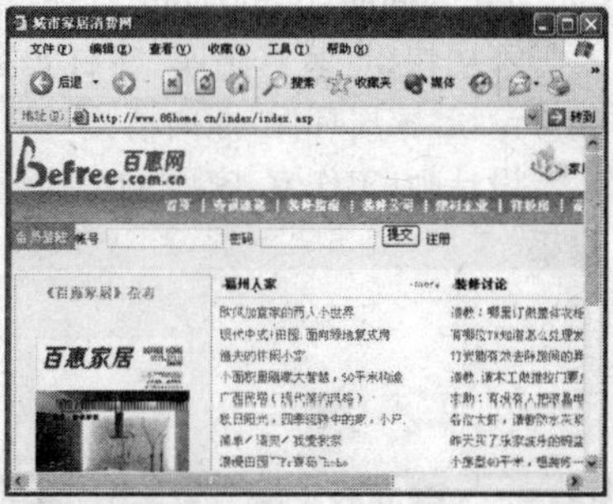

http://www.86home.cn

资讯速递 装修指南 装修公司 建材企业 样板房 设计师 装修图库

6. 中国智能家居网

http://www.smarthomecn.com

新闻动态 市场观察 技术天地 家居新体验 厂商专栏 协会新闻

智能生活 智能 DIY 产品介绍 智能家居解密 展会信息 培训认证

千家网 千家综合布线 千家论坛 千家企业服务 千家博客 品牌指数

7. 浙江家居网

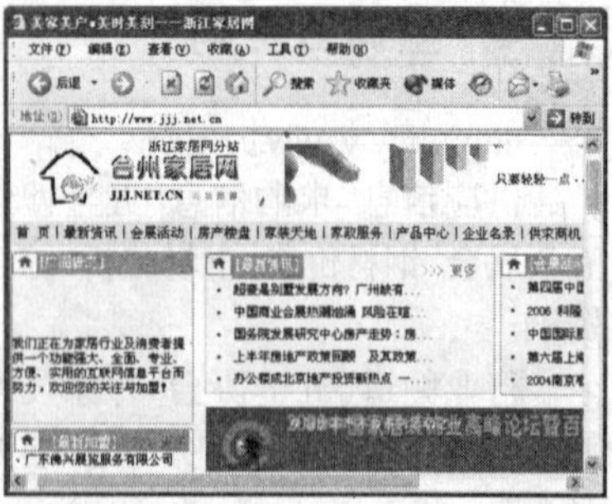

http://www.jjj.net.cn

最新资讯 会展活动 房产楼盘 家装天地 家政服务 产品中心 企业名录 供求商机 政策法规 网络导航

8. 搜房装修家居网

http://home.soufun.com

家居快讯 装修图库 建材卖场 装修论坛 家居环保 业内精英

设计师 工作室 家居 114 讲座/集采

12-5 鲜花

1. 一千零一夜鲜花礼品网

http://www.1001flowers.com

生日鲜花 爱情鲜花 婚庆鲜花 庆祝鲜花

慰问鲜花 商业庆典 道歉用花 情人节鲜花

2. 大中华鲜花礼品网

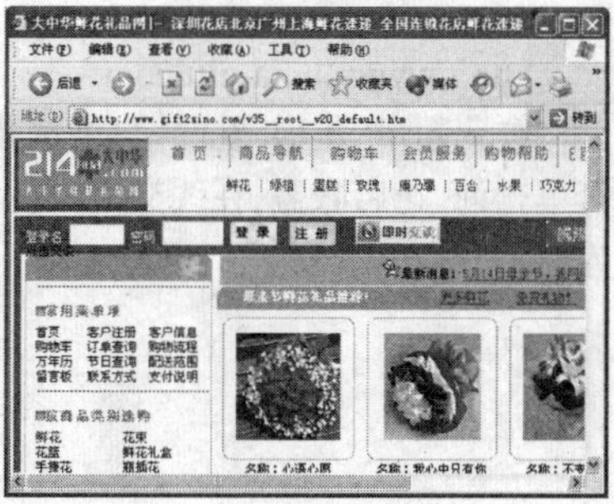

http://www.gift2sino.com

鲜花 花束 花篮 鲜花礼盒 手捧花 瓶插花 DIY 鲜花 巧克力花束

蛋糕 鲜奶蛋糕 水果蛋糕 巧克力蛋糕 数码蛋糕 无糖蛋糕 水果

巧克力 绿植 礼品 毛绒玩具 欧美首饰 名家名款 水晶玉石 银饰

时尚礼品 钻石珠宝 钻石吊坠 水钻饰品 K 金饰品 纯银饰品 纯银字母链

水晶吊坠 贝壳 水晶手链 宝石饰品 琉璃饰品 钻戒 钻石珠宝

3. 东方鲜花礼品全国速递网

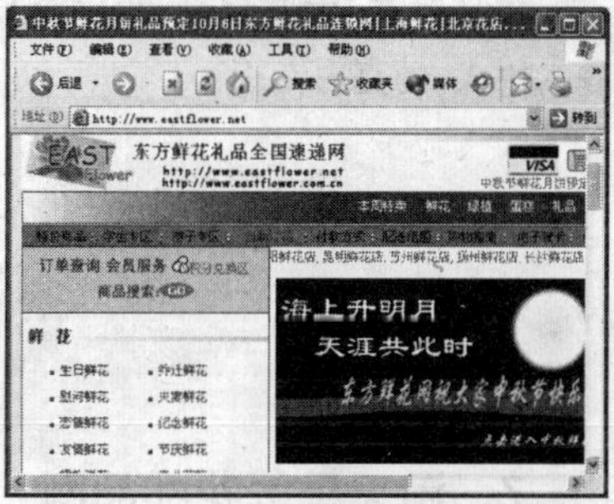

http://www.eastflower.net

鲜花 绿色植物 蛋糕 果篮 礼品 植物精油 学生专区 游子专区

电子贺卡 鲜花知识

4. 花城

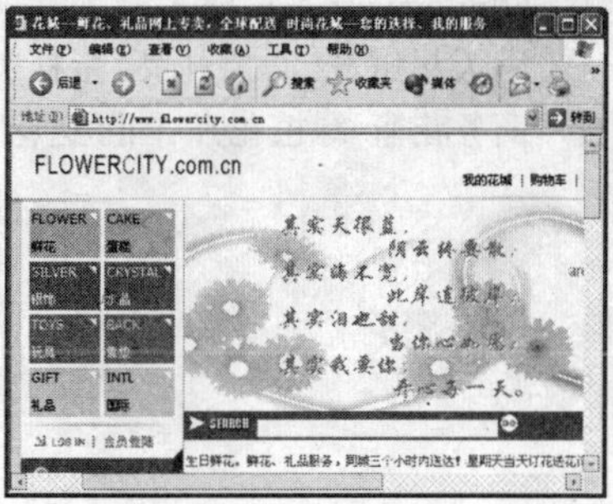

http://www.flowercity.com.cn

鲜花 蛋糕 银饰 水晶 玩具 靠垫 礼品

5. 中国网络花店

http://www.china-gift.com

鲜花超市 蛋糕 礼品 自助选花 订单查询 花店联盟 在线交流 花世界

6. 芙蓉阁连锁鲜花礼品网

http://www.frg.com.cn

精品鲜花 主题玩具 蛋糕食品 香水伊人 巧克力专柜

7. 满天星鲜花礼品网

http://www.szhua.com

满天星鲜花 心意礼品 蛋糕美食厂商务花篮 绿植花卉 国际送花

8. 玫瑰花城

http://www.rosecn.com
鲜花 蛋羔 礼品 贺卡

12-6　寻人

1. 寻人启事网

http://www.xrqs.com
寻人启事 媒体报道 志愿者招募 寻人登记 寻亲科技 寻亲故事
网友留言 成功案例 网站纪事

2. 中国寻人网

http://www.zgxrw.com
离家出走 不明原因 被拐卖 迷路走失 失散亲友 孤儿寻亲 寻找网友
寻找同学 寻找战友 寻找知己 寻找同事

3. 中国寻亲网

http://www.china-seek.net

失散亲友 被拐卖 被骗走 离家出走 迷路走失 不明原因 有照片的

死亡失踪 寻人登记 政策法规 如何寻人

4. 华夏寻人网

http://www.chinaxunren.net

寻找亲人 出走专刊 领养 认亲 儿童专刊 老人专刊 拐卖专刊

BBS 留言 寻找朋友 寻找同学 寻找战友 知青寻人 两岸寻人

其他寻人 初恋 情人 网络交友 举报线索 查询线索 警方发布

救助发布 网上商店 寻人指南

5. 中华寻人网

http://www.xunren.net

失踪人员 孤儿寻亲 大陆寻台胞 大陆寻海外 海外寻大陆

12-7　消费/投诉

1. 中国诚信消费网

http://www.315.org.cn

诚信聚焦 诚信会员 消费警示 消费指南 3.15 关注 维权打假 企业风采

人物介绍 诚信商务 曝光台 政府文件 品牌推荐 认证认可 监督抽查

法律法规 行业标准 在线投诉 为您服务

2. 中国消费者网

http://www.12315.com

网上投诉 权威发布 投诉播报 消费警示 热点关注 消费新闻 法律法规

消费论坛 消费调查 人才信息 美容健康 房产家居 汽车消费 电脑网络

家电时空 现代通信 旅游休闲 保险顾问 教育消费 e 买通商城 供求信息

3. 21315 社会信用记录中心

http://www.21315.com

建立企业信用档案

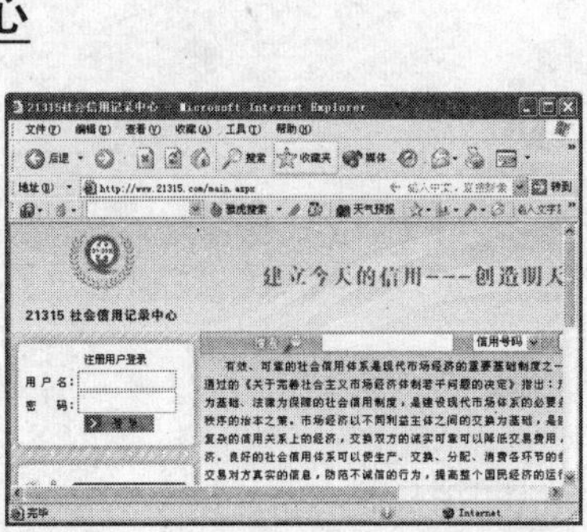

4. 其他消费/投诉网址

广西红盾信息网	http://www.gxhd.com.cn
河南工商行政管理局	http://www.haaic.gov.cn
天津市产品质量监督检测技术研究院	http://www.51315.org.cn
湖南省质量技术监督信息网	http://www.hn315.gov.cn
安徽省消费者协会	http://www.ah315.org.cn
广东省消费者委员会	http://www.cc315.org
贵州省消费者协会	http://www.gzxx315.org.cn
海南省消费者协会	http://www.hn315.net.cn
北京市工商行政管理局	http://www.hd315.gov.cn
湖北省消费者委员会 315 网站	http://www.hb315.org.cn
江苏海安红盾信息网	http://www.ha315.gov.cn
山东红盾信息网	http://www.sdaic.gov.cn
上海 12315 网	http://www.12315.sh.cn
四川红盾信息网	http://www.scaic.gov.cn
天津红盾信息网	http://www.tjhd.net

第 13 章

文学、艺术、美术与摄影摄像

13-1 小说

1. 榕树下

http://www.rongshu.com

有声文学馆 精品阅读 方正悦读 炫动读书 付费中心 大学生在线 随心秀 状元阁 社团交友 书店 社区 中学生天地 搜索 鬼故事

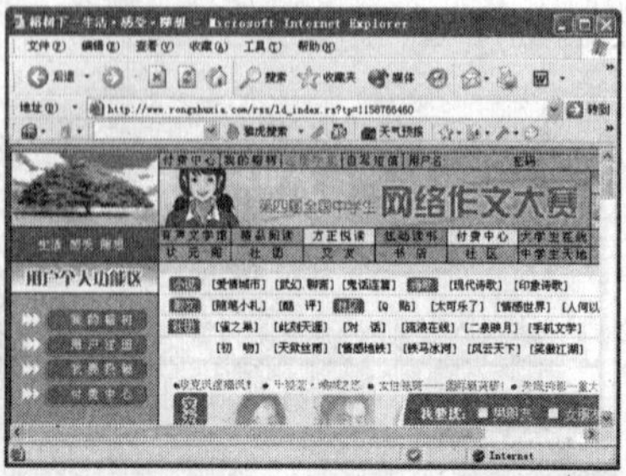

2. 西陆文学

http://wenxue.xilu.com

幻之天空 爱情海 坛友文汇 文学涨停板 媒体之家 文学站务

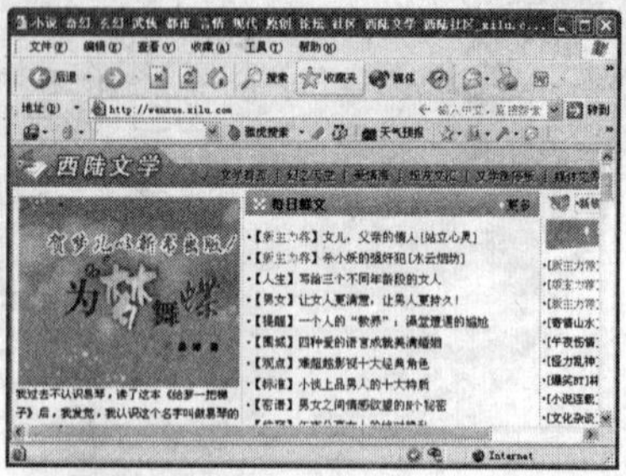

3. 且听风吟原创文学空间

http://wind.yinsha.com

小说 评论 诗词 散文 校园 文集 媒体 导读 连载

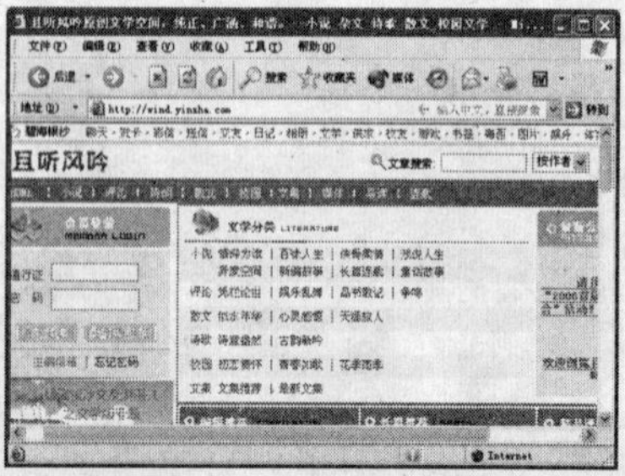

4. TOM 文学

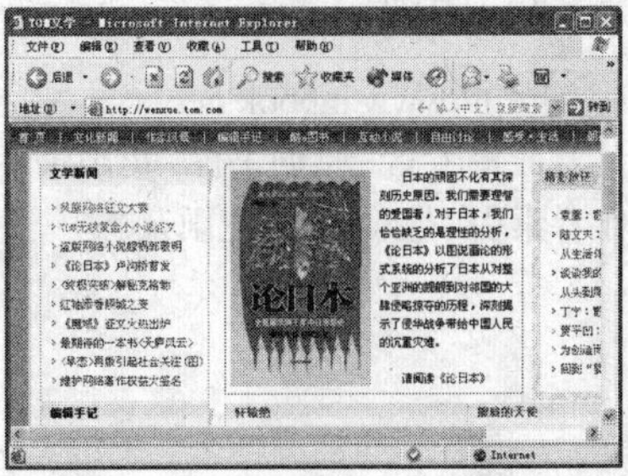

http://wenxue.tom.com

文化新闻 作家风景 编辑手记 酷 e 图书 互动小说 自由讨论 感受·生活

朝花夕拾 文学论坛

5. 读书人

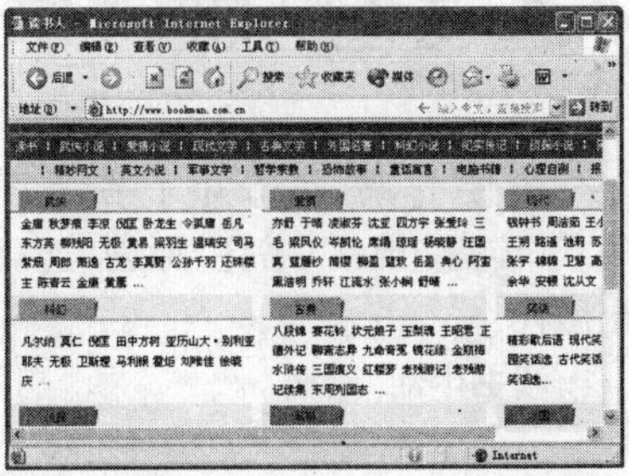

http://www.bookman.com.cn

武侠小说 爱情小说 现代文学 古典文 外国名著 科幻小说 纪实传记

侦探小说 笑话精选 精妙网文 英文小说 军事文学 哲学宗教 恐怖故事

童话寓言 电脑书籍 心理自测 报刊导航

6. 汉语文学

http://www.hywx.com

文学在线 诗人国度 艺术空间 校园网景 纪实档案 时尚掠影 人文地理

7. 花雨

http://www.inbook.net

征稿专区 原创书库 花雨书店 作者索引 花雨社区 花雨杂志

8. 读书—人民网

http://www.booker.com.cn

新书 作家 书摘 电子书 读图时代 专题 观察 书评 原创 连载 出版社

读书生活 论坛

9. 书路文学网

http://www.shulu.net

全本图书 游戏世界 玄幻修真 奇幻魔法 超级能力 架空历史 武侠异侠

现代都市 边缘小说 虚拟军事 竞技体育 推理小说 恐怖灵异 科幻小说

同人小说 浪漫言情 耽美小说 美文随笔 其他小说

10. 书香门第网络图书馆

http://www.bookhome.net

武侠文化 言情小说 侦探推理 科学幻想 近现当代 纪实文学 历史相关

军事题材 人物传记 古典文学 外国作品 哲学名著 宗教经典 百科知识

金融经济 电脑网络 少儿文学

11. 文学精品网

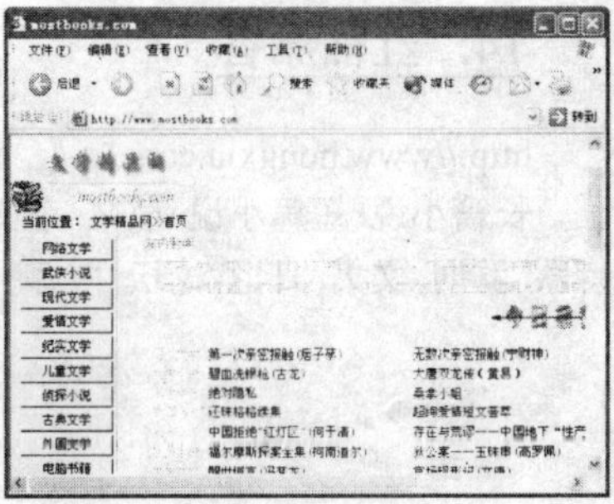

http://www.mostbooks.com

网络文学 武侠小说 现代文学 爱情文学 纪实文学 儿童文学 侦探小说

古典文学 外国文学 电脑书籍 幽默笑话 科幻小说 政治经济 报纸杂志

12. 中国青少年新世纪读书网

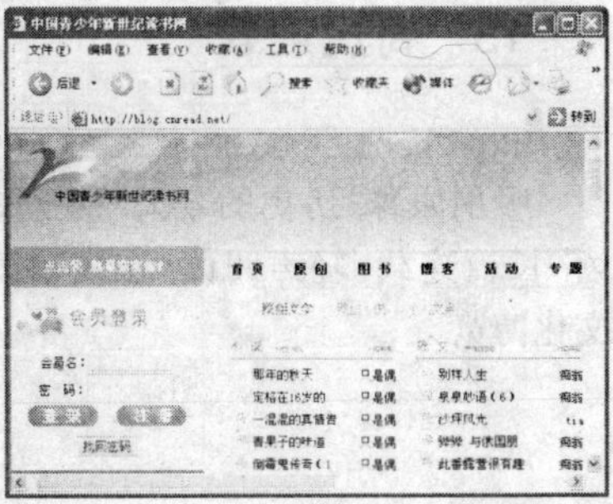

http://www.cnread.net

小说 散文 诗歌 杂文 书友博客 作家博客 学生博客 读者博客

团干博客 文化导读 媒体约稿 作家动态

13. 寻梦园

http://www.sunmon.com

醉梦封印：书库 御梦英豪：作家 织梦摇篮：资讯 灿梦琉璃：图库

悟梦惊缘：会员 吃梦撩人：社区 焚梦狂情

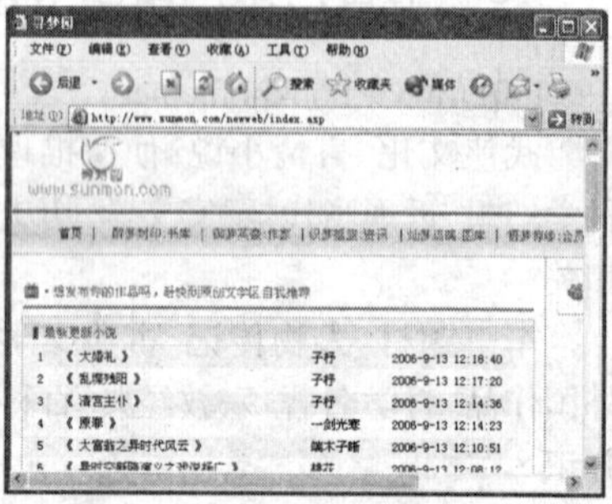

14. 红袖添香

http://www.hongxiu.com

长篇小说 短篇小说 散文 杂文 诗歌 歌词 文集 日记 论坛 博客

15. 奇虎连载

http://book.qihoo.com

吸引眼球 历史的今天 视觉阅读 长篇连载 轻声阅读 在线阅读 文化博览

16. 逐浪小说

http://www.zhulang.com

排行榜　作者专区 网上书店 礼品中心 玄幻小说 言情小说 都市小说

网游小说 历史军事 武侠修真 科幻小说 体育竞技 恐怖灵异 美文短篇

17. 四月天

http://4yt.net

人间书馆 有风来仪 小荷初露 美图馆 评风秋色 言情白皮书

18. 猫扑原创文学

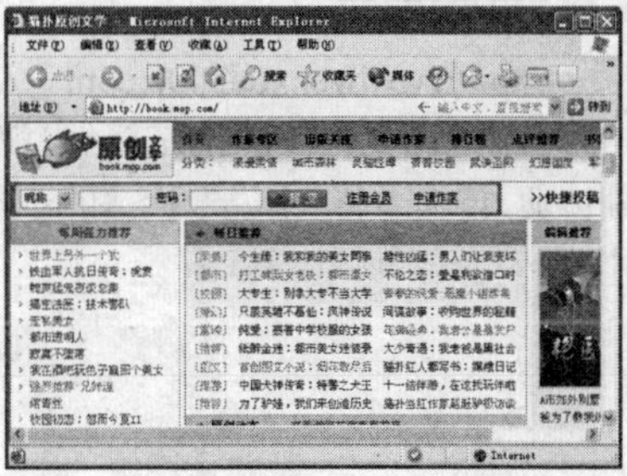

http://book.mop.com

浪漫柔情 城市森林 灵猫怪谭 菁菁校园 武侠圣殿 幻想国度

军事历史 穿越时空

13-2　诗歌

1. 中国诗歌网

http://www.poetry-cn.com

诗歌中心观点 荐书 刊物 学会 新诗 古诗 诗人 学者 博客 论坛

2. 中国诗人论坛

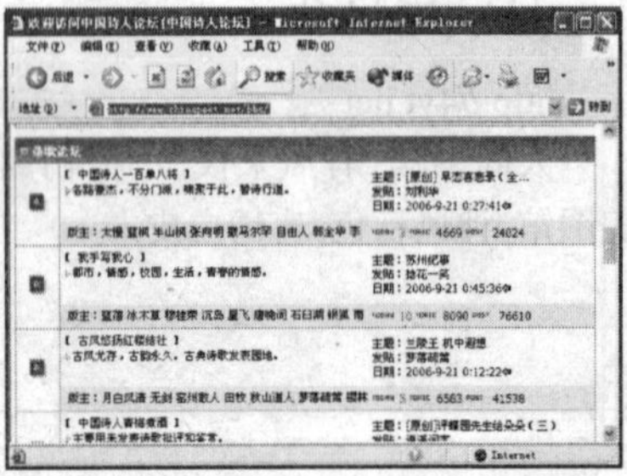

http://www.chinapoet.net

中国诗人一百单八将 我手写我心 古风悠扬红楼结社 中国诗人青梅煮酒

诗歌翻译园地 第一阵线 诗画双绝 文字的气息 中诗映像馆

3. 诗江湖

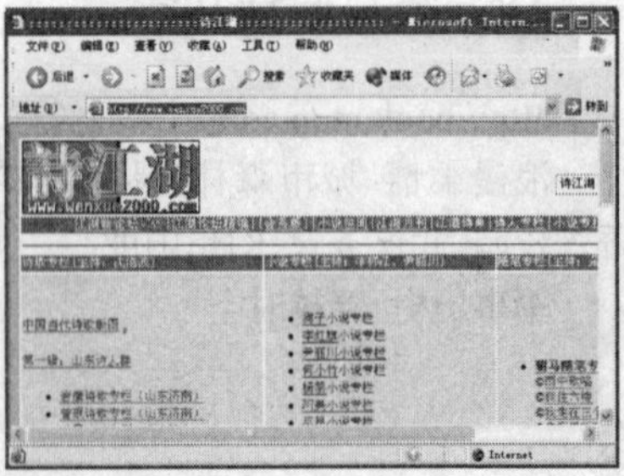

http://www.wenxue2000.com

江湖新论坛 江湖论坛精编 江湖诗典 诗人专栏 小说专栏 随笔专栏

4. 诗生活

http://www.poemlife.com

诗通社 诗生活博客 论坛 诗人专栏 评论专栏 翻译专栏 诗歌专题

诗观点文库 当代诗库 诗人扫描 诗歌书店

5. 界限—大型诗歌网站

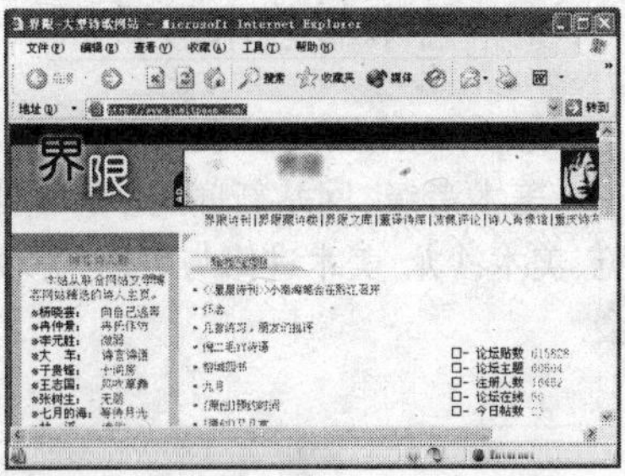

http://www.limitpoem.com

界限诗刊 界限藏诗楼 界限文库 董译诗库 波佩评论

诗人肖像馆 重庆诗友沙龙 网上看诗

6. 环球当代诗歌网

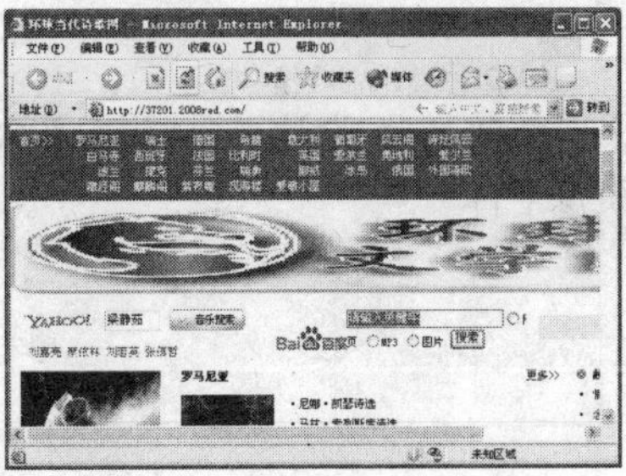

http://37201.2008red.com

罗马尼亚 瑞士 德国 希腊 意大利 葡萄牙 白马寺 西班牙 法国

比利时 英国 爱尔兰 奥地利 爱尔兰 波兰 捷克 芬兰 瑞典 挪威

冰岛 俄国 外国诗歌 藏经阁 麒麟阁 紫夜庵 观海楼 爱敏小屋

风云阁 诗坛风云

7. 中国诗人

http://www.chinapoet.net

诗歌论坛 古代诗歌 现代诗歌 诗人简介 诗歌理论 原创诗歌

13-3 艺术

1. 艺术与艺术教育网

http://www.art-edu.com

美术考级 网站新闻 比赛与展览 美术沙龙 美术进修与培训 美教会

2. 艺术中国网

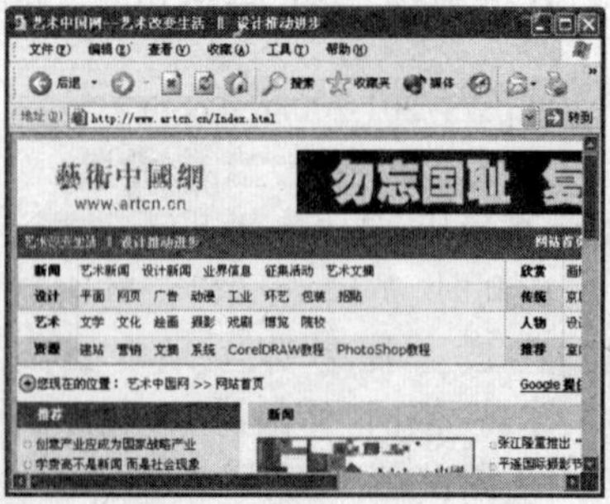

http://www.artcn.cn

新闻平台 设计平台 艺术平台 资源平台

3. 中国艺术网

http://www.easternart.com.cn

书法艺术 国画艺术 油画艺术 绘画艺术 戏曲艺术 音乐艺术 民间艺术

陶瓷艺术 雕刻艺术 服饰艺术 摄影艺术 影视艺术 建筑艺术 装饰艺术

文学艺术 舞蹈艺术 艺品收藏 商品拍卖 综合艺术 艺术辞典 艺术商城

网游动漫艺术 饮食文化艺术 茶道

4. 中国书画艺术网

http://www.zgshys.com

国画 油画 书法 篆刻 摄影 工艺 动漫 名家 新秀 展馆 文学 常识 理论

鉴赏 技法 工具 字画 碑帖 收藏 拍卖 协会 刊物 国画家 书法家 油画家

摄影家 国画展馆 油画展馆 书法展馆 摄影展馆

5. 华夏艺术网

http://www.artsweb.cn

艺术家 团体机构 拍卖行 画廊 收藏家 报刊 博物馆 企业 学校 论坛

6. 中国艺苑网

http://www.china-gallery.com/gb

艺术视野 艺术家网城 艺术市场 艺术生活 艺术库存 艺术教育

7. 中国艺术品网

http://www.cnarts.net

艺术新闻 艺术展厅 艺术典藏 艺术研究 工艺百科 鉴赏收藏

展览信息 艺术论坛 商务频道 艺术壁纸

8. 中华五千年

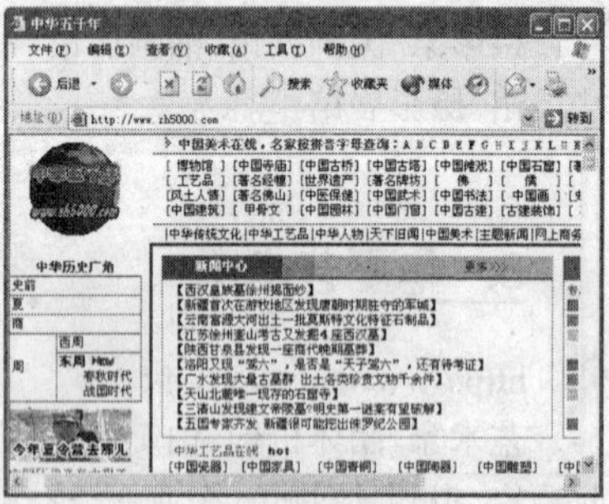

http://www.zh5000.com

工艺品 著名经幢 世界遗产 著名牌坊 佛 儒 道 古遗址 古墓葬 风土人情

著名佛山 中医保健 中国武术 中国书法 中国画 史前文化 茶文化 酒文化

中国建筑 甲骨文 中国园林 中国门窗 中国古建 古建装饰 石造像 画像石画像砖

9. 其他艺术网址

艺术中国画廊	http://www.art-china.com
中艺网	http://www.artsofchina.com
亚洲艺术	http://asianart.com
天天艺术	http://www.tt-art.com
中国微雕艺术	http://www.mini-carving.net
世界艺术名站	http://www.allworldarts.net
中国艺术视窗网	http://www.cnartw.com

13-4 美术

1. 中华美术网

http://www.ieshu.com

美术网站 工艺企业 美术院校 画廊 文化经纪 收藏古玩

拍卖公司 美术用品 美术馆 书画院 博物院馆 出版 协会院所

2. 中国美术

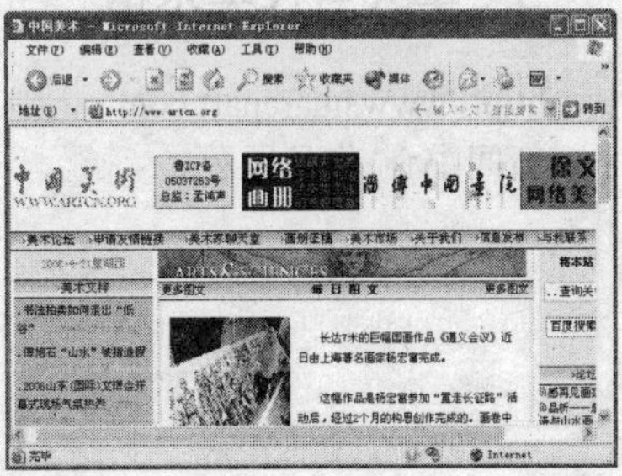

http://www.artcn.org

美术论坛 申请友情链接 美术家聊天室 画册征稿 美术市场

3. 中国美术之家

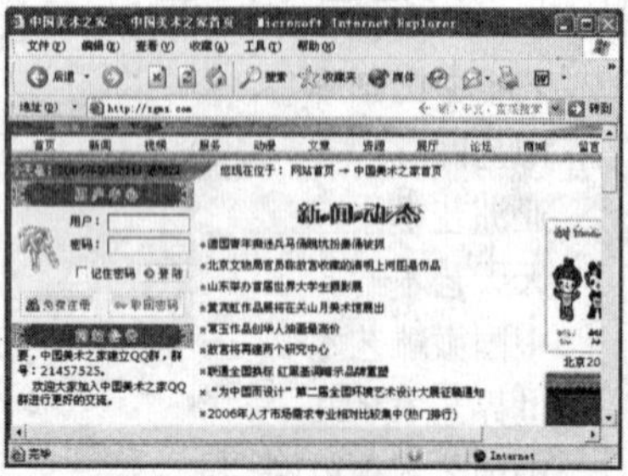

http://zgms.com

新闻动态 精彩文栏 资源下载 美教影视 美教论坛

4. 美术在线

http://arts.cnool.net

新闻 评论 新锐 数字艺术 影像 设计 专题 艺术家主页 作品库 线上展览 宁波美术馆

5. 华人当代美术馆

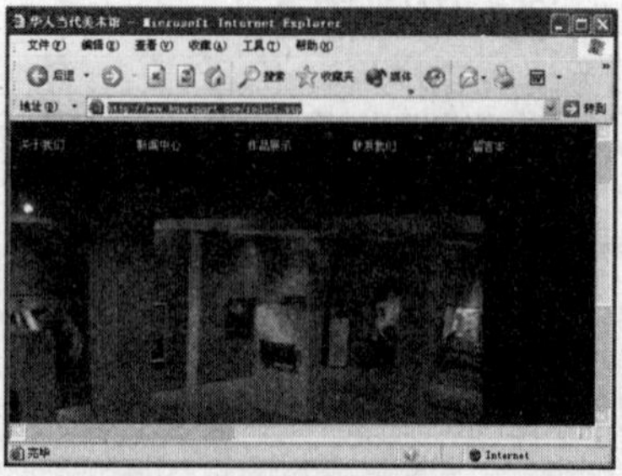

http://www.huarenart.com

新闻中心 作品展示

6. 荣宝斋中国美术网

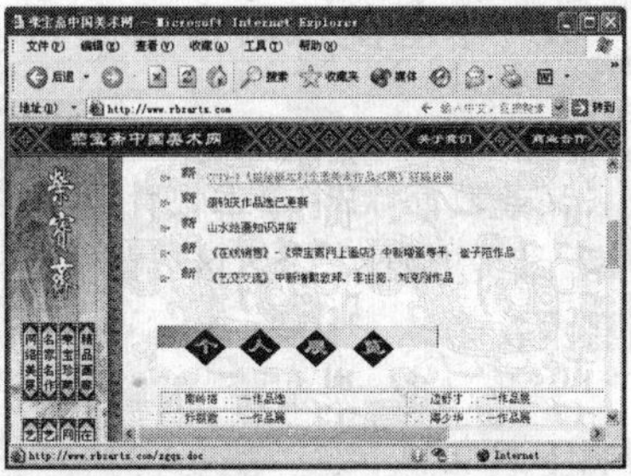

http://www.rbzarts.com

网络美展 名家作品 荣宝珍藏 精品画廊 艺坛快讯

艺术鉴赏 网上拍卖 在线销售

7. 中国美术高考咨询网

http://www.114ms.com

美术新闻 高考信息 美术培训班 招生简章 美术图库考前辅导 试题分析

高考题目 赶考指南 高校视点 分数查询 录取查询 志愿填报 往年分数线

美术考研 成人高考 美术留学 美术院校 民办大学 高职高专 美术赛事

美术展览 教师招聘 家长必读 美术图书馆 同学录 美术交友 美术论坛

8. 中国美术教育网

http://www.artedu-cn.com

法规标准 学术研究 教育研究 专题研究 教学探索 创新教育 学科精品

少儿美术 特色教育 高校频道 师生之家 招生信息 等级考试 网络课堂

巡诊问要 艺术动态 展览赛局 在线展馆

9. 中国美术教育信息网

http://www.arteduinfo.com

义务教育 高中美术教育 美术高考 湘美资源库 个人区 展览 高等美术教育

专业讨论 大杂院 电脑美术 资料下载

13-5 摄影摄像

1. 中国摄影网

http://www.cnphotos.net

个人影展 图片代理 二手器材 器材报价 中影博客 中影论坛

2. 新浪摄影天地

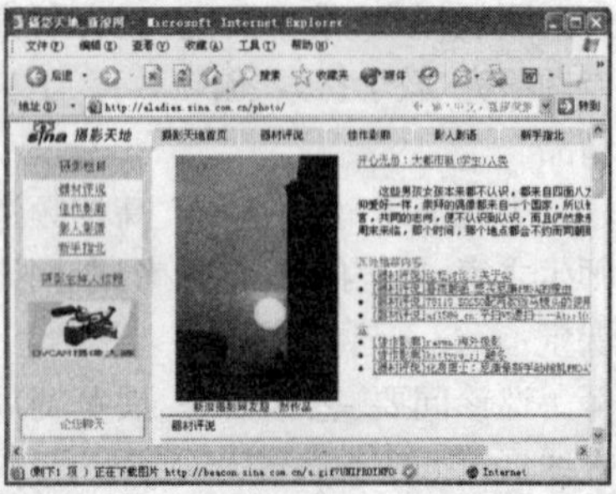

http://eladies.sina.com.cn/photo

器材评说　佳作影廊　影人影语　新手指北

3. 中国摄影市场网

http://www.f123.com.cn

资讯 店铺 产品 二手 人才 培训 图片

4. 中国摄影

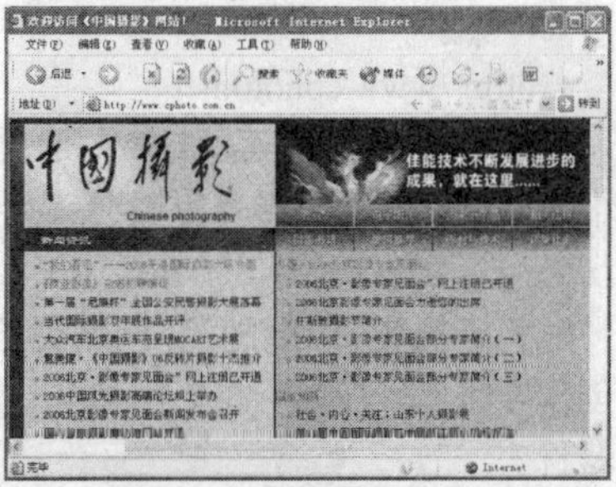

http://www.cphoto.com.cn

电子期刊 周末下午茶 摄影书籍 器材与技术 相关法律

5. 中国摄影家协会网

http://www.chinaphotocenter.com

资讯中心 摄影图片 摄影会员 摄影活动 论谈 社区 博物馆

摄影器材厂家网址大全

6. 中国摄影教育网

http://www.photo.edu.cn

交流 资讯 论坛 课件 影展 博物馆 图书馆

7. 中国摄影在线

http://www.cphoto.net

摄影师 图片博客 佳作欣赏 艺术人像 新闻中心 影赛影展 专题论坛

关于摄影 摄影随笔 网络展览 创作导航 学习园地 摄影网站 摄影器材

8. 中国民俗摄影协会

http://www.china-fpa.org/chinese.htm

协会组织介绍 会员服务中心 人类的记忆

9. 中国网络摄影

http://www.chinaphotography.com

网络相册 网友图库 二手交换 摄影论坛 聊天室

10. 大众摄影

http://www.pop-photo.com.cn

资讯中心 博客频道 大众DV DV动态 DV活动 DV器材 DV手记

11. 蜂鸟网—中国影像第一门户

http://www.fengniao.com

打印机 相机 摄像机 镜头 存储 三脚架 摄影包 手机 人像

风光人文 生态 旅行 女性 商业

12. 华影网

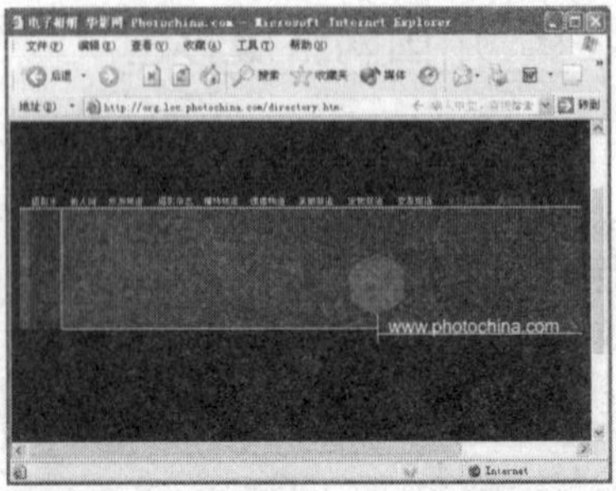

http://www.photochina.com

新人网 旅游频道 摄影杂志 模特频道 偶像频道

美媚频道 宠物频道 交友频道

13-6 书法

1. 中国书法网

http://www.freehead.com

书印新闻 网上展览 书法商城 书法创作 书法临习 篆刻交流 书法博客

艺术论坛 资料区 文房博物区 自治区 商业区 商铺区 画廊区

2. 中国书法在线

http://www.zgsf.com.cn

中国书法全集 松竹书院 学术研究 收藏与鉴赏 艺术展厅

3. 中国书法家

http://www.china-shufajia.com

点击名家 篆刻名家 女书法家 世纪之星 美术名家 名家题词 书坛人物

书画超市 艺术论坛

4. 中国书法

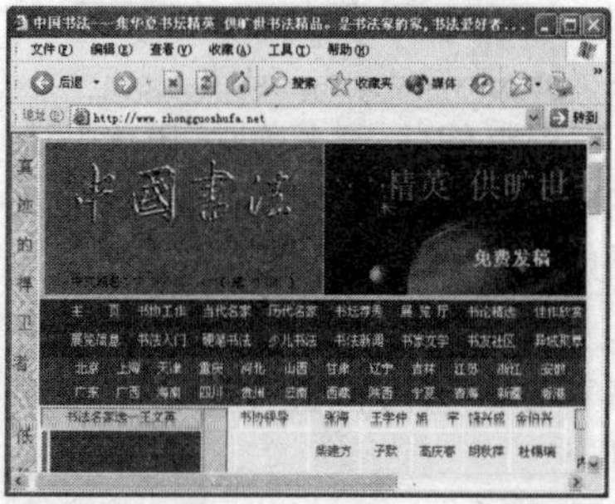

http://www.zhongguoshufa.net

书协工作 当代名家 历代名家 书坛荐秀 展览厅 书论精选 佳作欣赏

热点点击 四宝杂议 书法新潮 展览信息 书法入门 硬笔书法 少儿书法

书法新闻 书家文学 书友社区 异域聚萃　报刊杂志 新书推荐

5. 书法空间

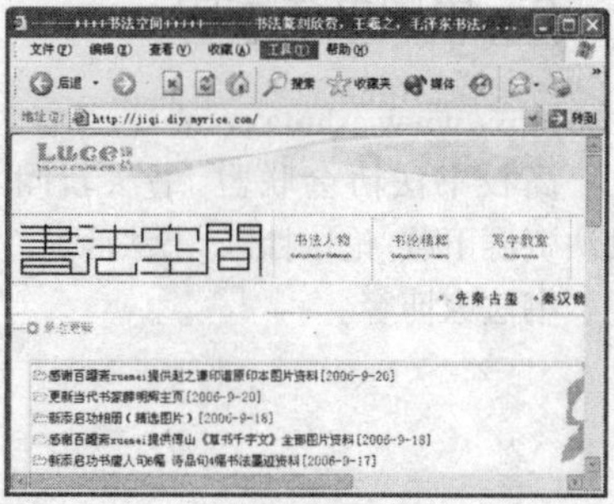

http://jiqi.myrice.com

书法人物 书法精粹 写字教室 篆刻欣赏 交流空间

6. 中国书法家协会书法培训中心

http://www.shufapx.com

中心教授 教学动态 综艺新闻 展赛信息 学员天地

书画展厅 工具书籍 书印理论

7. 中国硬笔书法在线

http://www.yingbishufa.com

资料信息 硬书欣赏 历代书法 书苑谈艺 书法教学 书坛撷英 书法论坛

当代书法 媒体在线 社团机构 书家题字 历代书论 专题集锦 站务日记

8. 中国书法家园

http://www.eshufa.com

高校书法协会联盟 书法新闻 书法资源下载 论坛社区 书法商城

书法家博客

9. 中国书法展赛网

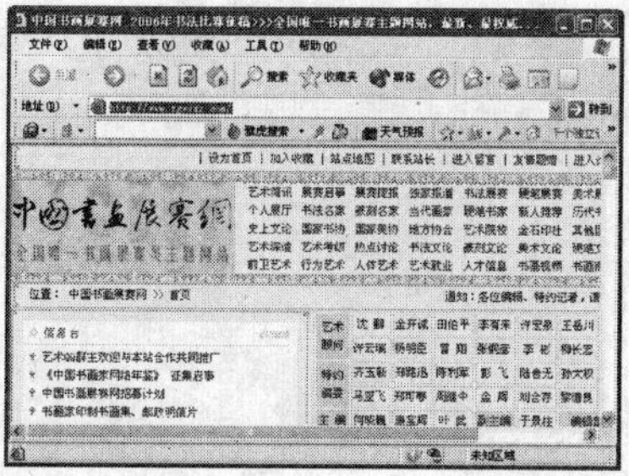

http://www.zgwxzz.com

艺术简讯 展赛启事 展赛捷报 独家报道 书法展赛 硬笔展赛 美术展赛

其他展赛 团体展厅 个人展厅 书法名家 篆刻名家 当代画家 硬笔书家

新人推荐 历代书法 历代篆刻 历代绘画 史上文论 国家书协 国家美协

地方协会 艺术院校 金石印社 其他团体 院校招生 高考录取 艺术深造

艺术考级 热点讨论 书法文论 篆刻文论 美术文论 硬笔文论 艺术随笔 汉字艺术 前卫艺术 行为艺术 人体艺术 艺术就业 人才信息 书画视频 书画商城 来稿选登 信息台

附录

精选实用网址速查 2000

Internet基础与上网操作技巧

1. 什么是 Internet

Internet 是国际计算机互联网的意思，又称“因特网”。它是一组全球信息资源的名称，这些资源的量非常大，甚至大得让人不可思议。不仅没有人通晓 Internet 的全部内容，甚至也没有人能说清楚 Internet 的大部分内容。

Internet 的基础建立于上世纪 70 年代发展起来的计算机网络群之上。它开始是由美国国防部资助的称为“Arpanet”的网络，原始的 Arpanet 早已被扩展和替换了，现在由 Internet 取代。第一个应用 Internet 类似技术的试验网络用了四台计算机，建立于 1969 年，该时间是拉链发明后的 56 年、汽车停放计时器出现后的 37 年，也是第一台 IBM 个人计算机诞生前的 12 年。

把 Internet 看做一个计算机网络，甚或是一群相互连结的计算机网络，都是不全面的。根据我们的观点，计算机网络只是简单的传载信息的媒体，而 Internet 的优越性和实用性则在于信息本身。

Internet，不仅是一个计算机网络，更重要的它是一个庞大的、实用的、可共享的信息源；同样也可以把 Internet 当做一个面向芸芸众生的社会来理解，世界各地上亿的人可以用 Internet 通信和共享信息源，可以送出或接受电子邮件，可以与别人建立联系并互相索取信息，可以在网上发布公告，宣传你的信息，可以参加各种专题小组讨论，可以免费享用大量的信息源和软件资源，等等。

因此，Internet 远非一个计算机网络或者一种信息服务所能比拟。Internet 证明，当人们能自由、方便地通信时，他们将变得社会化，变得无私。

计算机的重要性在于它能完成大量的数据远程传输并能远程索取信息。信息本身是很重要的，它能提供公共服务、娱乐和消遣。

Internet 是第一个全球论坛、第一个全球性图书馆。任何人，在任何时间、任何地点都可以加入进来，Internet 永远向你敞开大门。不管你是什么人，总是受 Internet 欢迎的，无论你是否穿了不适合的衣服，是有色人种或者宗教信仰多么不同，不论富有与否，Internet 永远不会拒绝你。

2. 什么是 IP 地址

IP 协议要求所有参加 Internet 的网络节点要有一个统一规定格式的地址，简称“IP 地址”。在 Internet 网上，每个网络和每一台计算机都被分配有一个 IP 地址，这个 IP 地址在整个 Internet 网络中是唯一的。IP 地址是供全球识别的通信地址。在 Internet 上通信必须采用这种 32 位的通用地址格式，才能保证 Internet 网成为向全球的开放互联数据通信统。它是全球认可的计算机网络标识方法。IP 地址可表达为二进制格式和十进制格式。

IP 地址的结构使我们可以在 Internet 上很方便地寻址。IP 地址通常用更直观的、以圆点分隔号的 4 个十进制数字表示，每一个数字对应于 8 个二进制的比特串，如某一台主机的 IP 地址为：128.20.4.1。

Internet IP 地址由 Inter NIC（Internet 网络信息中心）统一负责全球地址的规划、管理；同时由 Inter NIC、APNIC、RIPE 三大网络信息中心具体负责美国及其他地区的 IP 地址分配。通常每个国家需成立一个组织，统一向有关国际组织申请 IP 地址，然后再分配给客户。

3. 什么是域名

Internet 域名是 Internet 网络上的一个服务器或一个网络系统的名字，在全世界，没有重复的域名。域名的形式是以若干个英文字母或数字组成，由“.”分隔成几部分，如“SOHU.com”就是一个域名。

互联网上的域名可谓千姿百态，但从域名的结构来划分，总体上可把域名分成两类，一类称为“国际顶级域名”（简称“国际域名”），一类称为“国内域名”。

一般国际域名的最后一个后缀，是一些诸如.com，.net，.gov，.edu 的“国际通用域”，这些不同的后缀分别代表了不同的机构性质。比如.com 表示的是商业机构，.net 表示的是网络服务机构，.gov 表示的是政府机构，.edu 表示的是教育机构。

国内域名的后缀通常要包括“国际通用域”和“国家域”两部分，而且要以“国家域”作为最后一个后缀。以 ISO 31660 为规范，各个国家都有自己固定的国家域，如：cn 代表中国，us 代表美国，uk 代表英国，等等。

例如：“www.younet.com.cn”就是一个中国国内域名；而“www.younet.com”就是一个国际顶级域名。

4. 什么是 URL

URL 是英文“统一资源定位符”（Uniform Resource Locator）的缩写，它是定位 Web 上信息的一种方式，这种方式简洁明了，准确地描述了信息所在的地点。URL 与邮政地址或电话号码非常相似，可以描述包括多媒体（http://）、FTP 和 Gopher 资源（gopher://和 ftp://）、新闻组（news://）等在内的多种资源。

URL 由下列三部分组成：

（1）第一部分是协议，也就是服务方式。

（2）第二部分是存放该资源的主机 IP 地址和端口号码。

（3）第三部分是存放该资源在主机上的具体位置，如文件名等。

其中，第一部分和第二部分之间用“://”符号隔开，第二部分和第三部分用“/”符号隔开。例如“http://www.csc318.com.cn/swzs-6.htm”。

5. 常见上网方式有哪些

在上网之前，了解上网的方式是十分有必要的，因为这不但增加了你对网络的了解，而且还能帮助你选择适合自己的上网方式。下面简单地介绍一下。

上网接入 Internet 的方式主要分为宽带和窄带两种，窄带主要是指拨号上网、ISDN 等速度比较慢的网络连接方式；而宽带的范围比较广，其中包含了 ADSL、光纤接入等。除此以外，目前还有通过手机上网的方式。用户可以根据自身的情况，选择不同的上网方式。

（1）拨号上网。

拨号上网是迄今为止使用最广泛的 Internet 接入方式。拨号上网的优点是它安装和配置简单，一次性投入成本低。用户只需从 ISP（网络营运商）处获取一个上网账号，然后将必备的硬件连接起来，最后在 Windows 或其他操作系统中配一些简单的设置，就能拨号连接 Internet、享受上网的乐趣了。

（2）ISDN 上网。

ISDN 是 Integrated Service Digital Network 的缩写，中文意思是窄带综合业务数字网，俗称“一线通”。这种接入 Internet 方式的特点是：多业务性，即可实现电话、传真、可视图文、可视电话等多种业务；数字化，即提供端到端的数字连接，终端到终端间完全实现数字化，信息交换质量较高；使用方便，即只需一个入网接口，使用一个统一号码，用户在这个接口上可链接不同种类的多个终端。

（3）ADSL 上网。

ADSL 英文全称为 Asymmetric Digital Subscriber Line，即非对称数字用户线。ADSL 技术是一种在普通电话线上高速传输数据的技术，它使用了电话线中一直没有被使用过的频率，所以可以突破调制解调器的 56Kbps 速度的极限。ADSL 支持 1.5～8Mbps 的下行数据传输速率（带宽）和 16～640Kbps 的上行数据带宽。ADSL 技术的主要特点是可以充分利用现有的电话网络，在线路两端加装 ADSL 设备即可为用户提供高速宽带服务。ADSL 的另外一个优点在于它可以与普通电话共存于一条电话线上，在一条普通电话线上接听、拨打电话的同时进行 ADSL 传输而又互不影响。在现有电话线上安装 ADSL，只需一台 ADSL 终端设备（或称 ADSL Modem）和一只电话分离器，用户线路不用改动，极其方便。由于 ADSL 的速度很快，ADSL 终端与计算机间的连接不能使用串行口和并行口，用户需要购买一块网卡装到计算机上，再与 ADSL 终端相连。ADSL 已成为目前最流行的上网方式。

（4）光纤上网。

使用光纤有线电视线路上网是指通过 Cable Modem（一种接入设备）连入有线电视环线接入 Internet 的一种方式。其下载速率最高可达 6Mbps，上载速率可达 640Kbps。用户通过有线电视网络，便可获取高速的 Internet 接入。

提示!!

光纤用户网的主要技术是光波传输技术。目前我国的接入网仍以传统的铜缆用户线为主，少数城市地区采用了光纤接入设备。

（5）用手机通过 WAP 上网。

近来 WAP 手机成为人们嘴边的时尚话题。WAP 是在数字移动电话、因特网、计算机及其他个人数字助理机（PDA）之间进行通讯的开放的标准。它是由一系列协议组成，用来标准化无线通信设备，可用于 Internet 访问，包括收发电子邮件、访问 WAP 网站上的页面等。WAP 将移动网络和 Internet 以及公司的局域网紧密地联系起来，提供一种与网络运行商和终端设备独立的移动增值业务。通过这种技术，无论你在何时、何地，只要打开 WAP 手机，就能享受网上资源。

提示!!

什么是 WAP？WAP 是英文 Wireless Application Protocol 的缩写，中文意思是无线应用协议。WAP 融合了计算机、网络和电信领域的新技术，能够为移动电话用户提供上网服务。

6. 如何选择合适的上网方式

由于用户上网的需求不同，所选择的上网接入方式也不相同。怎样选择适合自己的上网方式呢？下面给大家简单的介绍一下。

（1）商业用户上网方式的选择。

对于商业用户，在平时的工作中，经常需要用互联网交流和处理信息。那么建议你选择宽带接入，比如 ADSL、Cable Modem（光纤接入）等。这样不但能够拥有快捷的网络速度，而且能够避免由于网络速度缓慢而导致的许多影响公司日常事务的问题。当然，商业用户宽带接入 Internet 的费用会比家庭用户的略高一些。

（2）家庭用户上网方式的选择。

对于家庭用户，当然是需要选择费用低、速度快的上网方式了。目前一种常用的上网方式是用 Modem 拨号上网。因为其最大优点就是使用方便，直接将 Modem 安装在电脑上，进行简单的设置后即可进入网络世界遨游。其最大的缺点就是速度比较慢。

而如果当地的电信局的 ADSL 业务相当优惠的话，建议大家选择使用它来上网，因为其不但速度快，而且较为稳定。选择 ADSL 这种方式上网有两种：一种是包月的使用，即每个月交费后使用。这对于经常在家上网的用户是十分划算的。另一种是计时用户，通过上网时间的长短来收取网络的使用费。ADSL 使用的情况要视当地的电信局而定，这里只是给大家一些建议。

此外，上网还可应用光纤接入技术。光纤用户网是指电信局与用户之间完全以光纤作为传输媒体的接入网。用户网光纤化包含很多方案，有光纤到小区（FTTZ）、光纤到楼面（FTTF）、光纤到家庭（FTTH）等等。但不管是何种领域的应用，实现光纤到户都必须满足高速宽带业务以及双向宽带业务的客观需要。

以上是几点选择上网方式的建议，希望对你有所帮助。

7. 如何选购 Modem

由于 Modem 的质量在很大程度上决定着连接的稳定性和传输速率，所以，选择具有较好的稳定性和兼容性，并且性能优良的 Modem 产品，对于节约上网费用、保持稳定的连接都是至关重要的。

（1）选择芯片。

在 Modem 的硬件组成中芯片是至关重要的一块，它的品质直接决定了 Modem 的好坏。现在市面上的 Modem 芯片主要有 Conexant、Ambient、TI、Topic、Motorola、ESS、PCTEL、U&C 等几种。

Conexant 是 Modem 芯片市场上占有率最高的品牌。Conexant 即原来的 Rockwell，拥有全球一半以上的市场占有率。Conexant 在通讯方面拥有丰富的经验，适应能力强、抗干扰力强、不易掉线，适用于各种线路状况，对其他设备电磁干扰小，并且功耗较低，产品性能最稳定、最可靠。

Ambient 的前身是 Cirrus Logic 公司，后被 Intel 公司收购，其 Modem 芯片系列大都用于中档 Modem 产品。该厂家的技术比较成熟，加之被 Intel 公司收购后，意味着它在技术上的后盾更为强大。

TI 公司即美国德州仪器公司，虽然其 DSP 芯片位居榜首，但在其他部件上的技术力量较为薄弱。因此，功耗高、搞干扰力弱、稳定性不好等缺点就完全掩饰了速度快这个最大的优点。

Topic 是我国台湾的一家公司，定位于低端产品，价格低廉，近两年在低端 Modem 市场已取得了长足的发展。Topic 产品在接口方式、芯片内部结构上都与 Conexant 公司非常相似。

其他 Modem 芯片，如 ESS 芯片一般用在内置的软 Modem 和半软 Modem 上，Lucent 生产的芯片主要应用在笔记本上，而 Motorola 的芯片主要用在无线通信产品上。

（2）选择结构。

由于内置式 Modem 和外置式 Modem 在性能上没有什么区别。因此，如果电脑属于个人专用，Modem 无须经常移动，并且不愿意花太多的钱，那么，内置式 Modem 的性价比无疑是极高的，同时，也会使得桌面更干净一些。如果 Modem 需要经常移动，供多人分别使用，那么最好选外置的，不过要为此付出相对较高的价钱。

（3）了解兼容性。

选购时一定要从产品包装和说明书上弄清楚产品都兼容哪些标准和协议，是否与当地的网络接入商提供的标准相统一。在这些标准中，最重要的就是 Modem 的传输协议。因为现在常用的 56kbit/s 传输协议有多种，而某些网络接入商仅仅提供其中的一种。比较好的办法是选购一台同时支持多种协议的 Modem，如同时支持 V.90 和 V.92 标准。

（4）驱动程序支持。

大多数 Modem 支持常用的操作系统，如 DOS、Windows 3.X/95/98/Me、Windows NT/2000 以及 Windows XP 等，应当针对自己安装的操作系统进行选择，最好选择对各种操作系统（如 Linux、UNIX、OS/2 等）都能很好支持的 Modem。

需要注意的是，各大厂商都在自己的产品发布后，不断地通过更新驱动程序来提升产品性能，从而使用户花更少的钱获得更多的功能。因此，在选购时应当注意产品是否采用可升级的闪存及驱动程序的可升级性。

8. 怎样连接 Modem 与电脑

调制解调器有内置和外置两种，内置式调制解调器需插入到计算机主板的 PCI 插槽中；外置式调制解调器放在机箱的外面，通过线缆与计算机相连。它们的安装方法分别是：

（1）内置式调制解调器的连接。

1）在关机状态下打开机箱，将内置式调制解调器插到计算机的相应扩展槽中并固定好，然后关上机箱。

2）将连接到电信局一端的电话线插到内置式调 制解调器的 LINE 端口。

3）将连接话机的电话线插到内置式调制解调器 的 PHONE 端口。

（2）外置式调制解调器的连接。

1）在关机状态下用调制解调器附带的数据线将 调制解调器和计算机串口连接起来。

2）将连接到电信局一端的电话线插到外置式调 制解调器的 LINE 端口。

3）将连接话机的电话线插到外置式调制解调器 的 PHONE 端口。

4）连接调制解调器的电源线。

5）接通电源后，调制解调器就可正常运行。

9. 安装硬件驱动程序

连接好调制解调器后，还必须用相应的驱动软件对其进行驱动。只有安装了驱动程序，调制解调器才能被系统识别。为调制解调器安装驱动程序的步骤如下：

1）执行“开始\控制面板”命令，打开“控制面板”窗口并切换到经典视图模式下。

2）双击“电话和调制解调器选项”图标，在弹出的“电话和调制解调器选项”对话框中选择“调制解调器”选项卡。

3）单击选项卡中的“添加”按钮，打开“添加硬件向导”对话框。按照对话框中的提示确认调制解调器已经连接到计算机上，并已开启调制解调器的电源（外置调制解调器有电源控制）。

4）勾选“不要检测我的调制解调器，我将从列表中选择”复选框，单击“下一步”按钮，打开如下图所示的对话框。

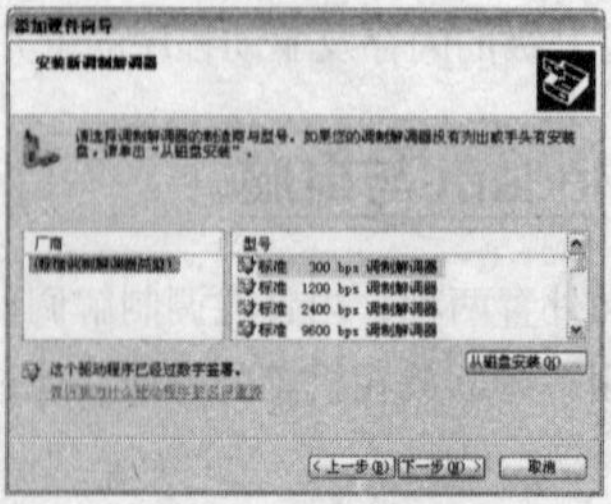

> 提示!!
>
> 如果不勾选"不要检测我的调制解调器，我将从列表中选择"复选框，直接单击"下一步"按钮。系统将自动搜索连接在计算机上的调制解调器。在搜索过程中，一旦计算机找到调制解调器，将在任务栏的右下角提示用户已经找到新硬件并安装了该硬件。搜索完成后，单击"完成"按钮结束调制解调器的安装。

5）在该对话框的"厂商"列表框中选择调制解调器的生产厂商，并从"型号"列表框中选择正确的驱动程序。如果在列表中找不到驱动程序，则单击"从磁盘安装"按钮，从选择合适的驱动程序。找到合适的驱动程序后，单击"下一步"按钮，在弹出的对话框中为调制解调器选择安装端口。

6）单击"下一步"按钮，系统自动进行基本的初始化配置安装，根据提示单击"确定"按钮，即可完成安装。

10. 如何获取上网账户

这如同装电话需要从电信局取得电话号码一样，上网也需要从 ISP 处获取上网账号，并使用该账号登录 Internet，ISP 会根据用户使用某一账号上网时间的长短来收取上网费用。

> 提示!!
>
> 什么是 ISP？其英文全名是 Internet Service Provider，中译为"互联网服务提供商"，即向广大用户综合提供互联网接入业务、信息业务、和增值业务的电信运营商，是经国家主管部门批准的正式运营企业，享受国家法律保护。

对于个人用户而言，一般可通过三个途径获取上网账号，从而实现上网。它们分别是：申请个人账号、购买上网卡和使用公用账号。

（1）申请个人账号。

申请个人账号是一种最为传统的获取上网账号的方式。因为中国目前的 ISP 不止一家，申请个人账号时，首先应考虑选择哪一家 ISP 最合适。在众多的 ISP 中，中国电信无疑是实力最强、上网速度最快、全国范围内分布点最广，申请个人账号最为方便的 ISP。

下面就以向中国电信申请个人账号为例，介绍申请个人账号的步骤：

1）带上个人身份证及当地规定的其他证件到当 地电信局，提出申请个人账号上网的要求。

2）当地电信局会询问你申请 163 还是 169（163 和 169 是 ISP 的拨入电话号码），某些地区的 163、169 已经升位为 16300、16388。

3）选择好拨入电话号码后，电信局会让用户填写一份业务登记表，其中“用户账号”一栏规定，只能用小写字母填写，不得用数字，而且不能超过 8 位。

4）交纳入网开户费和上网费预交款。不同地区所交纳的开户费和上网预交费是不同的。

5）领取入网登录资料。通常在办理入网手续后的几天内，会收到电信局的一封通知，其内容包括：Internet 拨入电话号码、用户的账号、登录密码、电子邮箱地址等。

（2）使用上网卡。

上网卡是 ISP 为适应市场的需要而推出的一种让用户获取上网账号的卡片。使用上网卡上网的优点主要是：

方便。用户不必再去 ISP 指定的服务点申请上网账号，只需要到上网卡的零售点（商场、超市、邮局和电话亭）购买一张上网卡，就可以使用该上网卡提供的拨入号码、上网账号和密码上网。

便宜。使用上网卡上网，网费一般都比申请个人账号上网便宜。

上网卡按计费方式的不同可分为两种：一种是包月上网卡，用户购买了此类上网卡后，从开始上网算起，可以使用一个月；另一种是按时计费上网卡，使用此卡上网时，系统会自动依据上网时间的长短扣除卡上的钱，直到全部用完为止。

提示!!

购买上网卡时，应注意三点：一是提供上网卡的 ISP 的实力；二是上网卡的服务地区；三是上网费用的高低。

（3）使用公用账号。

公用账号上网，也称为主叫计费上网，是 ISP 为方便用户而推出的上网方式。在这种上网方式下，用户不必申请个人上网账号，也不必购买上网卡，而是使用 ISP 提供的针对所有用户的上网账号、密码、拨入电话号码上网。比如中国电信提供给用户的公用账号、密码、拨入电话号码都是 163，用户在上网的时候将用户名、密码、拨入电话号码都填上 163 就能接入 Internet。连接上网以后，ISP 会自动探测用户的电话号码，并把上网费自动加入电话费中。

提示!!

相比于申请个人账号和购买上网卡，使用公用账户上网的好处是不需要经过繁杂的账号申请，足不出户就可以轻松上网，而且也不必担心账号和密码被盗；缺点就是费用比申请个人账号和购买上网卡都高。

11. 什么是 ADSL

ADSL 技术是一种不对称数字用户线实现宽带接入互连网的技术，ADSL 作为一种传输层的技术，充分利用现有的铜线资源，在一对双绞线上提供上行 640Kbps、下行 8Mbps 的带宽，克服了传统用户在“最后一公里”的瓶颈，实现了真正意义上的宽带接入。

（1）ADSL 的原理。

传统的电话系统使用的是铜线的低频部分（4KHz 以下频段）。而 ADSL 采用 DMT（离散多音频）技术，将原先电话线路 0Hz 到 1.1MHz 频段划分成 256 个频宽为 4.3KHz 的子频带。其中，4KHz 以下频段仍用于传送 POTS（传统电话业务），20KHz 到 138KHz 的频段用来传送上行信号，138KHz~1.1MHz 的频段用来传送下行信号。DMT 技术可根据线路的情况调整在每个信道上所调制的比特数，以便更充分地利用线路。一般来说，子信道的信噪比越大，在该信道上调制的比特数越多。如果某个了信道的信噪比很差，则弃之不用。目前，ADSL 可达到上行 640Kbps、下行 8Mbps 的数据传输率。

由上可看到，对于原先的电话信号而言，仍使用原先的频带，而基于 ADSL 的业务，使用的是话音以外的频带。所以，原先的电话业务不受任何影响。

（2）ADSL 的基本状况。

随着国际互连网的快速健康发展，电子商务的应用，Internet 快速、高效、方便，已经深入千家万户，成为人民生活必不可少的一部分，Internet 的应用也得到迅猛的发展。用户可以多种方式接入 Internet，数字化、宽带化、光纤到户（FTTH）是今后接入方式的必然发展方向，目前由于光纤到户成本过高，在今后的几年内大多数用户网仍将继续使用现有的过渡性的宽带接入技术，包括 N-ISDN、Cable Modem、ADSL 等等，其中 ADSL（非对称数字用户环路）是最具前景及竞争力的一种，将在未来十几年甚至几十年内占主导地位。

（3）ADSL 的优点。

DSL（数字用户线路，Digital Subscriber Line）是以铜质电话线为传输介质的传输技术组合，它包括 HDSL、SDSL、VDSL、ADSL 和 RADSL 等，一般称之为“xDSL”。它们主要的区别就是体现在信号传输速度和距离的不同以及上行速率和下行速率对称性的不同这两个方面。

HDSL 与 SDSL 支持对称的 T1/E1（1.544Mbps / 2.048Mbps）传输。其中 HDSL 的有效传输距离为 3~4 公里，且需要 2~4 对铜质双绞电话线；SDSL 最大有效传输距离为 3 公里，只需 1 对铜线。比较而言，对称 DSL 更适用于企业点对点连接应用，如文件传输、视频会议等收发数据量大致相应的工作。同非对称 DSL 相比，对称 DSL 的市场要少得多。

VDSL、ADSL 和 RADSL 属于非对称式传输。其中 VDSL 技术是 xDSL 技术中最快的一种，在 1 对铜质双绞电话线上，上行数据的速率为 0.8~6.4Mbps，下行数据的速率为 6.5~52Mbps。但是 VDSL 的传输距离只在几百米以内，VDSL 可以成为光纤到家庭的具有高性价比的替代方案，目前深圳的 VOD（Video on demand）就是采用这种接入技术实现的。ADSL 在 1 对铜线上支持上行速率 640Kbps~1Mbps、下行速率 1~8Mbps，有效传输距离在 3~5 公里范围以内。RADSL 能够提供的速度范围与 ADSL 基本相同，但它可以根据双绞铜线质量的优劣和传输距离的远近动态地调整用户的访问速度。正是 RADSL 的这些特点使 RADSL 成为用于网上高速冲浪、视频点播（IAV）、远程局域网络（LAN）访问的理想技术，因为在这些应用中用户下载的信息往往比上载的信息（发送指令）要多得多。

12. ADSL 上网的连接方式

申请 ADSL 的用户大多用于连接 Internet，使用 ADSL 连接 Internet 有两种方式：第一，通过虚拟拨号的方式可以接入 Internet；第二，通过专线接入的方式连接 Internet。

（1）虚拟拨号。

所谓虚拟拨号是指用 ADSL 接入 Internet 时同样需要输入用户名与密码，但 ADSL 连接的并不是具体的接入号码（如 163、169 等），而是所谓的虚拟专网 VPN 的 ADSL 接入的 IP 地址。在 ADSL 的数字线上进行虚拟拨号，不同于模拟电话线上用调制解调器的拨号，而是采用专门的 PPP over Ethernet 协议，连接时用户需输入用户名与密码，直接由验证服务器进行检验，检验通过后就建立起一条高速的数字通道，并分配一个动态的 IP 地址。

（2）ADSL 专线接入。

ADSL 专线接入是采用一种类似于专线的接入方式。用户连接好硬件设备并配置好 ADSL 调制解调器后，先在自己的电脑上设置好相应的 TCP/IP 协议及网络参数（IP 地址、子网掩码及网关等都是由电信局事先分配好的），开机后，即可自动连接到 ADSL 网。因为其有固定的 IP 地址并且能自动连接，这非常类似于专线接入的方式，所以称其为“ADSL 专线接入”。

13. 怎样申请 ADSL 业务

在全面了解申请 ADSL 的所有注意事项后，即可申请 ADSL 了。一般申请 ADSL 可以通过两条途径实现：第一，携带有效证件（个人用户携带电话机主身份证，单位用户携带公章），直接到受理 ADSL 业务的当地电信局申请；第二，登录当地电信局推出的办理 ADSL 业务的网站进行在线申请。下面来介绍这两种申请方法的详细过程。

（1）到电信局申请。

到电信局申请 ADSL 线路，个人用户需携带电话机主身份证及经办人身份证；单位用户凭经办人身份证复印件和单位证明各一份，到电信营业厅找到办理 ADSL 业务的窗口，并向业务受理人员说明来意。

如果电信局的 ADSL 业务处于正常营业状态，受理员会提供给一份《网络快车（ADSL）用户申请表》和一份《CHINANET 用户入网责任书》。填写好表中规定各项后，个人用户需要签名，单位用户则需要加盖电话所属单位的公章。

做好以上各项工作后，电信局会尽快电话联系用户，预约上门安装时间。安装完成后，用户还需同电信局签订《ADSL 宽带上网接入服务协议书》，并在《ADSL 用户装机单》上签名或盖章。

提示!!

有些地方也可以拨打业务受理电话进行申请登记，非常方便。

（2）在线申请。

如果用户所在地开通了 ADSL 的在线申请业务，就可以不用去邮局而是直接上网登记申请，在线申请的方式与步骤根据网站的不同会有所区别，但具体方式在网页上都有详细的说明，如图所示。

14. 如何连接 ADSL 设备

使用 ADSL 上网同其他上网方式一样，也需要一些专用的硬件设备。下面就将详细介绍这些硬件设备及其连接方式。

（1）安装网卡。

安装上相应的驱动程序才能正常工作，下面是连接 PCI 接口网卡的简单操作。

1）打开主机箱，将网卡对准主板上的可用 PCI 插槽，用力平衡地按下去。

2）拧紧螺丝以固定网卡，然后再盖上机箱并固定即可。

（2）安装 ADSL 设备。

安装好网卡，并准备好 ADSL 信号分离器、ADSL 调制解调器、一根两端都有 RJ45 水晶头的五类交叉双绞线（或平行双绞线，根据 ADSL Modem 说明来选择）以及两根两端接好 RJ11 头的电话线（用来连接分离器和 ADSL 调制解调器的为 M 线；另一根用来连接分离器和电话机的为 P 线）后，就可以连接这些设备了，操作很简单。

1）将电话线从电话机上拔下来，并插接到 ADSL 分离器上标有 LINE 字样的接口上。

2）将 M 线一端插接到分离器上标有 Modem 字 样的接口上；将 P 线一端插接到分离器上标有 Phone 字样的接口上。

3）将 Phone 线的另一端插接到电话上。

4）将已插接到分离器上 M 线的另一端插接到 ADSL 调制解调器上标有 Phone 或 LINE 字样的接口上。

5）将带有水晶头的五类双绞线的一端插接到 ADSL 调制解调器上标有 ENET 或 LAN 字样的接口上。

6）将购买 ADSL 调制解调器时附带的电源插接到 ADSL 调制解调器的电源插孔中。

7）将已插接到 ADSL 调制解调器上的双绞线的另一端，插接到网卡接口上（网卡已经安装到主机箱内），至此 ADSL 硬件设备的连接便彻底完成了。

提示：当接通电源以后，两边网线的插孔对应的 LED 灯都亮时，表明硬件设备连接正常，否则就有问题。

15. 如何安装 ADSL 软件

要想用 ADSL 上网，还必须安装必要的软件。安装网卡的驱动程序是必须也是唯一的一个软件安装。

网卡同其他电脑硬件一样，只要安装到主板上，在启动电脑时，操作系统就会发现添加了新硬件并自动为其安装驱动程序。如果系统发现了网卡而没有找到相应的驱动程序，就会弹出“添加新硬件向导”对话框，此时只需将购买网卡时附带的驱动程序光盘或软盘插入相应的驱动器内，并按照向导的提示一步一步地操作，即可轻松地安装好网卡的驱动程序。具体安装步骤如下：

1）依次执行“开始\设置\控制面板”命令，打开“控制面板”窗口，双击“添加新硬件”任务图标，即可启动“添加新硬件向导”对话框。单击“下一步”按钮，开始安装网卡。再次单击“下一步”按钮，让系统搜索新硬件。

2）选择“是，硬件已连接好”，单击“下一步”按钮，从列表框中选择“添加新硬件”。单击“下一步”按钮，选择“安装我手动从列表选择的硬件”选项。

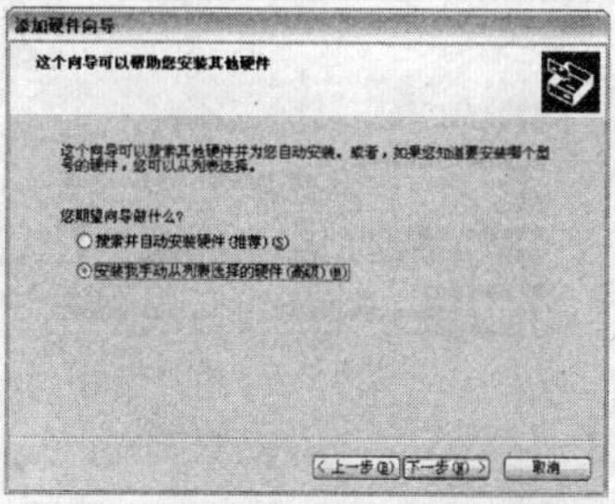

3）单击“下一步”按钮，在“硬件类型”列表框中选择“网络适配器”。继续单击“下一步”按钮，准备选择网卡的厂商及型号。如果在“厂商”列表框中有生产网卡的厂商，在“型号”列表框中有网卡的型号，可以选中后直接单击“下一步”按钮。

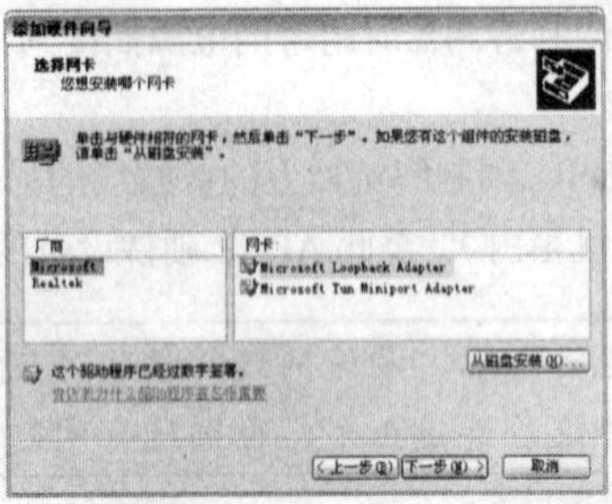

4）将厂商附赠的驱动软盘或光盘插入相应的驱动器中，单击“从磁盘安装”按钮。

5）单击“浏览”按钮，指定驱动程序所在位置，按下“确定”按钮，关闭“从磁盘安装”对话框。

6）单击“下一步”按钮，开始安装网卡的驱动程序。安装完毕后，单击“完成”按钮，结束网卡驱动器程序的安装。

16. 在 Windows XP 中建立拨号连接

Windows XP 改良的网络功能为建立各种网络连接设计提供了一个建立连接向导，只要按照向导的提示进行操作，便能够很轻松的完成 ADSL 上网的相关设置。

1）打开“控制面板”，双击“网络连接”图标，弹出“网络连接”窗口。单击“创建一个新的连接”超链接，启动“新建连接向导”。单击“下一步”按钮，选择“连接到 Internet”选项。

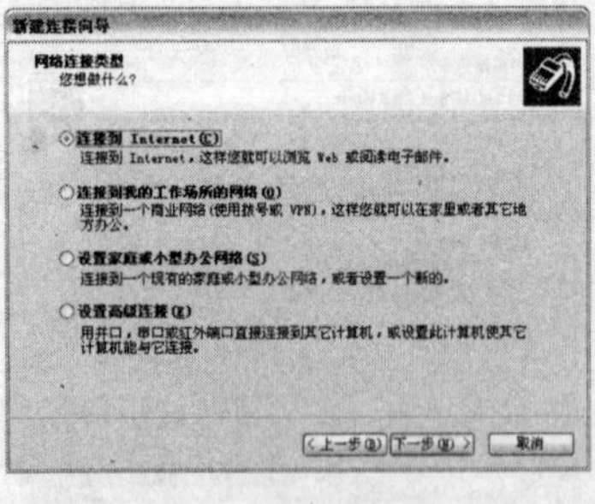

2）单击“下一步”按钮，在出现的选项中选择“手动设置我的连接”。继续单击“下一步”按钮，选择“用要求用户名和密码的宽带连接来连接”选项。

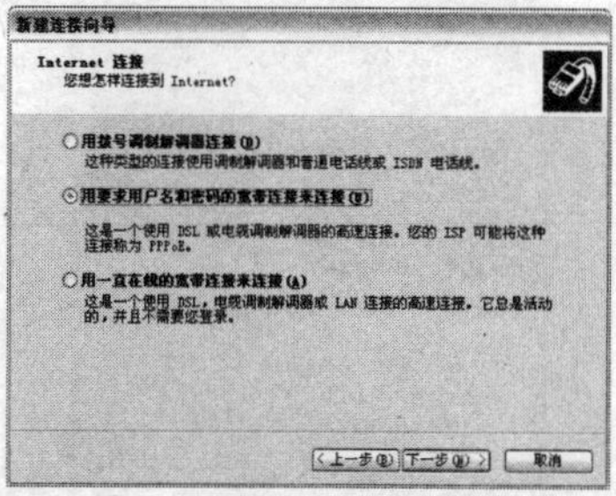

3）单击“下一步”按钮，在为所建立的 ADSL 连接命名后，输入申请 ADSL 时得到的用户名和密码。

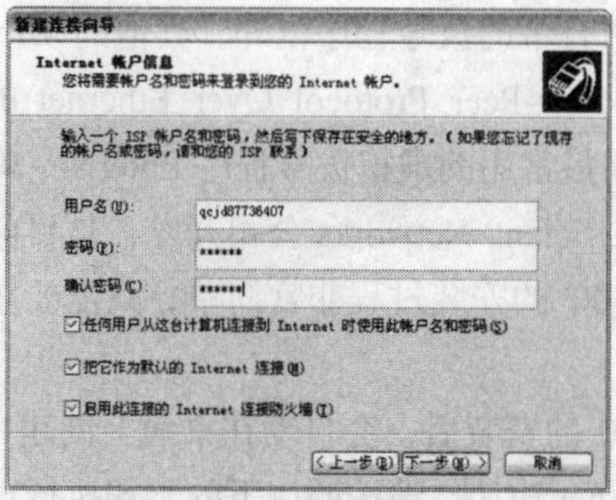

4）单击“下一步”按钮，在对话框中按下“完成”按钮，完成建立连接的操作。如果勾选该对话框中的复选框，将在桌面创建一个所建立连接的快捷方式。

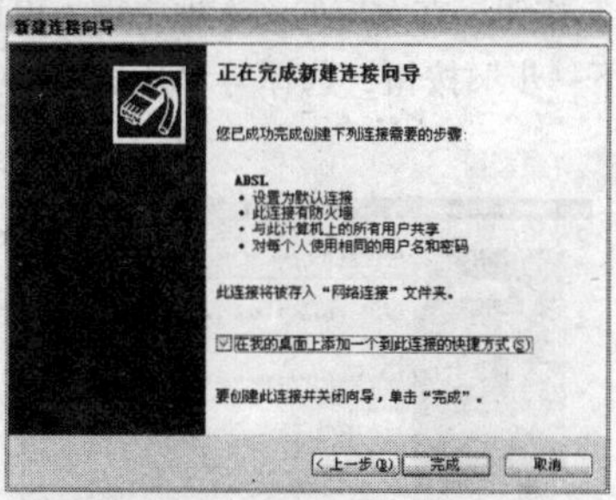

现在，双击桌面上的连接图标，打开“连接”对话框，输入密码后，单击“连接”按钮，就可以实现 ADSL 上网了。

17. 使用虚拟拨号程序建立拨号连接

除了 Windows XP 自带的拨号程序以外，其他的 Windows 系统都需要在虚拟拨号程序（PPPoE，Peer-Peer Protocol Over Ethernet 的简称）的支持下才能建立连接。下面对目前最常用的虚拟拨号程序 EnterNet 500 进行简单的介绍。

EnterNet 500 由 Efficient Networks 公司开发，是目前最流行的 ADSL 虚拟拨号软件。EnterNet 500 的安装过程非常简单，只需要按照相应的提示操作即可。

完成 EnterNet 500 的安装后，会自动在桌面上创建一个快捷方式。要使用 EnterNet 500 创建 Internet 连接，请按照以下的步骤执行：

1）双击桌面上的 EnterNet 500 图标，打开“Profile”窗口。双击“Create New Profile”图标，开始设置连接。在弹出的“Connection Name”对话框中，输入所要建立连接的名称。

2）单击“下一步”按钮，在对应的文本框中输入申请 ADSL 时得到的用户名及密码。单击“下一步”按钮，选择与 ADSL 调制解调器相连接的网卡型号。

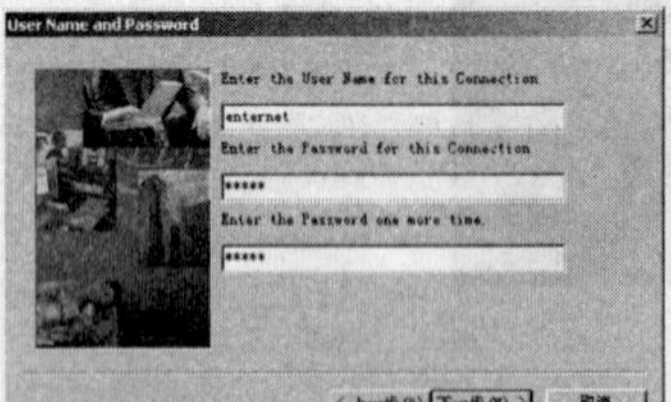

3）单击“下一步”按钮，在弹出的对话框中，选择此连接中将要使用的协议。很明显，在这里应选择“PPPoE”。单击“下一步”按钮，开始建立本机的 Internet 连接。

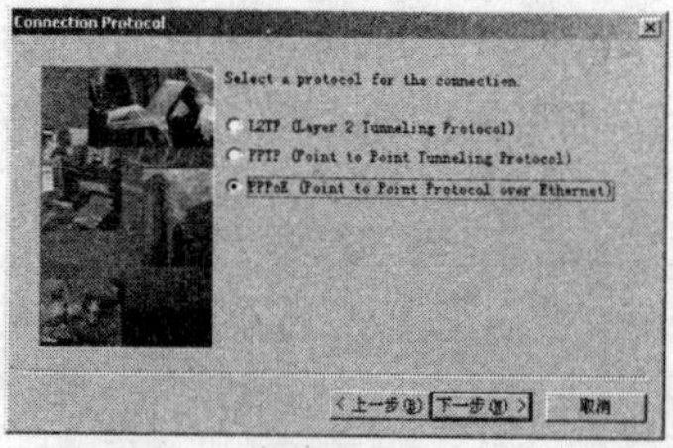

4）单击“下一步”按钮，系统提示成功建立连接。此时，在“Profile EnterNet 500”窗口中，将出现一个按照设置命名的连接图标，如图所示。

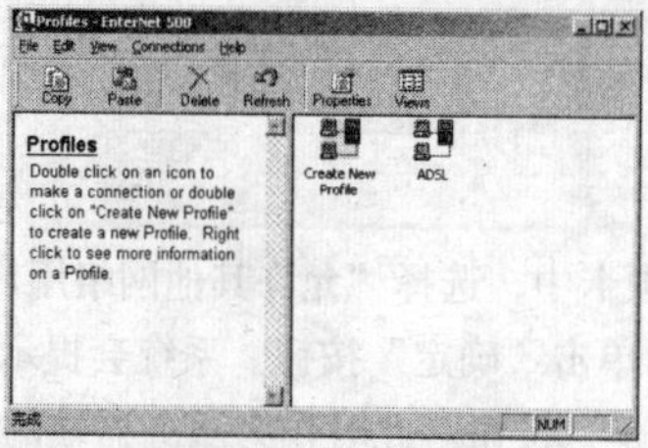

5）双击该图标，打开 EnterNet 500 的连接窗口，输入用户名和密码后，单击“Connect”按钮，开始接入 Internet。

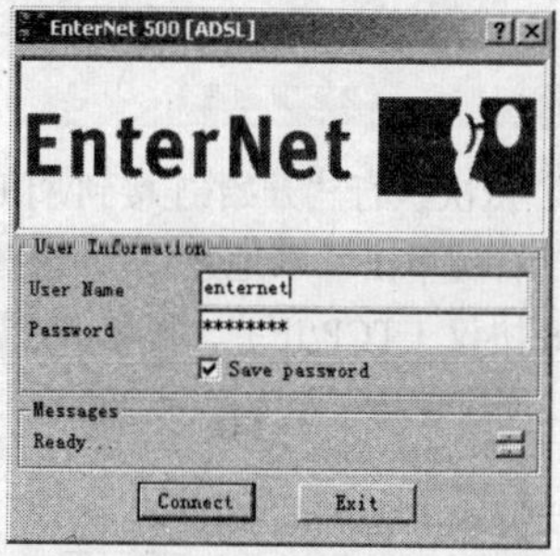

6）在连接成功后，系统将会闪现提示框，提示框中列出了相关的连接信息。接入 Internet 后，在任务栏右边的系统托盘区中将显示连接状态图标。

18. 在 Windows XP 中实现共享上网

在许多家庭或者办公的局域网中，都会使用共享宽带来上网。这样在宽带运营商允许的条件下，就会大大地节约上网的成本，而且也相当地方便。下面简要地介绍几种共享宽带上网的方式。

使用 Windows XP 操作系统，也能够轻松实现共享接入 ADSL。操作的具体步骤如下：

1）创建新的连接。在准备作为服务器的电脑上创建连接，并右键单击创建的连接，选择“属性”，打开属性对话框，切换到“高级”选项卡。

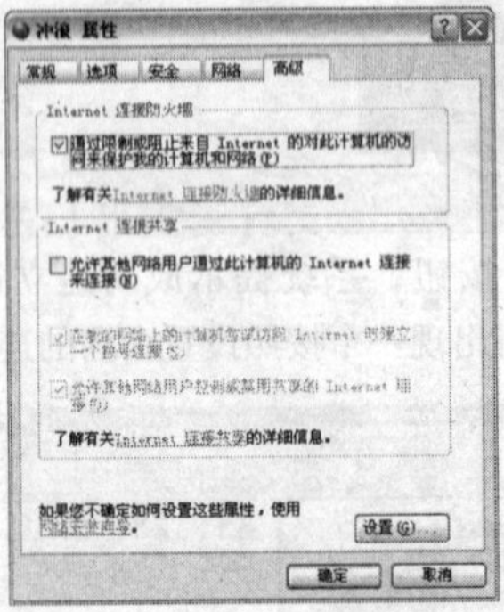

2）在“高级”选项卡中，选择“允许其他网络用户通过此电脑的 Internet 连接来连接”复选框，单击“确定”按钮。系统会提示本地 IP 地址将更改为“192.168.0.1”，单击“是”按钮。此时作为服务器端的电脑 IP 地址被设置为“192.168.0.1”。

3）在其他的电脑中，依次执行“开始\连接到\打开所有连接”命令，打开电脑的“网络连接”窗口右键单击“本地连接”，选择“属性”命令，打开属性对话框。选择“Internet 协议（TCP/IP）”，再单击“属性”按钮。

4）将 IP 地址设为“192.168.0.*”（*在 2~255 之间），子网掩码设置为“255.255.255.0”，默认网关设置为“192.168.0.1”，DNS 设置为与服务器电脑相同，单击“确定”按钮，此时，客户端电脑就可以通过服务器电脑共享 Internet。

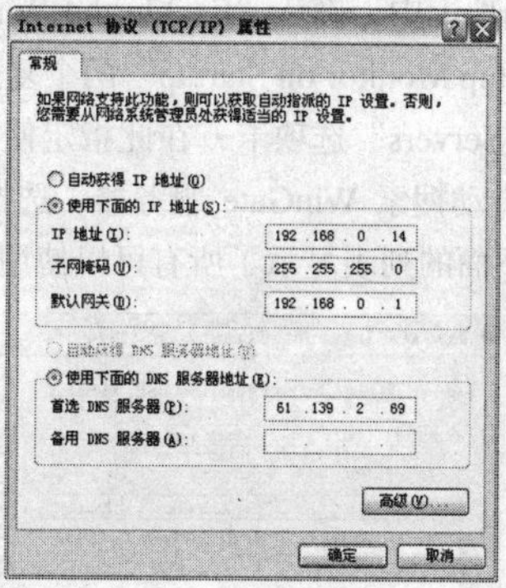

19. 使用 WinGate 共享上网

使用 WinGate 这款网络共享软件，也能让一个局域网内的多台电脑通过一个"网络主机"接通 Internet，这样不但可以充分利用网络资源，还可以节约大量硬件和网络费用。

WinGate 是 Deerfield Communications 公司出品的代理服务器及防火墙软件包，它使多个用户可以通过一个连接入口同时访问 Internet，是一款网络共享软件。可以从软件主页（http：//www.wingate.com/ download.php）中下载 WinGate。

（1）设置客户端。

要使用 WinGate 共享 Internet 连接，首先需要在服务器和客户机上分别安装服务器端和客户端 WinGate 软件，并进行相关设置。设置方法如下：

1）在客户机上依次执行"开始\程序\WinGate Internet Client\WinGate Internet Client Applet"命令，打开"WinGate Internet Client"对话框。

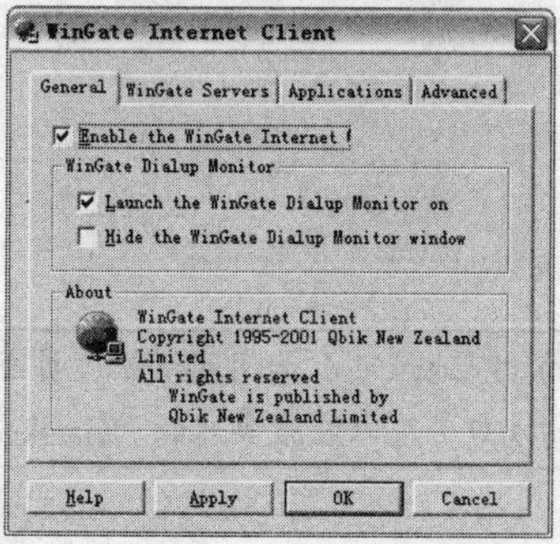

2）在“General”选项卡中，确认“Enable the WinGate Internet Client”和“Launch the WinGate Dialup Monitor on Startup”两个复选框被选中。

3）打开“WinGate Servers”选项卡，在此指定使用哪一个 WinGate 服务器。选择第一个选项将自动搜索 WinGate 服务器，选择第二个选项可以指定使用的 Wingate 服务器。下面的列表显示了所有可以使用的 WinGate 服务器。

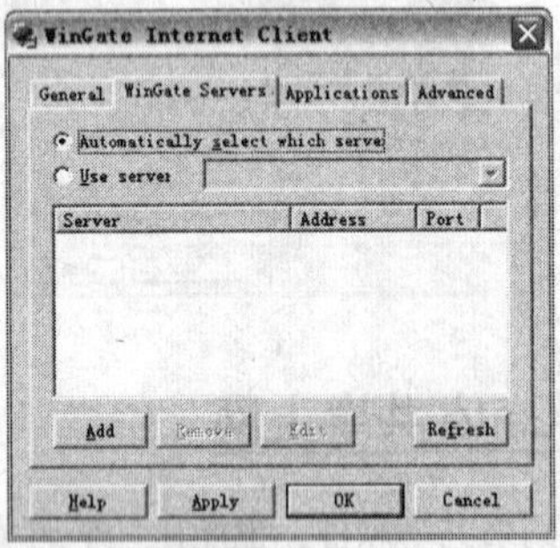

4）设置好以后，单击“OK”按钮，关闭“WinGate Internet Client”对话框。

（2）设置代理服务器。

若客户机使用 Internet Explorer 浏览网页，还需要设置代理服务器。在 Internet Explorer 中，依次执行“工具\Internet 选项”命令打开“Internet 选项”对话框，单击“连接”选项卡，再单击“局域网设置”按钮，选中“使用代理服务器”复选项，并填入服务器的 IP 地址和 WWW 端口号，然后两次单击“确定”按钮。

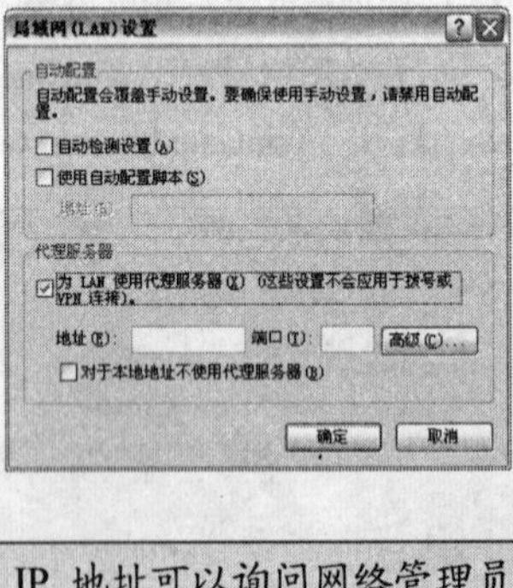

提示!!

服务器的 IP 地址可以询问网络管理员或机主，诸如 WWW 服务器的端口号可以在服务器的“Gatekeeper”窗口中查看。

设置完成后，就可以使用 WinGate 共享 Internet 连接了。首先在服务器上建立 Internet 连接，并确认 WinGate Engine 启动，各个客户机就如同直接与 Internet 连接一样浏览网页、收发邮件了。在服务器端，可以实时监控各客户机的所有动作。

通过 WinGate 还可以添加用户、设置用户组，从而能够管理各客户机的上线时间、连接时间、访问类型等。

20. 什么是 IE 浏览器

IE 是 Internet Explorer 的简写，是由微软公司开发的基于超文本传输技术的浏览器，并捆绑在所有发售的 Windows 系统中。经过不断的推陈出新，Internet Explorer 已发展到了 6.0 版本。

无论是搜索新信息还是浏览你所喜爱的站点，Internet Explorer 都能使你从 WWW 上轻松获得丰富信息。其内置的 IntelliSense 技术在完成常规的 Web 任务上能节省时间，例如自动完成 Web 地址和表单，以及自动检测网络和连接状态。

（1）浏览 Web 的捷径。

在地址栏中键入常用的 Web 地址，会出现相似地址的列表供你选择。如果 Web 地址有误，Internet Explorer 会自动搜索类似的地址找出匹配的地址。

单击工具栏上“搜索”按钮可搜索网站。然后在搜索栏中，键入描述搜索内容的单词或短语。当搜索结果出现时，可以在不丢失搜索结果列表的同时，查看每个网页。

当然，你也可以直接从地址栏搜索。只需键入一些普通的名称或单词，Internet Explorer 就能自动把你领到与要搜索的内容最匹配的站点，并列出其他类似的站点。有时候甚至不需要进行搜索，就能进入与你要查看的页面近似的其他网页。只需使用“显示相关站点”功能。其方法是执行菜单中的“工具\显示相关站点（R）”命令即可。

浏览 Web 时，还能利用“媒体”栏收听媒体文件和 Internet 电台，可以从各种各样的音乐和谈话电台中进行选择。

（2）可自定义的浏览器。

将最经常访问的网页的快捷方式放在链接栏上，以便快速访问。将其他频繁访问的网页添加到收藏夹列表中，以便轻松访问。使用文件夹整理收藏的项目，并根据需要进行排序。

从列表中选择喜爱的搜索提供商，放在容易找到的地方以便于搜索。

可以将收藏夹导出带在身边，甚至导入到另一计算机或浏览器，或与朋友分享，还可以从 Netscape Navigator 导入书签。

（3）便携机的最佳选择。

标记收藏的网页以便脱机阅读，然后在未连接 Internet 时查看这些网页。可在任何时候连接上网进行内容的更新，或制订计划自动完成更新。

不需要重新配置浏览器设置就可以在不同类型的 Internet 连接之间轻松切换。

（4）浏览 Web 时的安全和隐私。

使用 Internet Explorer 中的安全和隐私功能来保护你的隐私，使计算机和个人识别信息更安全。

使用安全区域，可以为不同的 Web 区域设置不同的安全级，有助于保护计算机。使用“分级审查”，可以使用由“Internet 内容选择平台（PICS）”委员会独立定义的业界标准分级方法屏蔽掉不合适的内容。

（5）用不同的语言显示网页。

如果浏览 Web 时进入用其他语言编写的站点，Internet Explorer 可使用为正确查看这些站点所需的字符集更新计算机。

21. 如何启动 IE 浏览器

用户要打开 Internet Explorer，可以通过以下方法来实现：

（1）如果桌面上有 Internet Explorer 的图标，则双击该图标。

（2）如果任务栏的快速启动区域中有 Internet Explorer 小图标，则单击该图标。

（3）依次执行“开始\Internet Explorer”命令，打开浏览器窗口，这样就可以浏览网页中的信息了。

22. 如何快速输入网址

在浏览网页时，首先都得输入相应的网址，一般情况下每次输入网址总是输入网站的完整地址。其实，有一种方便、快捷的方法能快速输入网址。

在这里以输入“www.21cn.com”为例，如果要快速输入网址，可以在 IE 浏览器地址栏中，先输入“21cn”，然后按住“Ctrl”键的同时，按下“Enter”键，IE 浏览器就会自动将网址填充完整，直接打开“www.21cn.com”这个网站。

23. 如何使用 IE 工具按钮

IE 浏览器的工具栏上有多个按钮，如后退、前进、刷新和主页等，如何使用这些工具按钮呢？下面分别进行介绍。

（1）“后退”按钮 后退 ▾。

在浏览网页时，可以通过单击“后退”按钮，来返回到上一个浏览的页面。如果之前浏览的网页太多，想返回到最开始浏览的网页需要单击多次“后退”按钮比较麻烦，这时可以单击“后退”按钮后的下拉箭头，在弹出的下拉列表中会显示之前浏览的网页，单击相应的地址即可，如图所示。

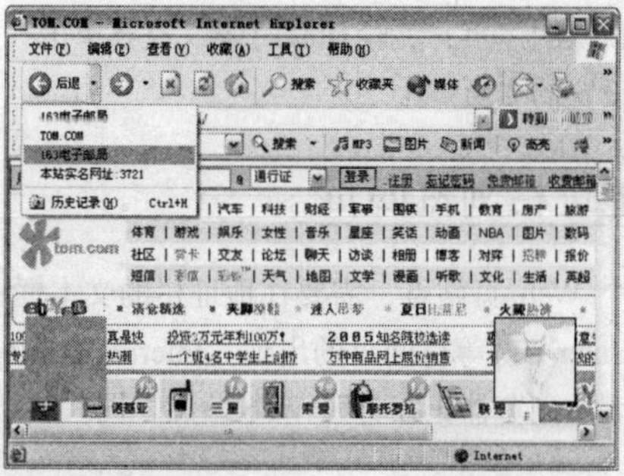

（2）“前进”按钮 ▾。

“前进”按钮和“后退”按钮的功能刚好相反，如果你在使用“后退”按钮，返回到之前浏览的一个网页后，现在想返回，只需单击“前进”按钮就可实现，“前进”按钮和“后退”按钮一样，也有一个下拉箭头，在下拉列表中会记录访问过的页面，如图所示。

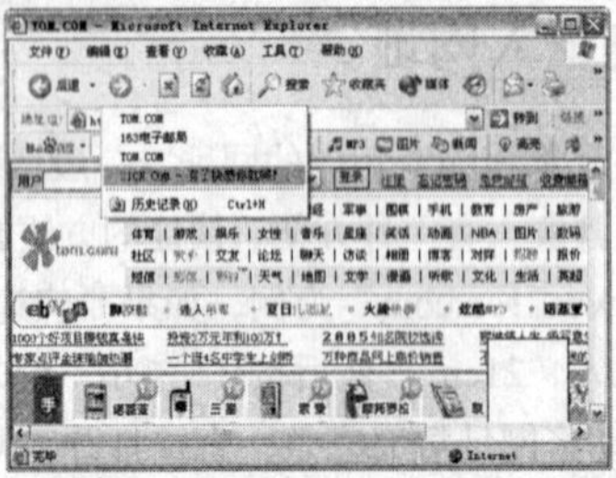

如果现在访问的网页已经是最近打开的一页，“前进”按钮就会呈灰色显示，处于不能使用状态。

（3）“停止”按钮。

在打开网页过程中，当输入网址按下回车键，在其状态栏下会显示“正在打开网页”，还没有完全打开网页时，想停止浏览该网页，可以直接单击“停止”按钮。

（4）“刷新”按钮。

在打开网页的过程中，因为网络不稳定或者网速过慢，导致页面打开不完整，这时可以通过单击“刷新”按钮来重新打开该网页。

（5）“主页”按钮。

如果你设置了默认的主页，无论什么时候，只要单击“主页”按钮，IE 浏览器便会打开之前设置的主页。

24. 通过地址栏浏览网页

用户要访问一个 Web 页站点，需要在地址栏的文本框中输入该 Web 站点的地址，然后按“Enter”键等待网页的出现。Internet Explorer 在打开网页时，右上角闪动的图标表示浏览器正在打开 Web 站点，同时状态栏也会给出打开的进度，如图所示。

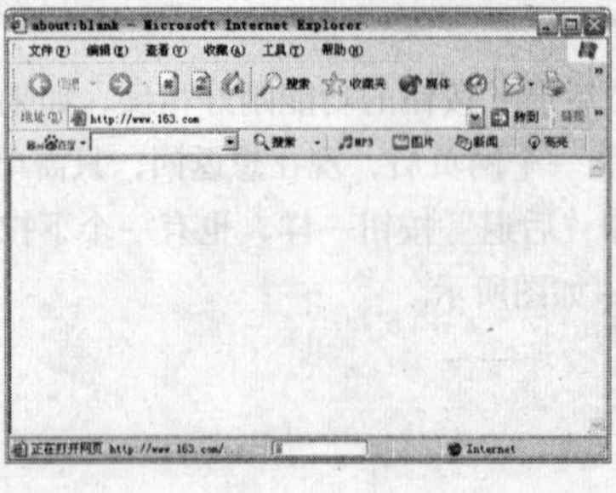

Internet Explorer 会在地址栏的下拉菜单中记录用户曾经打开过的部分 Web 站点的地址，用鼠标选择所列出的地址，可打开相应的 Web 站点，如图所示。

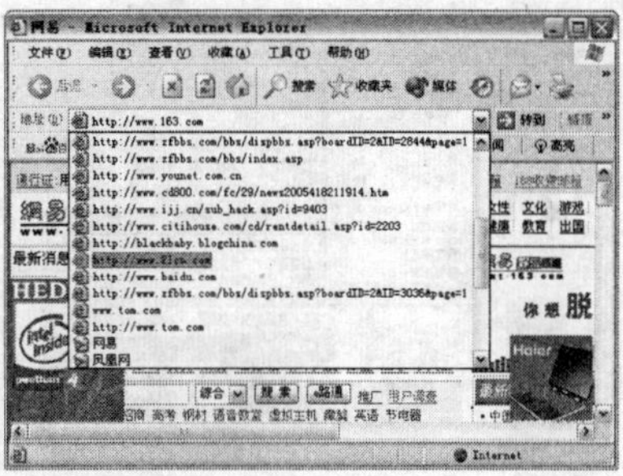

25. 多窗口同时浏览

当你在浏览网页的时候，是否需要同时浏览多个网页呢？答案当然是肯定的了，因为这样不但能够浏览到更多的信息，而且可以对相关的信息进行比较，极大地方便了大家！

1）首先使用 IE 打开你需要浏览的网页后，选择你喜欢的超级链接后，将鼠标搁置其上方，单击鼠标右键后在弹出的任务中选择“在新窗口中打开”命令，如图所示。

2）随后，IE 就会立刻在一个新的窗口中打开你刚才选中的链接，这样一来，两个网页中的内容你能够同时浏览到，相当地方便。

26. 采用全屏浏览

当你在窗口中浏览网页的时候，是否会因为窗口的大小而制约了你浏览网页的细节呢？有没有一个好的办法来避免这个缺陷？使用全屏浏览即可！

方法非常简单，只需要在你浏览网页的同时，执行菜单中的“查看\全屏显示”命令即可，如图所示。

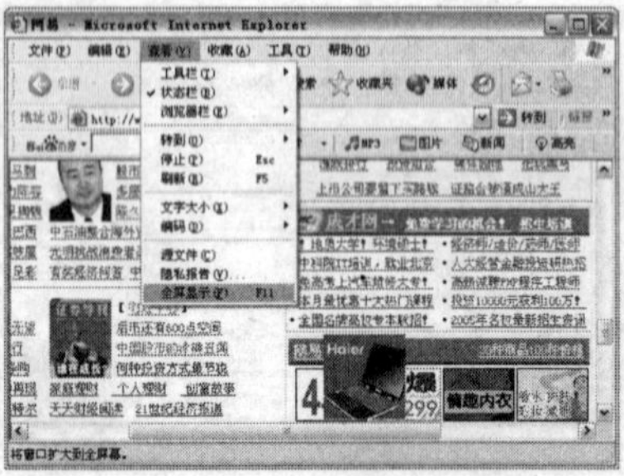

27. 保存当前网页

使用 Internet Explorer 可以轻松地把正在浏览的 web 页面保存在计算机上，做到不用上网也能浏览网页。

1）打开欲保存的网页，选择 IE“文件”菜单中的“另存为”命令，如图所示。

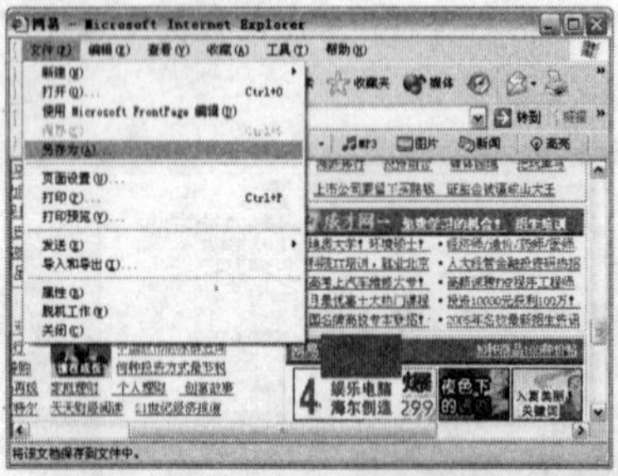

2）单击“另存为”命令后，会弹出一个“保存网页”的对话框，如图所示。

3）在选择了保存路径，保存文件名后，单击“保存”按钮，就大功告成了。是不是很简单？想再次浏览这个页面时，可在硬盘上找到这个文件，双击它即可浏览。

28. 保存网页中的图片

当在浏览网页的时看到一些漂亮的图片，可以将其保存，以便在不上网的时候也能够随意浏览。

1）在打开的网页中找到要保存的图片，并在图片上单击鼠标右键，在弹出快捷菜单中选择“图片另存为”命令，如图所示。

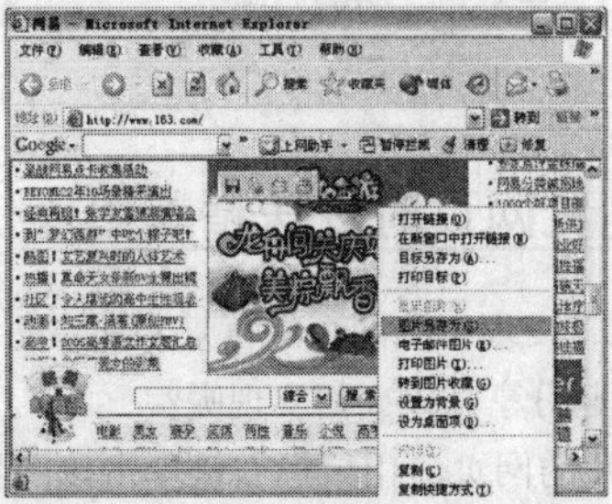

2）选择“图片另存为”命令后，会弹出“保存图片”对话框，如图所示。

3）在选择了保存路径，保存文件名，保存格式后单击“保存”按钮，就把图片保存下来了。图片保存的默认路径是“我的文档”中的“图片收藏”文件夹。

29. 保存网页中的文字

如果网页中的文字特别的有意思，你是否想将其保存下来据为己有呢？按照下面的方法可以帮助你保存网页中的文字。

1）使用 IE 打开网页后，在其菜单中执行“文件\另存为”命令。

2）在弹出的保存网页对话框中，在“保存类型”下拉菜单中选择“文本文件（*txt）”选项，然后输入相应的文件名称单击“保存”按钮即可对其进行保存，如图所示。

30. 如何在浏览网页时发送精美图片

在浏览网页的时候，发现一些网页的背景非常漂亮，如果想把它们通过电子邮件发送给好朋友一起分享，该如何实现呢？

1）找到有精美图片的网页，用鼠标右键单击该图片，在弹出的快捷菜单中选择“电子邮件图片”命令，如图所示。

2）随后，弹出“通过电子邮件发送照片”对话框，点选“保留原来大小”选项，如图所示。

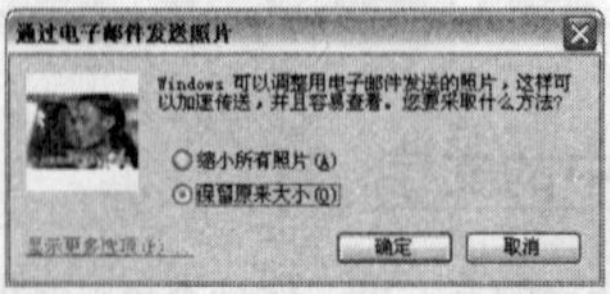

3）单击“显示更多选项”链接，还可以对照片的大小进行更详细的设置，如图所示。

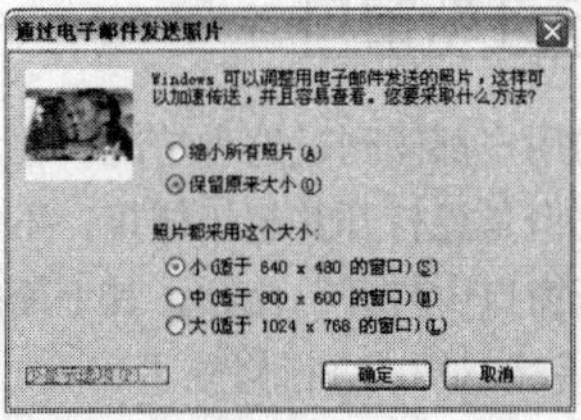

4）设置完毕，单击“确定”按钮，打开 Outlook Express 发件箱，在“收件人”文本框中输入收件人地址。

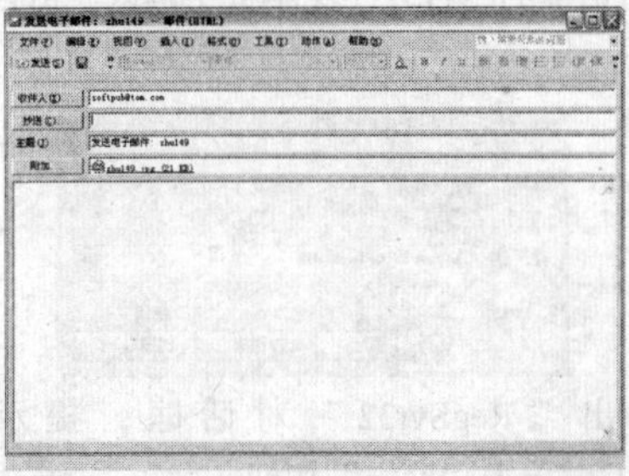

5）单击“发送”按钮，即可将该精美图片发送给你的好友。

31. 输入网址的技巧

每次在输入网址的时候，总是要输入很多的字符，觉得挺麻烦的，有没有简单的方法呢？

当你在 IE 地址栏中输入一个想打开的网站地址时，如果以前访问过这个网站，那么 IE 就会自动给出与你输入网站地址相关的一些链接，你只需选择相应的网站地址即可快速输入网址，例如你想访问“www.tom.com”，而且你以前也访问过该网站，那么你只须在地址栏中输入“tom”，在地址栏下就会给出一些含有“tom”的网址，单击你要访问的网址即可。

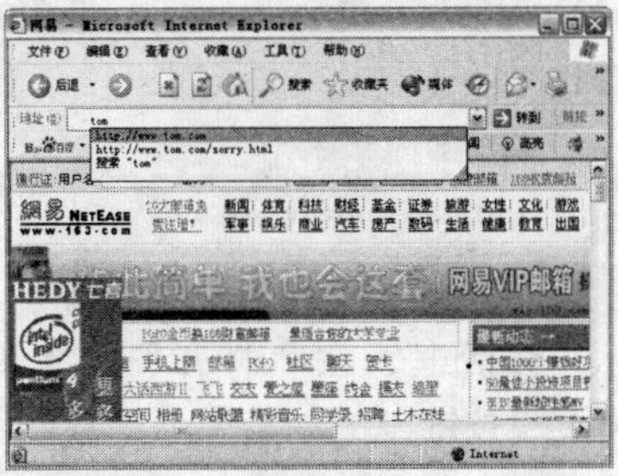

32. 为何无法打开新窗口

可能很多喜欢上网的用户都碰到过这种情况，在浏览网页过程中，打开某些站点的首页一切正常，但是想打开其超级链接，不管是单击鼠标左键，还是选择右键菜单中的“在新窗口中打开”命令，其上面的一些超级链接无任何变化。如果碰到这种情况，就该对 IE 进行修复了。

具体的操作步骤如下：

1）在“开始”菜单中，选择“运行”命令，打开“运行”对话框。

2）在“运行”对话框的“打开”文本框中键入“Regsvr32 urlmon.dll”，单击“确定”按钮。

3）随后，弹出“RegSvr32”对话框，提示“urlmon.dll 中的 DllRegisterServer 成功”，单击“确定”按钮。

4）打开“运行”对话框，在“打开”文本框中键入“Regsvr32 actxprxy.dll”，单击“确定”按钮。

5）弹出“RegSvr32”对话框，提示“actxprxy.dll 中的 DllRegisterServer 成功”，单击“确定”按钮。

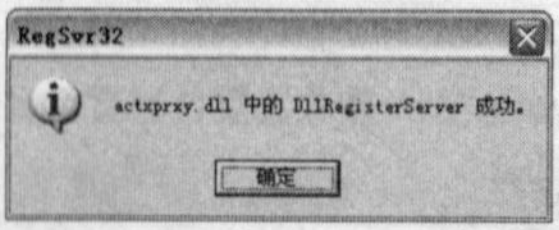

6）打开“运行”对话框，在“打开”文本框中键入“Regsvr32 shdocvw.dll”，单击“确定”按钮。

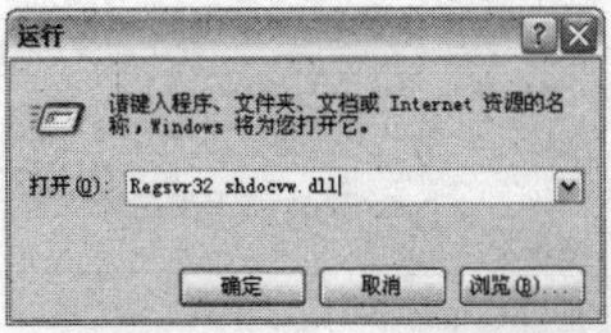

7）弹出“RegSvr32”对话框，提示“shdocvw.dll 中的 DllRegisterServer 成功”，单击“确定”按钮。

8）打开“运行”对话框，在“打开”文本框中键入“Regsvr32 oleaut32.dll”，单击“确定”按钮。

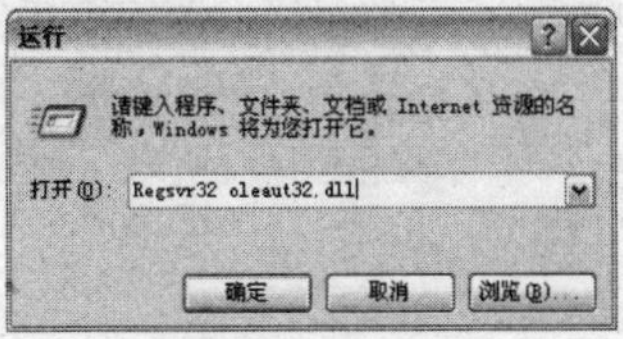

9）弹出“RegSvr32”对话框，提示“oleaut32.dll 中的 DllRegisterServer 成功”，单击“确定”按钮，重新启动电脑即可。

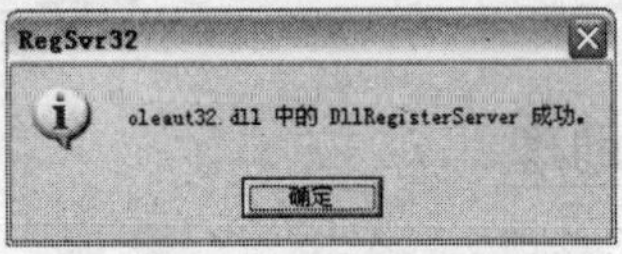

33. 如何浏览以前访问过的网站

想访问以前曾经浏览过的站点，但是忘记网址了。而且那个网站没有添加到收藏夹里面，如何可以找到该网站呢?

如果真想要找到该网站，按照下面的方法做即可。

1）打开 IE 浏览器，单击工具栏中的“查看”选项，在随即弹出的快捷菜单中，选择“浏览器栏”下“历史记录”命令，在 IE 窗口的左侧便会出现一个历史记录列表，或者直接按“Ctrl+H”组合键。

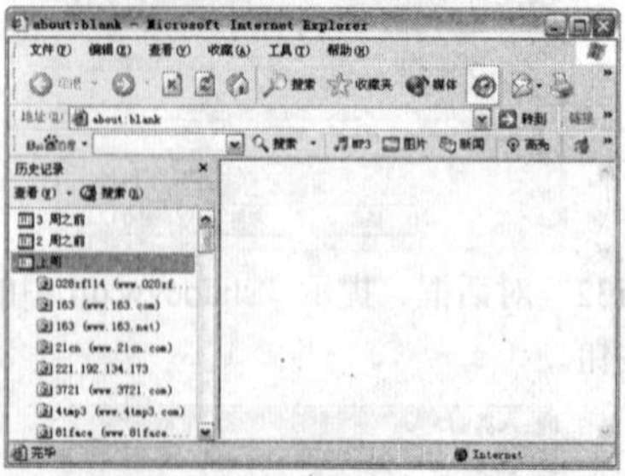

2）单击“历史记录”下的“查看”按钮，可以根据不同的条件将历史记录重新排序。也可以直接单击“搜索”按钮在历史记录中搜索想找的那个网站，找到之后直接单击，即可打开以前浏览过的网站。

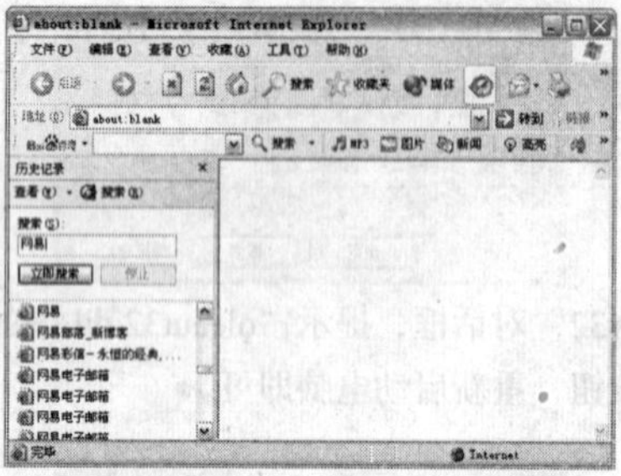

34. 使用搜索助理

在上网时如果想在网上搜索一些信息和资料，除了经常用的一些专业搜索网站外，其实也可以使用 IE 自带的“搜索助理”功能去进行信息搜索。

1）打开 IE 浏览器，单击工具栏上的“搜索”按钮，在 IE 浏览器的右侧会出现一个“搜索”栏。

2）在“请选择要搜索的类别”栏下，点选“查找网页”选项，在“查找包含下列内容的网页”文本框中输入要查找的信息，如“世青赛”，如图所示。

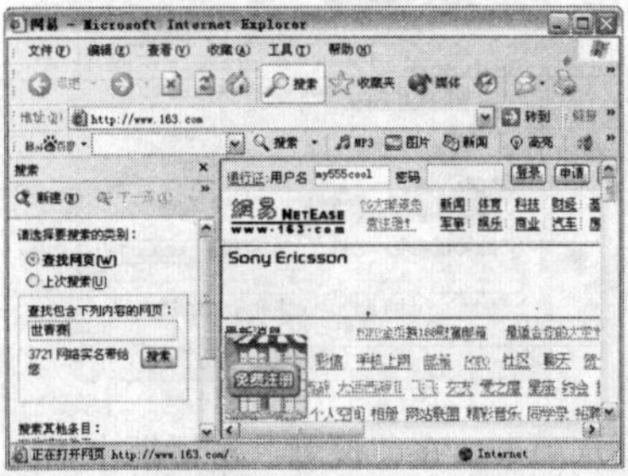

3）设置完毕，单击“搜索”按钮开始进行搜索，搜索结束后，将搜索到的结果显示在搜索栏中，如图所示。

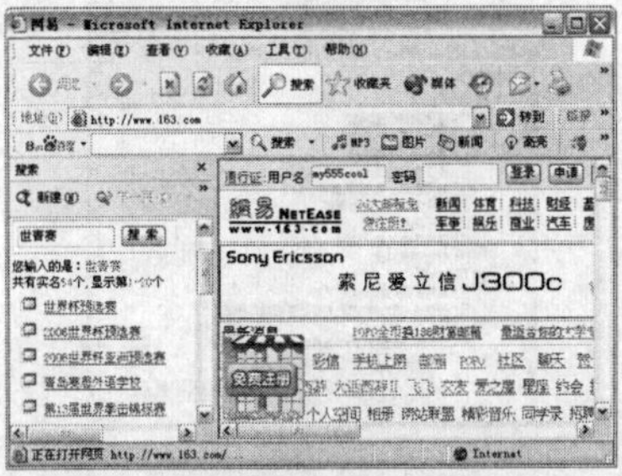

4）在搜索结果列表栏中，找到相关的信息单击鼠标左键即可打开该网页进行浏览。

5）搜索完成后，单击“搜索”栏右上角的关闭按钮即可将其关闭。

35. 怎样加快网页下载速度

使用 Internet Explorer 浏览网页的时候，在缺省的情况下，网页上面的图片、声音、动画和视频等等多媒体信息都会被自动地载入。这样一来，网页打开的速度会变得很慢。当然，这对于使用宽带上网的人们来说，似乎根本感觉不到；而使用拨号上网的人们，就会非常地苦恼。

按照下面的方法进行设置，会使你打开网页的速度更加地快捷。具体的步骤如下：

1）启动 Internet Explorer，执行“工具\Internet 选项”命令，打开“Internet 选项”对话框，如图所示。

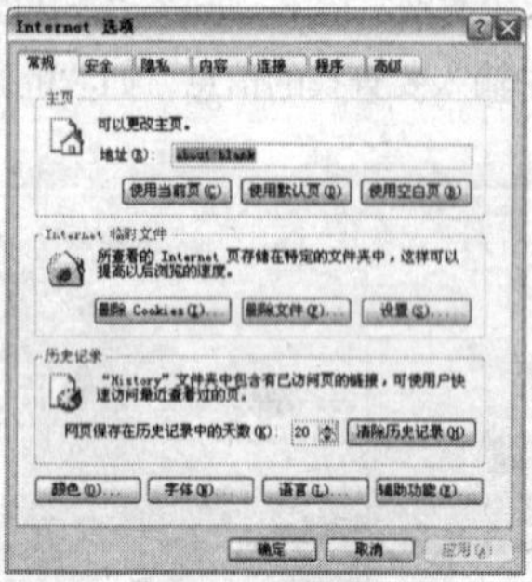

2）选择“高级”选项卡，在“设置”对话框中找到“多媒体”选项。将下面的“播放动画”“播放声音”“播放视频”和“显示图片”前面的复选框清除即可，如图所示。

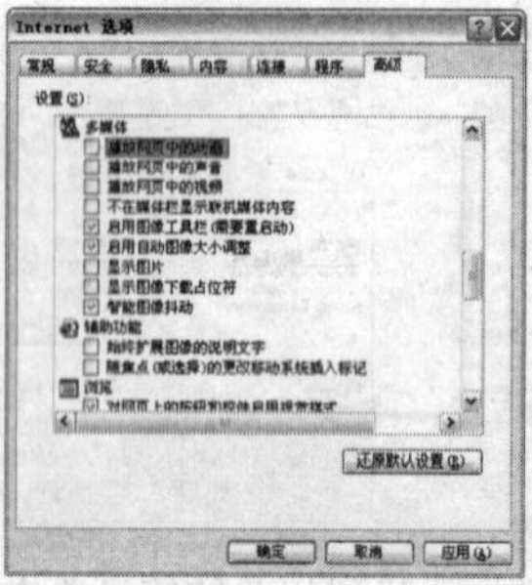

完成了上面的设置后，用户使用 Internet Explorer 打开网页的时候，速度会有明显的提升。

> **提示!!** 如果用户在使用 IE 浏览的时候，需要恢复原来的设置，可以在相应对象的图标上单击鼠标右键，从右键菜单中选择“显示图片”命令。

36. 如何用 IE 打开 QQ 中的网址

在使用 QQ 聊天的朋友应该都遇到过，当收到一些网友发来的网站地址时，只要在信息窗口中点击该网址，计算机便会自己直接用 Tencent Explorer 浏览器将其打开，而不是经常用到的 IE 浏览器，不是太习惯。把 IE 浏览器设置成默认的浏览器也还是一样，该如何解决？

首先，打开 IE 浏览器所在的目录，默认的情况是在 C:\Program Files\Internet Explorer 文件夹下，找到 IE 浏览器的主程序文件 Iexplore.exe（有 IE 浏览器图标）。

然后，打开 Tencent Explorer 所在的目录，默认的情况是在 C:\Program Files\Tencent 文件夹下，找到腾讯浏览器的主程序文件 TBrowser.exe（有腾讯浏览器图标），并将这个文件删除。

最后，把 IE 浏览器的主程序文件 Iexplore.exe 复制到腾讯浏览器的主程序文件 TBrowser.exe 所在的位置，并将其重新命名为 TBrowser.exe。

这样，下次再有网友通过 QQ 给你发网址时，单击信息窗口中的链接就会弹出一个“Internet Explorer 兼容性模式”的提示窗口，提示“开始在兼容性模式下运行，某些功能无法使用”，如图所示。

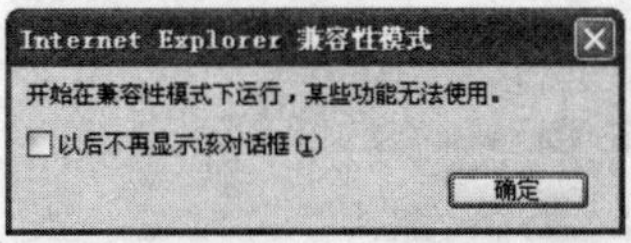

其实在兼容性模式并不会影响我们正常浏览网页。选中“以后不再显示该对话框”，然后单击“确定”按钮即可。这时就会弹出一个 IE 浏览器窗口打开网页，再就不会弹出你不喜欢的 Tencent Explorer 浏览器。

37. 什么是腾讯 TT

新版腾讯浏览器——Tencent Traveler，简称“腾讯 TT”。腾讯 TT 具有亲切、友好的用户界面，腾讯 TT 不仅提供了完善的多页面浏览功能，更是新增了多项人性化的特色功能，如广告过滤、快捷体贴的鼠标手势、最近浏览列表、自动填表功能等等，这一切使浏览网页变的更加轻松自如。

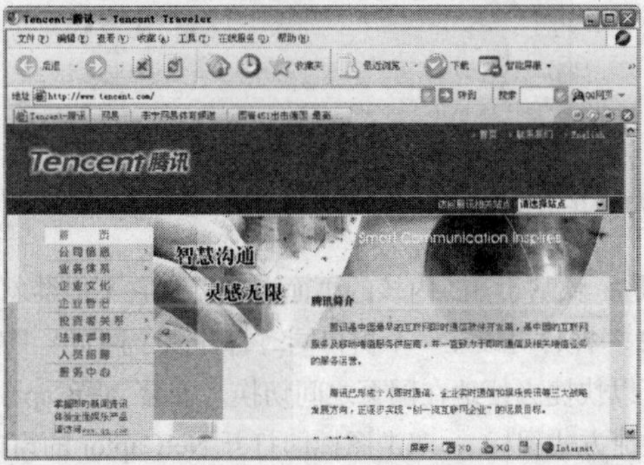

38. 什么是 MyIE2

MyIE2 现在已正式更名为“傲游（Maxthon）”，是一款基于 IE 内核、多功能、个性化的多页面浏览器，它和 IE 相比，减少了对系统资源的占用率，提高了网上冲浪的效率。

MyIE2 允许在同一窗口内打开任意多页面，而 IE 每打开一个网页就打开一个 IE 窗口，对系统来说，开销更大。默认安装 MyIE2 后，会在桌面建立一个快捷方式图标，双击这个图标即可打开 MyIE2 的窗口，如图所示。

MyIE2 的使用和 IE 的使用大同小异。值得一提的是，MyIE2 提供了“广告猎手”的功能，能够过滤一些网站的弹出窗口广告，通过单击 MyIE2 的“选项”菜单，在弹出的级联菜单中选择“广告猎手”可以进行更多的设置；MyIE2 的另一特色就是可在同一窗口打开多个页面，如图所示。

39. 何为 Netcaptor

NetCaptor 是一款基于 IE 内核的页面浏览器，它不但继承了 IE 的所有优点，还和 MyIE2 一样，可以在一个窗口同时打开多个网页。只需单击浏览器下面的窗口，就可以快捷方便地在网页之间切换。安装 NetCaptor 后就会在系统桌面生成一个快捷方式图标 ，双击图标即打开 NetCaptor 的窗口界面。

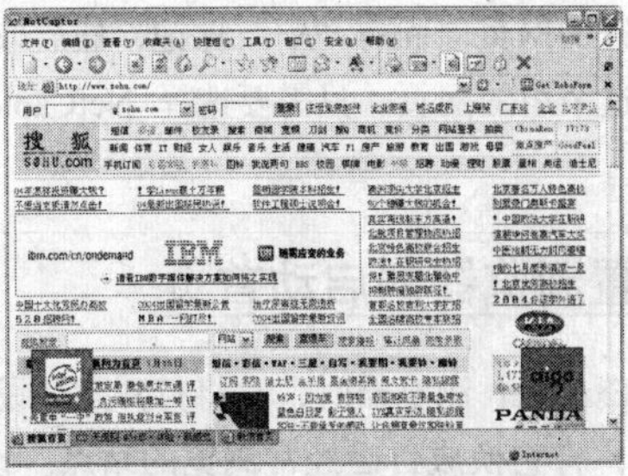

NetCaptor 可以通过鼠标右键将不喜欢的弹出窗口列入黑名单，让它下次不再跳出来烦你，这有点类似 MyIE2 的“广告猎手”的功能。在 NetCaptor 的最下面的切换页上选择要拦截的窗口，单击鼠标右键，在弹出的右键菜单中选择“添加到”子菜单，然后选择“添加到黑名单中”命令，即可完成该操作，如图所示。

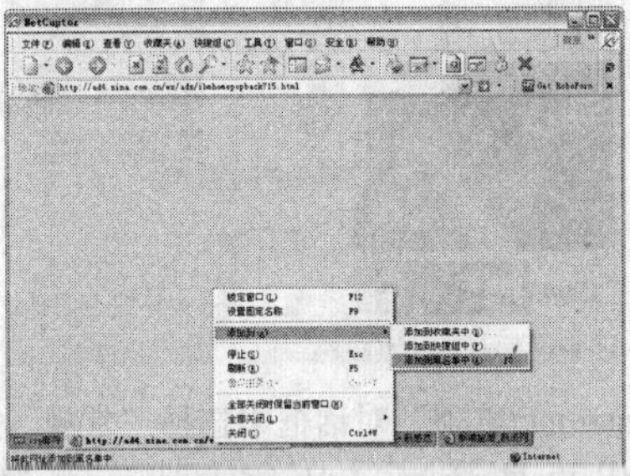

NetCaptor 还有一个比较有特色的功能是可以将指定的网页归为一组，让用户一次就能打开一组网页，省去了依次打开网页的繁琐步骤。这是通过 NetCaptor 的“快捷组”菜单中的命令实现的。

用 NetCaptor 同时打开需要一次性打开的多个网页，然后单击 NetCaptor“快捷组”菜单，选择“添加到快捷组”命令，弹出“选择快捷组”对话框，如图所示。

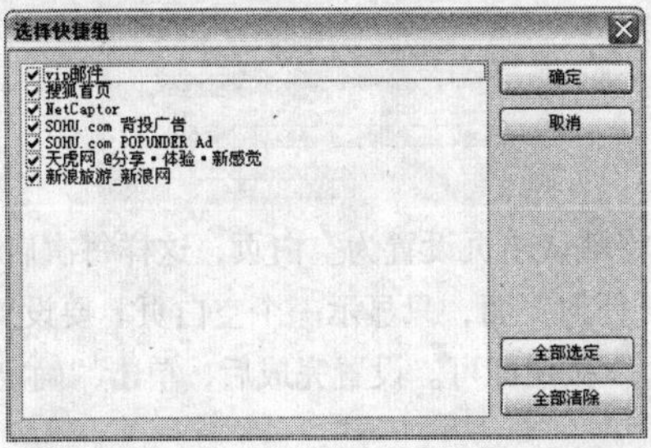

在需要一次性打开的网页前面有“√”标记，然后取一个有意义的名字保存。以后如果要打开这个组的网页，只需要选择 NetCaptor 的“快捷组”中名称即可。

40. 如何设置浏览器的启动首页

在启动 Internet Explorer 浏览器时，它将打开默认设置的主页，用户可以更改这个默认的主页，将它换成自己经常浏览的站点。设置 Internet Explorer 的默认主页，可按以下操作步骤进行：

1）打开 Internet Explorer 浏览器，执行“工具\Internet 选项”命令，如下图所示。

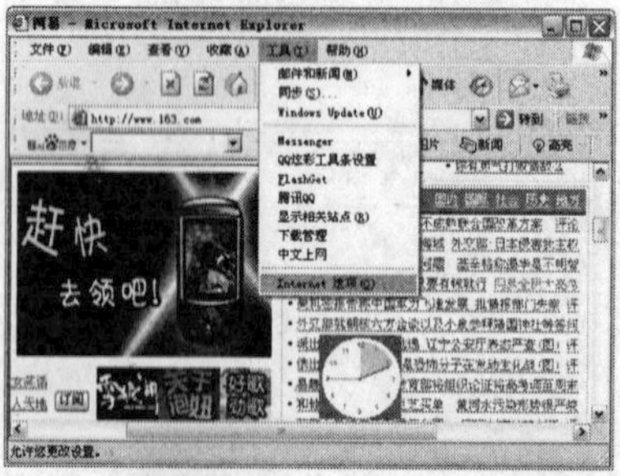

2）在打开的“Internet 选项”对话框中选择“常规”选项卡，在“地址”文本框中，输入用户最常浏览的站点地址。例如，我们可输入“http://www.163.com”（网易）。

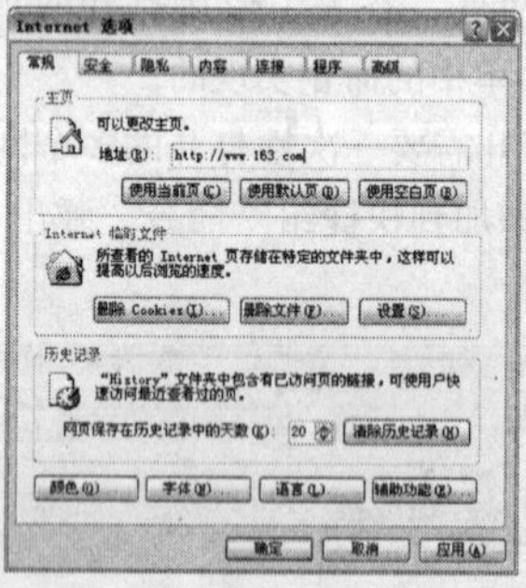

3）用户还可以将默认主页设置为空白页，这样每次启动 Internet Explorer 浏览器后，将不打开任何页面，只显示一个空白页。要设置空白页，单击对话框中的“使用空白页”按钮即可。设置完成后，单击“确定”按钮即可。

41. 怎样设置网页中字体的大小

当你在平常浏览网页的时候，如果觉得网页中的文字大小不如意，那么还可以对 IE 进行相关的设置，以达到你所满意的效果。具体的设置方法如下：

1）打开“Internet 选项”对话框，在“常规”选项卡下选择“字体”按钮。

2）在打开的“字体”对话框中，你可以按照你的喜好对字体进行相关的设置，直到你满意，单击“确定”按钮即可，如图所示。

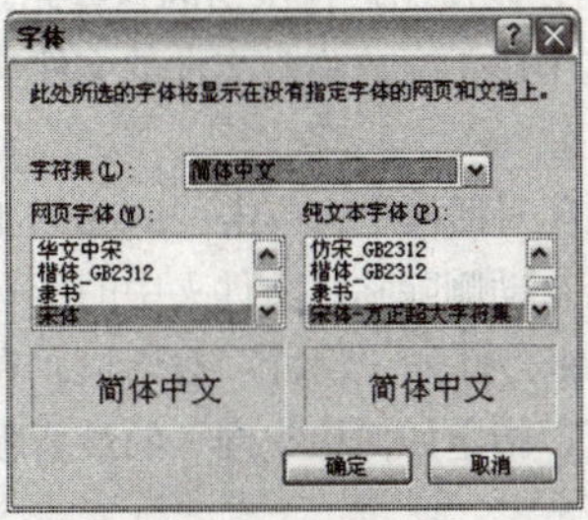

42. 如何清除 IE 中的历史记录

通过历史记录可以查看到浏览器在过去的一段时间内访问过的站点，值得注意的是历史记录是有限的，不可能无限制地记录所有访问过的站点，当超过这个限制时，系统将自动删除记录。用户可以设置这个期限。

打开“Internet 选项”对话框的“常规”选项卡，在“历史记录”选项组中，可以通过“网页保存在历史记录中的天数”后的调整框来设置保存历史记录的天数。设置保存的天数越长，需要的磁盘空间就越大，用户可以根据实际需要，设置保存历史记录的天数。

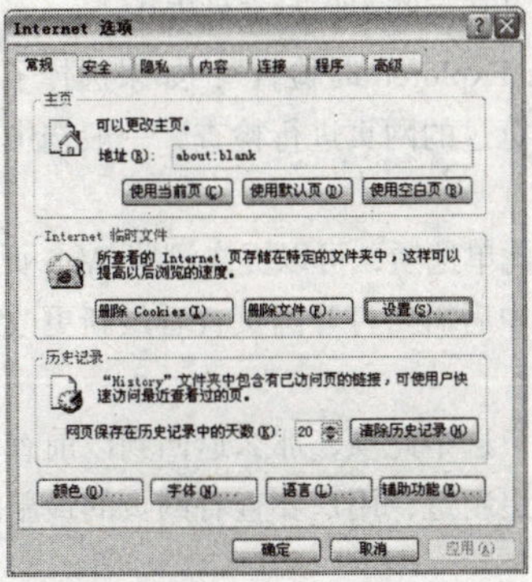

用户还可以清除所有的历史记录。此外，单击对话框中的“清除历史记录”按钮即可完成该操作。此时，计算机会询问用户是否确定删除，单击“是”按钮将删除所有的记录。

43. 如何清除 IE 中的临时文件

Internet Explorer 浏览器在浏览网页时，会有专用的文件夹来保存用户曾经浏览过的网页的部分数据，以便用户再次访问这些站点时，能够快速地打开整个网页。用户可以设置这个用于存放临时文件的文件夹。

具体设置方法如下：

1）在“Internet 选项”对话框中，单击“Internet 临时文件”区域中的“删除文件”按钮，浏览器会自动删除临时文件夹中的所有文件。

2）单击“设置”按钮，打开“设置”对话框，在“检查所存网页的较新版本”选项组中，用户可以指定如何检查网页的最新版本。

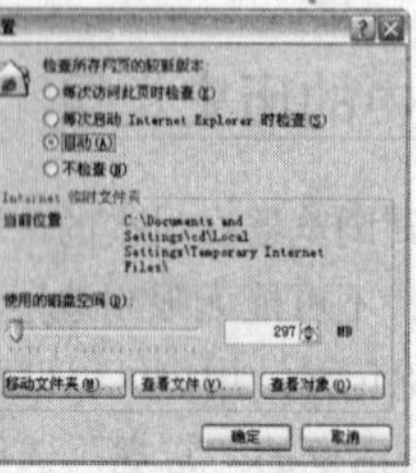

在“检查所存网页的较新版本”选项组中包括以下选项：

“每次访问此页时检查”：如果用户选择此单选项，当打开以前浏览过的网页时，浏览器会自动检查网页是否为最新，如果网页有新的更改，浏览器将自动显示最新的内容，并将其存储在临时文件夹中。

“每次启动 Internet Explorer 时检查”：如果选择了此单选项，每次打开浏览器后，都将对以前浏览过的网页进行检查，一般选中此项可以提高查看网页的浏览速度。

“自动”：如果选中此单选项，可以提高浏览 Web 页的速度，该设置为浏览器默认选择项；如果选中后需要打开网页查看最新更改后的内容，只需单击工具栏上的“刷新”按钮。

“不检查”：如果用户选中此项，那么返回到以前查看过的网页时，浏览器将不检查网页是否已经更新过，用户要查看网页的最新版本，也需要单击工具栏上的“刷新”按钮。

3）用户可以移动“使用磁盘空间”下的滑块，来调整临时文件夹的大小。

4）单击“移动文件夹”按钮可以更改临时文件夹的存储位置。单击“查看文件”按钮可以查看临时文件夹中存储的内容。单击“查看对象”按钮可以查看 Downloaded Programs 文件夹，这个文件夹显示了下载到计算机上的 Java 控件、Active X 控件。

44. 怎样使用历史记录

用户在使用 Internet Explorer 浏览器浏览网页时，浏览器会自动将最近几星期、几天、几小时访问过的 Web 地址保存在历史记录文件夹中。用户需要再次访问这些站点时，就可以通过历史记录栏来访问。

在 Internet Explorer 浏览器的工具栏中单击“历史”按钮，或者执行“查看\浏览器栏\历史记录”命令，在浏览器的左边就会出现“历史记录”栏，它包含了最近访问过的站点。例如，单击“今天”，将显示今天访问过的所有站点，同时也包括在局域网中访问过的计算机资源。

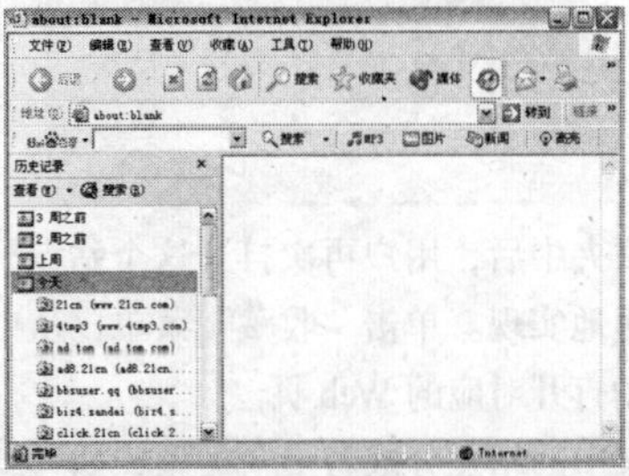

如果“历史记录”栏中显示的站点较多，可以将“历史记录”栏中的站点按一定的顺序来进行排列。例如，可以按日期、访问次数来排列“历史记录”栏中的站点顺序。要按一定顺序来排列站点，单击“历史记录”栏中的“查看”按钮，打开“查看”菜单，可以选择“按日期”“按站点”“按访问次数”和“按今天的访问次序”几种方式进行排列。

45. 把自己喜爱的网页添加到收藏夹

怎样使开启网页的操作更加简单呢？将网页地址添加到收藏夹中，你便可以快速地选择需要浏览的网页，免去输入地址的麻烦，也用不着去记那些复杂的网站域名。这对于需要经常浏览的网页来说，是非常方便的，例如阅读新闻、收发电子邮件、下载网络资源、快速登录搜索引擎等。

1）在浏览需要收藏的网页时，执行“收藏\添加到收藏夹”命令，如下图所示。

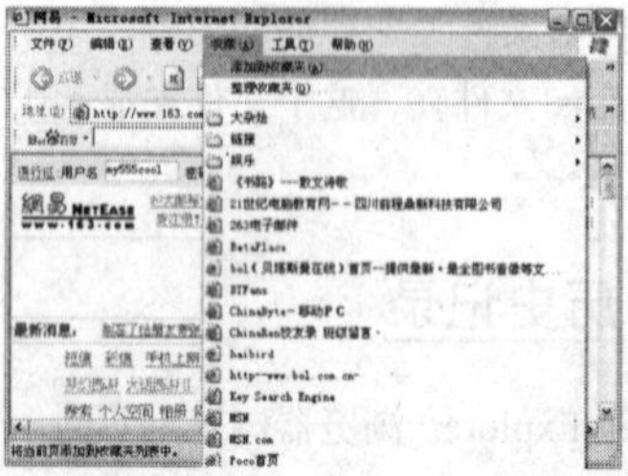

2）在打开的“添加到收藏夹”对话框中，给这个收藏站点取一个新的名字或接受默认名称。

3）单击“确定”按钮，便可自动将页面添加到收藏夹中，如下图所示。

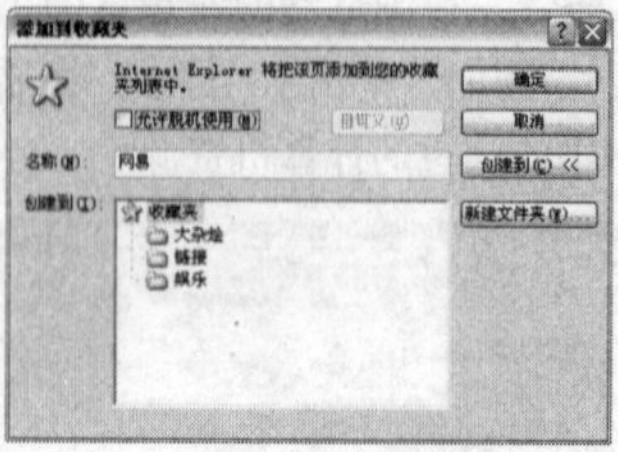

将站点添加到收藏夹中后，用户再次打开这个站点时，可以通过工具栏上的“收藏”菜单来快速地实现。单击“收藏”菜单，从中选择所收藏的站点，Internet Explorer 将自动打开对应的 Web 页。

用户可以将收藏夹中的站点分成若干个类型，如“新闻类”“股票投资类”“居家生活类”“娱乐站点类”等，以方便快速地查找和管理收藏夹中的站点。

> 提示!!
>
> 将网页添加到收藏夹，还可以通过一种快捷方式来实现，即打开需要收藏的页面，然后按“Ctrl+D”组合键。Internet Explorer 将在不显示“添加到收藏夹”对话框的情况下将页面添加到收藏夹中。

46. 如何使用脱机浏览

脱机浏览是指计算机在没有与 Internet 连接时阅读 Web 页的内容。

用户为了节省上网的费用，或不想长时间占用电话线，可以选择脱机浏览网页。

如果用户只想脱机浏览网页而不需要及时更新它的内容，就可以选择将网页保存到计算机磁盘上的方式脱机浏览。此外，还可以通过以下操作实现脱机浏览。

1）执行“收藏\整理收藏夹”命令，打开“整理收藏夹”对话框。单击需要设置为脱机浏览的网页，然后勾选“允许脱机使用”复选框，如下图所示。

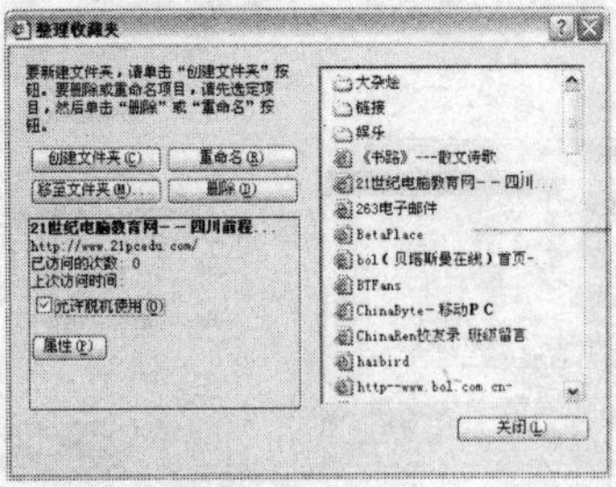

2）选中某个需要脱机浏览的网页链接后，单击“属性”按钮，可打开“属性”对话框，在“Web 文档”选项卡中，用户可以更改超级链接、添加设置快捷键以及更改快捷方式的图标等。

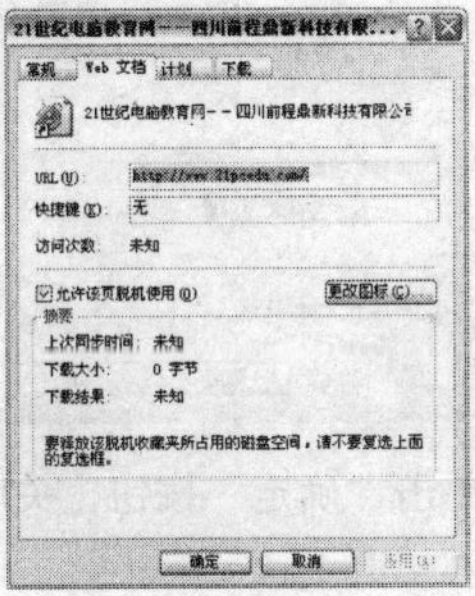

3）单击“计划”选项卡，打开如下图所示的界面，在该界面中可以设置同步选项。

4）如果单击“计划”对话框中的“添加”按钮，可打开“新计划”对话框，用户可以设置自动更新时间。完成设置后，再单击“确定”按钮返回。

5）在“下载”选项卡中可以设置下载该页面的层次，以及可以使用的磁盘空间、用户名和登录密码等。

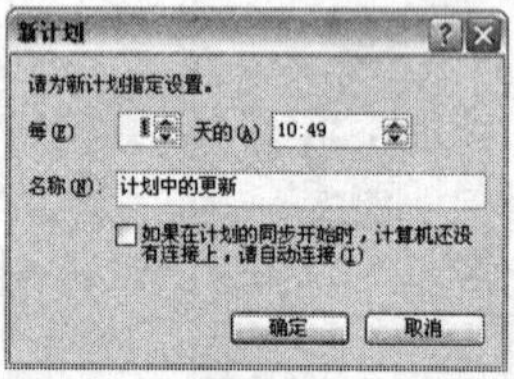

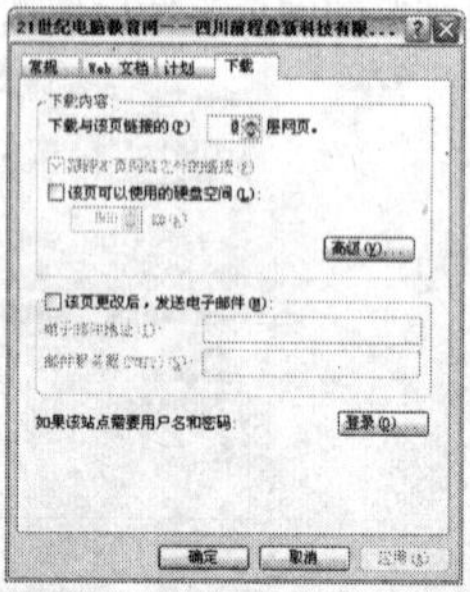

6）如果单击“下载”选项卡中的“高级”按钮，可打开“高级下载选项”对话框，通过该对话框，用户可以选择要下载的项目，如下图所示。

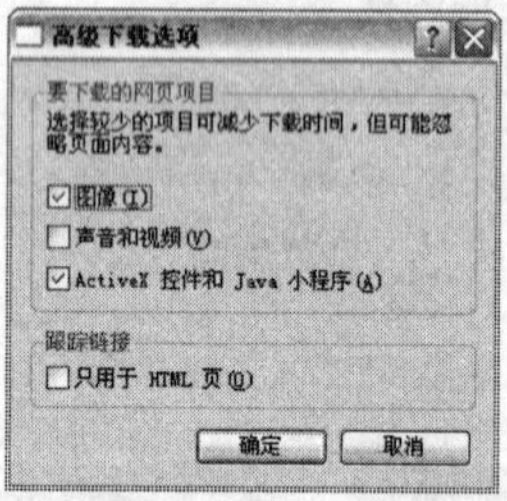

7）完成设置后，依次单击“确定”按钮，关闭所有对话框，用户即可脱机浏览该页面了。

47. 更改 IE 标题

当打开 IE 浏览器时，在 IE 窗口的标题栏会显示操作系统默认的“Microsoft Internet Explorer”。我们可以通过修改，让 IE 窗口的标题栏根据用户的喜好自己来定义标题栏。

其具体的操作步骤如下：

1）打开注册表编辑器，在其注册表编辑器左边窗口中找到如下键“HKEY_CURRENT_USER\Software\ Microsoft\Internet Explorer\Main”。

2）用鼠标左键在上图中点选该键值，在注册表编辑器工具栏上用鼠标左键单击“编辑”，在弹出的快捷菜单中选择“新建”菜单下的“字符串值”命令。

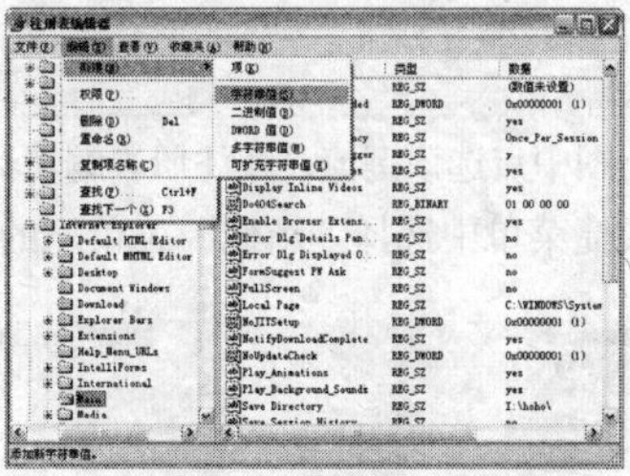

3）接着，把注册表编辑器右边窗口中出现的“新值#1”重命名为“Window Title”，用鼠标右键点选该键值，在弹出的快捷菜单中选择“修改”命令。

4）弹出“编辑字符串”对话框，在“数值数据”栏下的方框中键入能体现自己个性化的信息，如“欢迎使用狂风小雨的电脑，不要随意乱动，小心病毒”。

5）单击“确定”按钮，关闭注册表编辑器，重新启动计算机。打开 IE 浏览器标题栏就变成自己设置的信息了。

48. 改变 IE 工具栏背景

一般情况下，IE 浏览器的工具栏是灰色的背景，没有背景图案，为了使我们的 IE 浏览器的工具栏丰富多彩，可以通过修改来给 IE 浏览器的工具栏添加一个 BMP 格式的图像文件做 IE 窗口的背景。

其具体的操作步骤如下：

1）打开注册表编辑器，在其左边窗口中找到如下键“HKEY_CURRENT_USER\Software\Microsoft\Internet Explorer\Toolbar”，如下图所示。

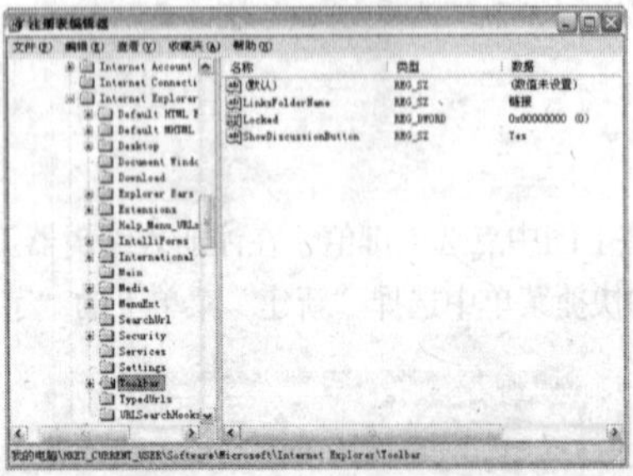

2）用鼠标左键在上图中点选该键值，在注册表编辑器工具栏上用鼠标左键单击“编辑”，在弹出的快捷菜单中选择“新建”菜单下的“字符串值” 命令。

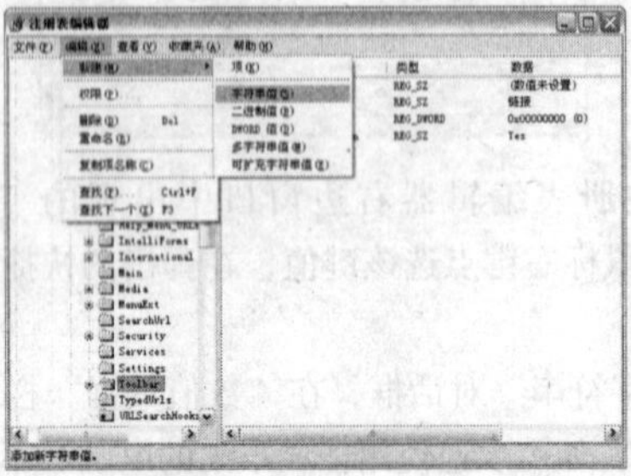

3）接着，把注册表编辑器右边窗口中出现的“新值#1”重命名为“BackBitmap”，用鼠标右键点选该键值，在弹出的快捷菜单中选择“修改”命令。

4）打开“编辑字符串”对话框，在“数值数据”栏下的方框中键入一个BMP图像文件的路径，如：D:\Documents and Settings\All Users\Documents\Beijing.bmp。

5）单击“确定”按钮，关闭注册表编辑器，重新启动计算机。打开 IE 浏览器工具栏就变成自己设置的图片背景了。

49. 设置 IE 安全级别

Internet Explorer 将 Internet 世界大体分为 4 个区域，即 Internet 区域、本地 Intranet 区域、受信任的站点区域和受限制的站点区域。用户可以为不同区域的 Web 内容指定安全设置，也可方便地将 Web 站点分配到具有适当安全级的区域。

在默认的情况下，Internet 区域包含所有未分配到其他任何区域的站点，Internet 区域的默认安全级别为中级。本地 Intranet 区域包含按照系统管理员的定义，不需要代理服务器的所有地址，包括在“连接”选项卡中指定的站点、网络路径和本地 Intranet 站点，用户也可将站点添加到该区域，其默认安全级别为中低级。受信任的站点区域中包含用户相信不会危害计算机或数据的 Web 站点，用户可将站点分配到该区域，其默认安全级别为低级。受限站点区域中包含可能会损坏用户计算机或数据的 Web 站点，它的安全级别最高，其功能也最少。

如果需要，用户也可以更改某个区域的安全级别，如用户可以把 Internet 区域的安全设置改为低级，还可以设为高级、中低级等。

设置某个区域的安全级别的具体操作步骤如下：

1）打开 Internet Explorer 浏览器，执行“工具\Internet 选项”命令，打开“Internet 选项”对话框。

2）单击“安全”选项卡，在“请为不同区域的 Web 内容指定安全设置”列表框中，先单击选择要设置安全级别的某个区域，如我们选中“Internet”，再单击“自定义级别”按钮，打开“安全设置”对话框，如下图所示。

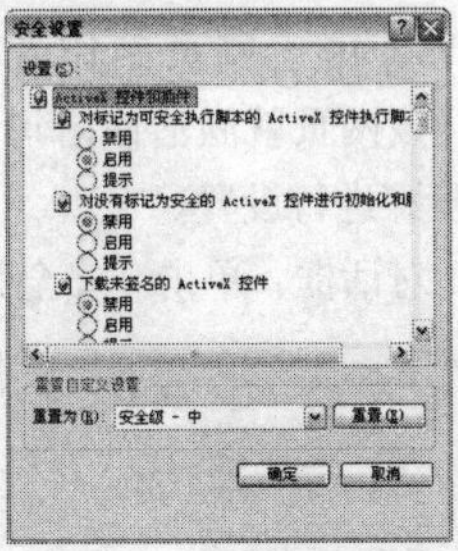

3）在“安全设置”对话框的“设置”列表框中，用户可以指定如何处理，如果希望在继续之前给出请求批准，应该选中“提示”单选按钮；如果拒绝继续操作或显示，应该选中“禁用”按钮；如果希望不经提示就自动继续，应该选中“启用”按钮。在“重置自定义设置”选项组中，用户可以将某个选

项的自定义设置还原为安全级的默认设置。

4）如果用户单击“安全”选项卡中的“受信任的站点”图标，这时选项卡中的“站点”按钮变为可用状态，单击该按钮，打开“可信站点”对话框，如下图所示。

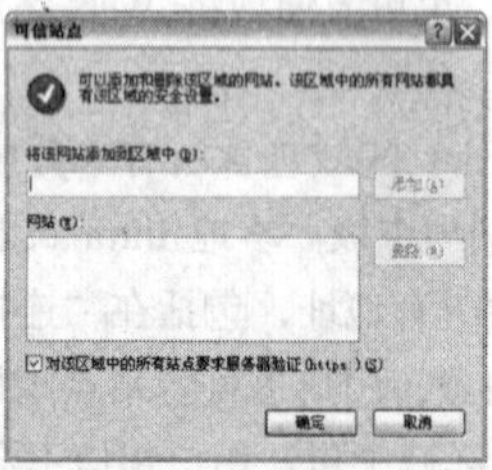

5）用户通过“可信站点”对话框，可以添加或删除可信站点。要添加可信站点，只需在“将该 Web 站点添加到区域中”文本框中输入可信站点的地址，然后单击“添加”按钮。要删除可信站点，则单击选中“Web 站点”列表框中的站点地址，然后单击“删除”按钮即可。

> **提示！！** 单击“安全”选项卡中的“默认级别”按钮，可将所选中的区域安全级别设置恢复为系统默认的设置状态。此时可直接移动滑块设置该区域的安全级别，向上表示调高安全级别，向下表示调低安全级别。

50. 清除网页广告

在上网浏览一些网站时，由于网页制作者在设计网页时加入了一段 JavaScript 的语句，只要打开该网页就激活该语句，自动弹出一些广告信息。要解决该问题可以按照以下步骤进行设置。

1）打开“Internet 选项”对话框，单击“安全”选项卡，如下图所示。

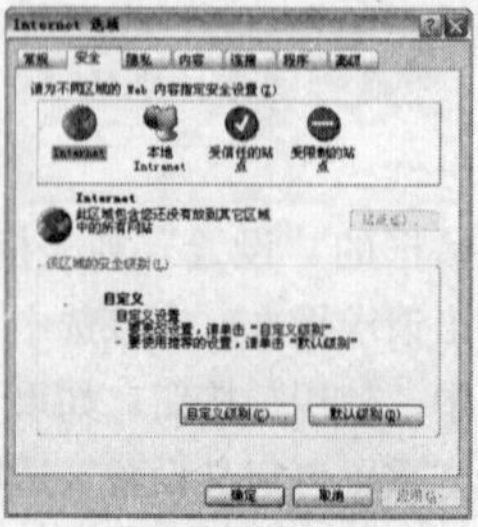

2）在“该区域的安全级别”栏下，单击“自定义级别”按钮，打开“安全设置”对话框，如下图所示。

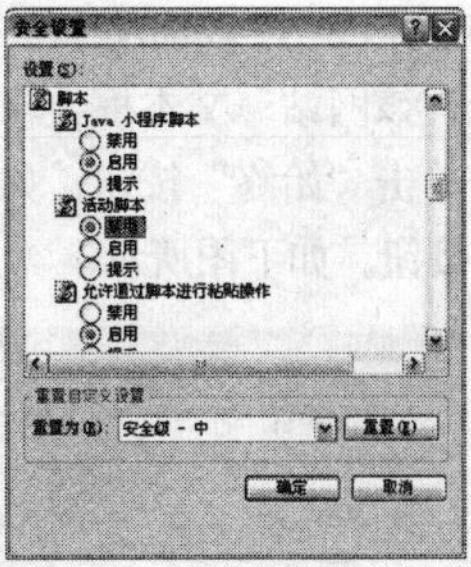

3）在“设置”下拉列表框中，找到“脚本”选项，点选“活动脚本”下的“禁用”选项。

4）设置完毕，单击“确定”按钮即可。

51. 限制浏览内容

Internet 提供了丰富多彩的信息，但并非所有的信息都适应每一个用户，如小孩浏览互联网就应该禁止查看有关色情和暴力方面的内容。在 Internet Explorer 中，用户可以通过设置分级审查，限制浏览这方面的内容。

具体设置方法如下：

1）打开 IE 浏览器，执行“工具\Internet 选项”命令，打开“Internet 选项”对话框。

2）单击对话框中的“内容”选项卡，在“分级审查”区域中单击“启用”按钮，打开“内容审查程序”对话框，如下图所示。

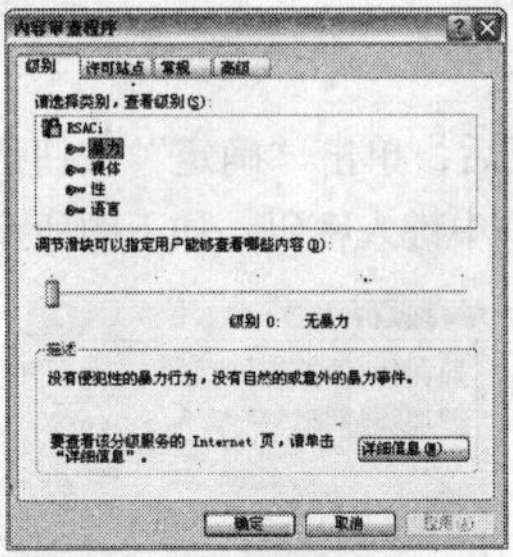

3）在“级别”选项卡中共有 4 个类别选项（暴力、裸体、性和语言），单击其中的任何一项，可在“描述”区域查看到相应的级别说明，用户可以调节下面的滑块，设置所要使用的限制条件。如用户想降低“性”和“语言”方面

的级别，可以分别单击“性”和“语言”两选项，然后向左移动调节滑块的位置（最低可将级别降为 0）。

4）单击“许可站点”选项卡，在该选项卡中，用户可以选择许可的站点和不能查看的站点。在“允许该网站”文本框上输入网站的地址，如果希望该站点成为许可查看的站点，单击“始终”按钮；如果不希望该站点成为不能查看的站点，则单击“从不”按钮，如下图所示。

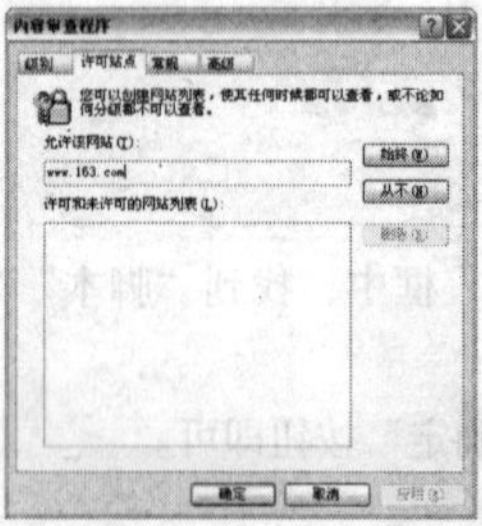

5）单击“常规”选项卡，如果启用“用户选项”选项组中的“监督人可以键入密码允许用户查看受限制的内容”复选框，这样监护人可以通过键入密码查看受限的内容，如图所示。

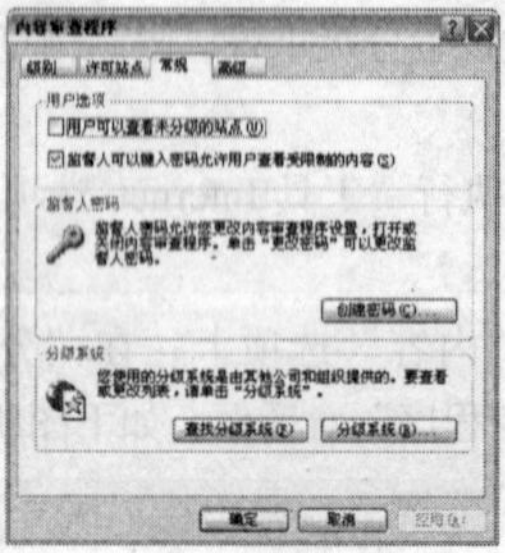

6）用户所有设置完成后，单击“确定”按钮后，会打开“创建监督人密码”对话框，在密码文本框中键入密码，如下图所示。

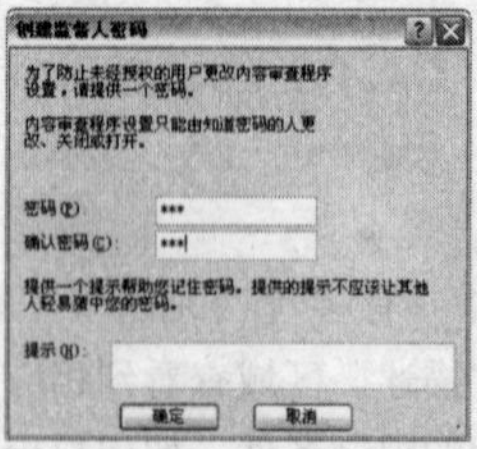

> 提示!! 为了防止被监督人更改“分级审查”设置或关闭“分级审查”功能，监督人必须创建设置密码。

7）输入密码后单击“确定”按钮，会打开一个确认信息的对话框。单击“确定”按钮关闭确认对话框。这时，“内容”选项中的“启用”按钮变为“禁用”按钮。

如果用户要关闭“分级审查”功能，只需在“内容”选项卡的“分级审查”区域中单击“禁用”按钮，在弹出的对话框中输入密码，单击“确定”按钮，在弹出的提示对话框中再单击“确定”按钮。

52. 屏蔽 3721 网络实名

在上网访问一些网站的时候，会弹出一个安装 3721 网络实名的“安全设置警告”对话框，如下图所示。

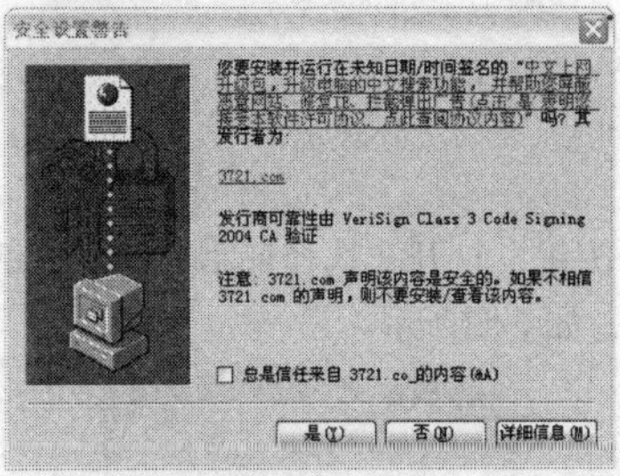

为了在以后的访问中不出现这种情况，可以使用证书功能将其屏蔽，其具体的操作步骤如下：

1） 在“安全设置警告”对话框中，单击“3721.com”超级链接，打开“证书”对话框，如下图所示。

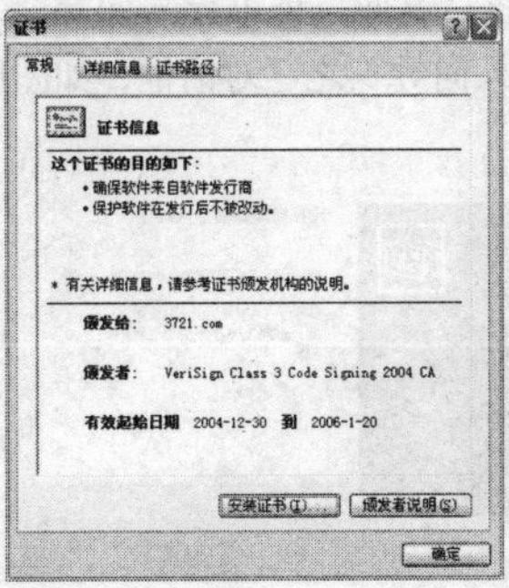

2）在“常规”选项卡下，单击“安装证书”按钮，打开“证书导入向导”之一对话框，如下图所示。

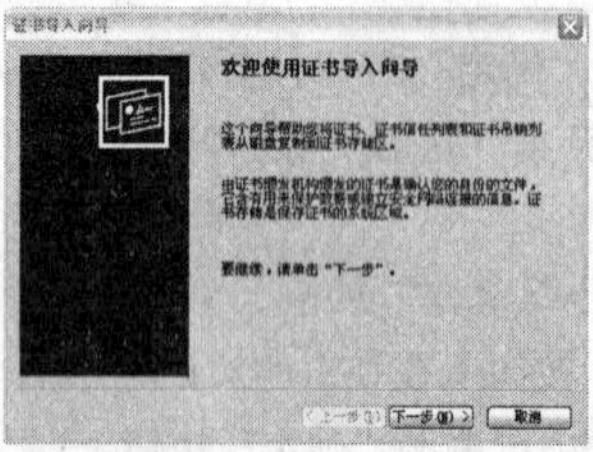

3）单击“下一步”按钮，在“证书导入向导”之二对话框中，点选“将所有的证书放入下列存储区”选项，如下图所示。

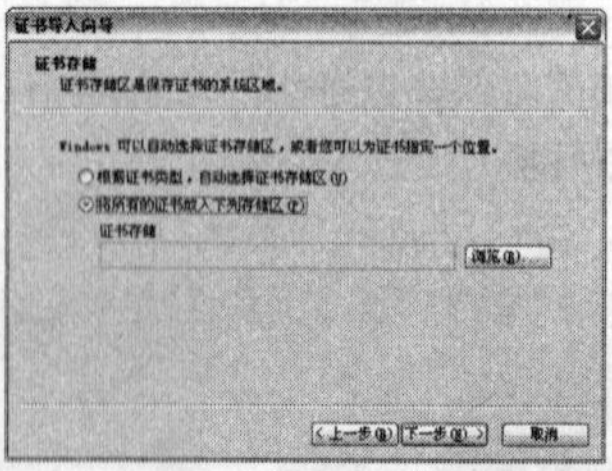

4）单击“浏览”按钮，打开“选择证书存储”对话框，在列表框中选择“不信任的证书”选项，如下图所示。

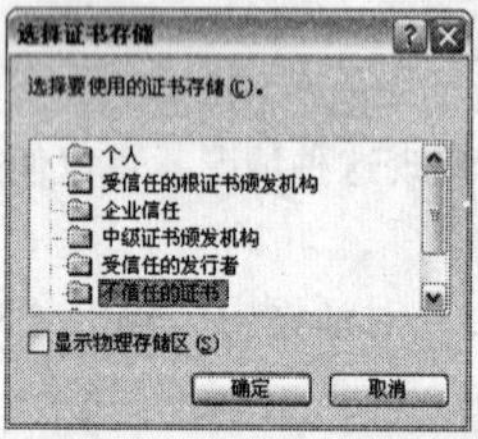

5）单击“确定”按钮，返回“证书导入向导”之二对话框，单击“下一步”按钮，打开“证书导入向导”之三对话框，如图所示。

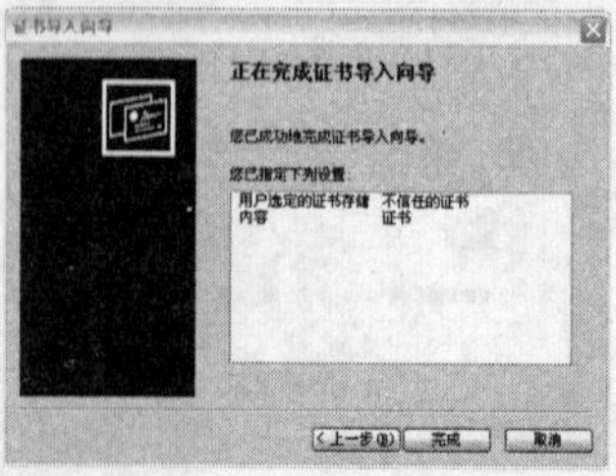

6）单击“完成”按钮，弹出“导入成功”的提示信息，单击“确定”按钮，即可屏蔽 3721 网络实名。

53. 禁止弹出广告信息对话框

在上网的过程中，经常会碰到在打开一个网页时，弹出一个广告对话框窗口的信息，可以通过修改信使消息服务来将其禁止，其具体的操作步骤如下：

1）在“控制面板”窗口中，单击“性能和维护”图标选项，在打开的窗口中选择“管理工具”，打开“管理工具”窗口。

2）在“管理工具”窗口中，双击“服务”图标选项，打开“服务”对话框。

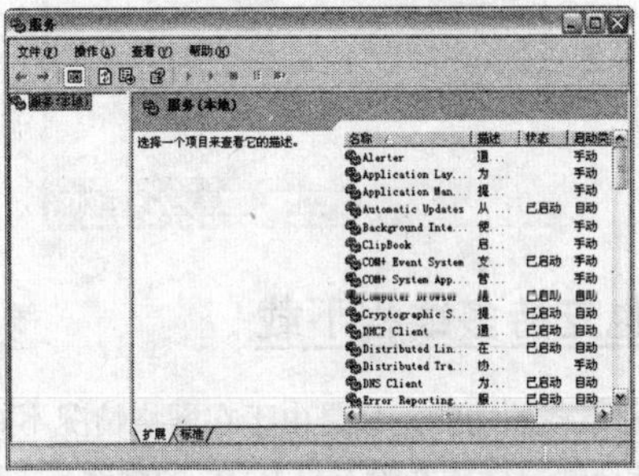

3）在“服务”对话框的右侧窗格中，找到“Messenger”选项，用鼠标右键单击该选项，在弹出的菜单中选择“停止”命令，信使服务即可停止。

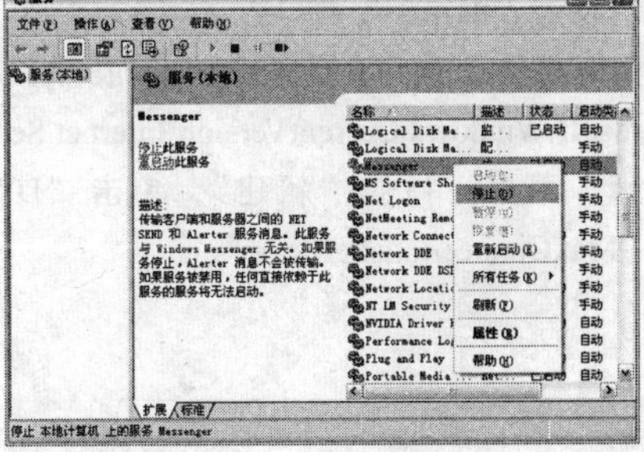

54. 禁止脱机浏览时弹出“拨号连接”

在脱机浏览网页时，经常会弹出重新拨号的提示信息，而且当你取消后，一会又会弹出来，让人觉得烦恼不已。能让“拨号连接”对话框不在弹出吗？其具体的操作步骤如下：

1）打开 IE 浏览器，在工具栏上单击“工具”菜单，在弹出的下拉菜单中选择“Internet 选项”命令，打开“Internet 选项”对话框。

2）单击“高级”选项卡，在“设置”列表框中，找到“允许脱机项目按计划同步”选项，将其前面的勾取消，单击“确定”按钮即可，如下图所示。

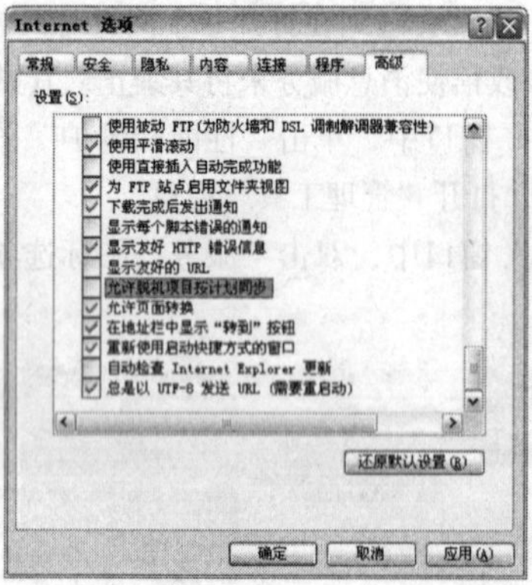

55. 让 IE 也支持多线程下载

IE 也具有多线程下载的功能，只是由于在网络情况不好时多线程下载反而不如单线程，所以默认情况微软并没有打开 IE 的多线程下载功能。要使 IE 也能够多线程下载，设置方法如下：

1）执行“开始\运行”命令，在“运行”文本框中键入“regedit”，单击“确定”按钮，打开“注册表编辑器”窗口。

2）在“注册表编辑器”窗口的左窗格中，展开“HKEY_CURRENT_USER\Software\Microsoft\Windows\CurrentVersion\Internet Settings”分支。

3）单击“编辑”菜单，指向“新建”，单击“DWORD 值”，将新 DWORD 值命名为“MaxConnectionsPerSever”。

4）在“注册表编辑器”窗口的右窗格中，双击刚刚建立的“MaxConnectionsPerSever”，打开“编辑 DWORD 值”对话框，在“数值数据”框中，键入一个数字，该数字决定着 IE 最大同步下载线程的数目。

提示!!

由于最适当的下载线程数要适应网络和服务器的状态，当下载线程数目增多时，下载速度并不能无限制的提高，所以在此处最好键入 5～10 间的一个数字，不要太小，也不能过大。

5）单击“文件”菜单中的“退出”命令，关闭“注册表编辑器”窗口。

56. 如何合理设置 IE 中 Cookies

Cookies，在中文里一般把它称为“甜饼”。而在网络中，Cookies 是从你浏览的网站服务器发送出来的，并通过浏览器在你的电脑硬盘储存的少量数据。这些数据主要是一些标识码，它们记录了你在 Web 站点的访问次数，访问时间和你进入站点的路径等等信息。这些信息可回传到相应的网站，因而网站能够根据它来统计用户信息，可以为用户实现个性化服务，可以在不键入用户名和密码的情况下直接进入曾经浏览的某些站点，Cookies 还可以加快你浏览网页的速度。

在 IE 中合理设置 Cookies 的步骤如下：

1）启动 IE 后，在菜单栏上执行“工具\Internet 选项”命令，在“常规”选项卡 “Internet 临时文件”中，单击“删除 Cookies”按钮，就能把浏览器中所有的 Cookies 全部删除掉。

2）单击“设置”按钮，在打开的“设置”对话框中单击“查看文件”按钮，打开一个“Temporary Internet Flies”的文件夹，在这里可以找到哪些网站在电脑里留下了 Cookies，把那些你不希望留下的 Cookies 删除。

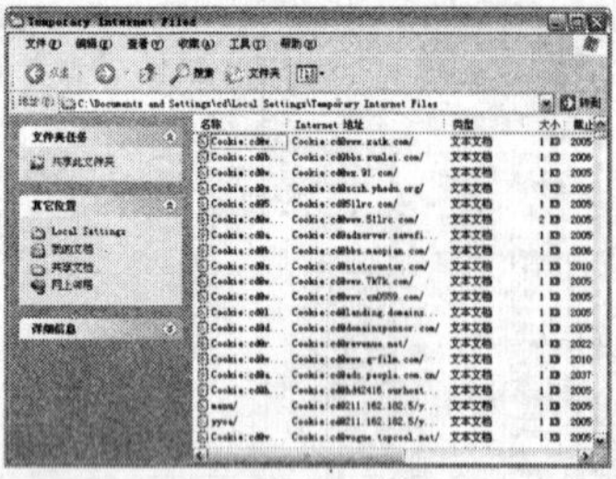

3）为了更加合理的设置 Cookies，不再让那些烦人 Cookies 的出现在电脑中，可以选中“隐私”选项卡，拖动滑块，对 Cookies 作 6 种不同的设置。当然，使用哪种可以根据个人需要而定。

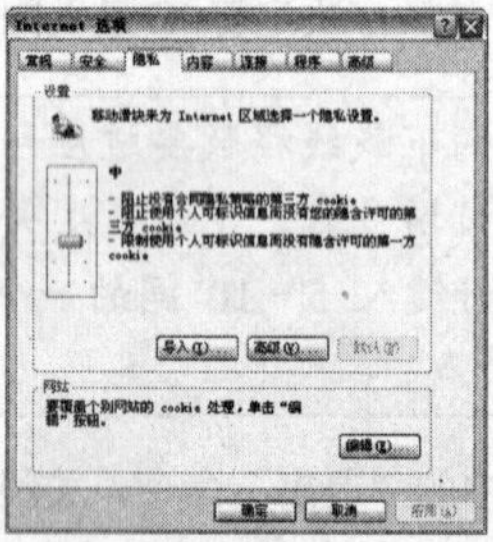

当然，目前大型正规的网站一般都有隐私首选项平台（P3P）隐私策略，它告诉用户，网站通过放置的 Cookies，收集用户的哪些资料，这些资料的用途等。那么你就可以把该网站的隐私策略和你的隐私设置相比较，来决定是否让该网站放置 Cookies。

57. 如何查看网站隐私策略

查看隐私策略的方法很简单，在这里以查看“网易隐私报告”为例进行介绍。在 IE 窗口中单击“查看”菜单，在弹出的下拉菜单中选择“隐私报告”命令，随后，打开“隐私报告”对话框。

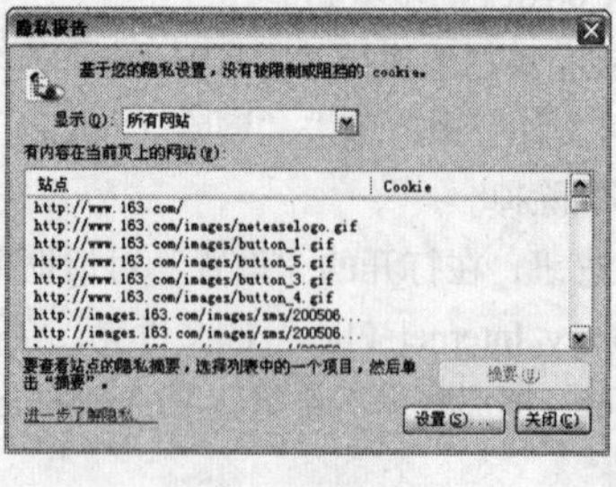

通过它可以了解网易的隐私报告，单击“摘要”出现比较详细的网易站点的隐私策略。如果你同意，就可以接受它的 Cookies；否则，就可以拒绝接受。

目前互联网上，国外的站点隐私策略相对国内来说，做得比较好。当然，有些大型的专业网站，虽然没有这样的隐私策略，但一般都会注意保护用户的资料。尽管这样，我们最好还是要自已来自行设置，这样才能更有效的保护你的私人信息。打开“Internet 选项”对话框，选中“隐私”按钮，在其中选择“高级”按钮，弹出“高级隐私策略设置”的对话框。

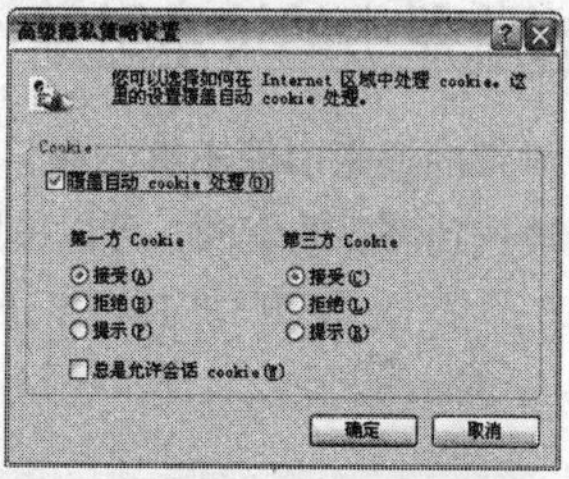

在该对话框中你可以自行进行高级隐私策略设置。如果你在这里做了自定义的设置，那就会取消原来的滑块隐私设置。在你设置好了以后，如果有未经允许的网站向你发送，那么就会在 IE6 浏览器的底部出现不接受的提示。

Cookies 通常有 3 种类型，以下分别介绍：

“第一方 Cookies”，指的是来自当前正在访问的网站、储存了一定信息的 Cookies。

“第三方 Cookies”，指的是来自当前访问网站以外的站点，最常见的就是那些在被访问站点放置广告的第三方站点，这第三方站点可能正在使用 Cookies。

“会话 Cookies”，就是当前浏览时存储的一些信息，在关闭 IE 的同时，这些 Cookies 也同时被删除，它一般没什么危害。

如果你想享受某些网站的在线服务和在线游戏，那么必须接受它送出的“甜饼”。因为，这些网站需要靠发给你的 Cookies 收集你的资料，为你增加积分。用户到底是坚决抵制还是勉强接受，就要自已衡量了。

有些站点，你不太相信它的隐私策略，或者说它根本就没有对你的隐私保密的习惯，但是你又需要偶尔去拜访一下它，那么可以在“隐私”选项卡下单击“编辑”按钮，在设置框中输入这些信誉差的网站地址，单击“拒绝”按钮，这些网站的 Cookies 就会被 IE6 拒之门外。

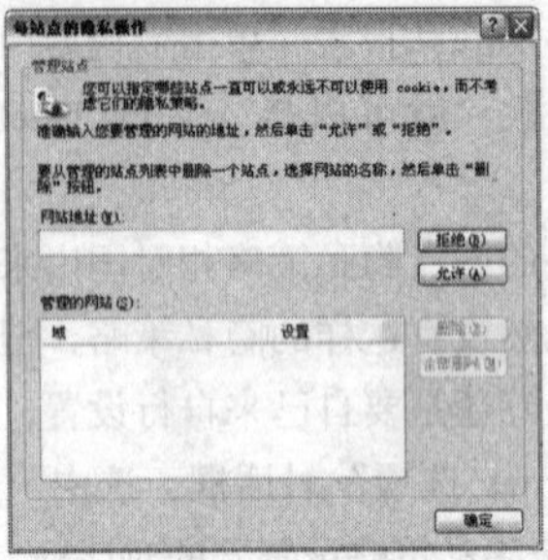

58. 修改 IE 浏览器中的搜索引擎

由于 IE 浏览器中自带的搜索引擎不够专业，为了在使用搜索引擎时，用户能够更加方便、快捷地找到需要的资源，可以按照如下方法进行修改。

1）打开注册表，依次展开“HKEY_LOCAL_MACHINE\Software\Microsoft\Internet Explorer\Search”。

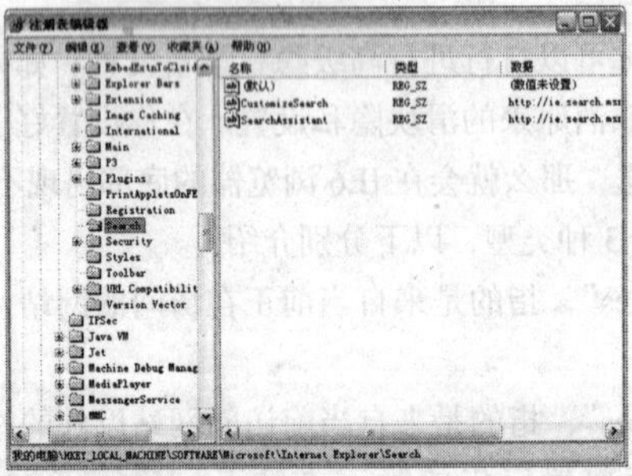

2.）在右侧窗口中，用鼠标右键单击“CustomizeSearch”值，在弹出的快捷菜单中选择“修改”命令，打开“编辑字符串”对话框，将“数值数据”文本框中默认的改为“http://www. baidu.com”。

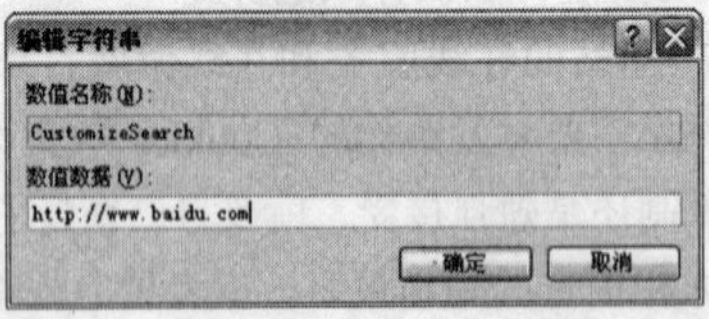

3）单击“确定”按钮，采用同样的方法把“SearchAssistant”改为我们定义的搜索引擎，如“http://www. baidu.com”。

4）单击“确定”按钮，关闭“注册表编辑器”，以后当用户每次点 IE 的搜索引擎时，即可自动调出用户定义的搜索引擎“百度”。

59. IE 反修改技巧

许多的网站采取非常恶劣的手段，当用户访问过它们的网页后，不仅 IE 默认首页被篡改了，而且每次开机后 IE 都会自动弹出访问该网站。IE 被篡改了，怎么办呢？下面给大家介绍一些基本的恢复方法。

（1）恢复已修改主页。

1）执行“开始\运行”命令，在其对话框中键入“regedit”，启动注册表编辑器。

2）依次展开“HKEY_CURRENT_USER\Software\ Microsoft\Internet Explorer\main”。

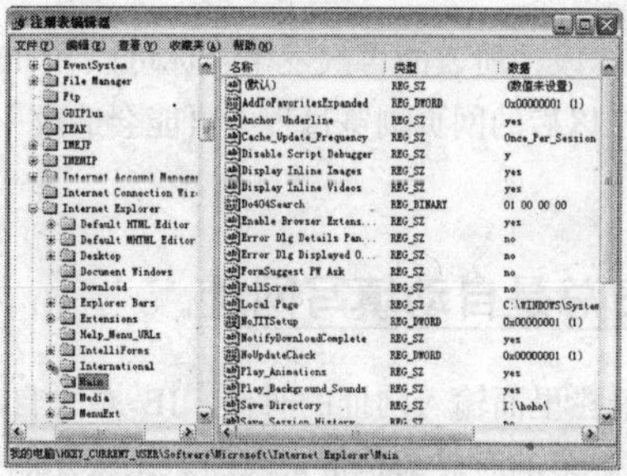

3）在右边的窗口中找到 Start Page 的键值，这里面的值就是存放的 IE 浏览器的默认主页。

（2）清除默认启动页面。

某些恶意的网站会在某个文件夹下建立 Windows 默认启动程序，当 Windows 启动后，我们会发现这个网页会自动打开，但是在“开始\程序\启动”中却找不到，这该怎么办呢？以下有两种方法可以帮你解决这个难题。

方法一：在注册表编辑器中，展开“HKEY_CURRENT_USER\Software\Microsoft\Windows\CurrentVersion\Run”，删除“Run”键下面的相应项就可以了。

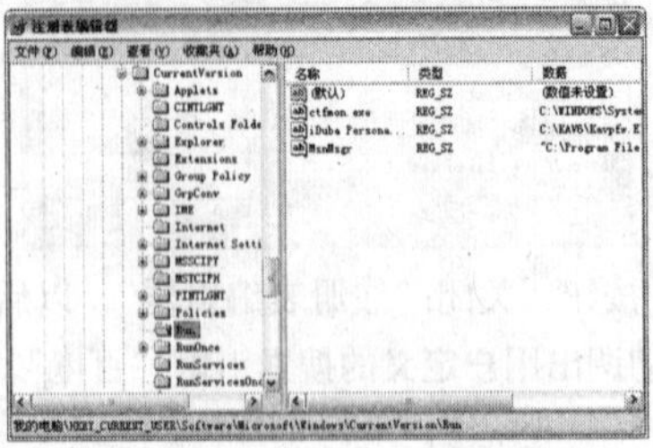

方法二：执行“开始\运行”命令，在其对话框中输入“msconfig”，进入“系统配置实用程序”界面，将“启动”菜单下面相应的那个网站前面的“√”去掉，重新启动计算机就可以了。

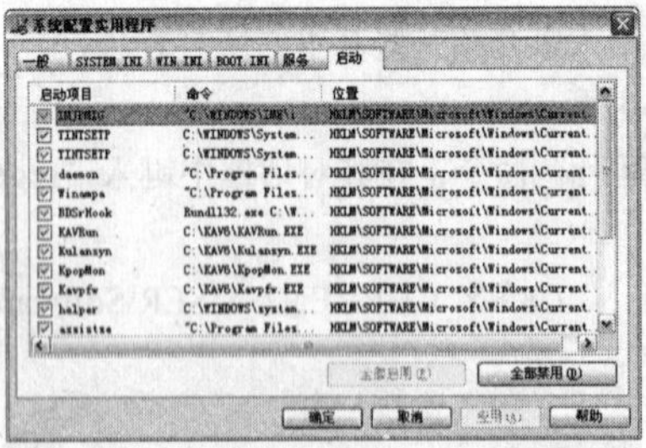

要避免此类恶意修改注册表的再次发生，你可以在 IE 的安全属性设置中禁掉 ActiveX，当然在以后的网页浏览过程中可能会造成一些正常使用 ActiveX 的网站无法浏览。

60. 为何 IE 总是自动填写网址

使用 IE，在地址栏里面输入网址的时候，IE 总是自动帮我填写网址，有时候能提供方便，但更多的时候却是带来麻烦。怎么才能关闭这种自动帮忙输入网址的功能?

要解决这个问题，可按以下步骤操作：

1）在 IE 窗口中单击“工具”菜单，在弹出的下拉菜单中选择“Internet 选项”命令，打开“Internet 选项”对话框。

2）在“Internet 选项”对话框中选择“内容”选项卡，在“个人信息”栏下单击“自动完成”按钮，弹出“自动完成设置”对话框。

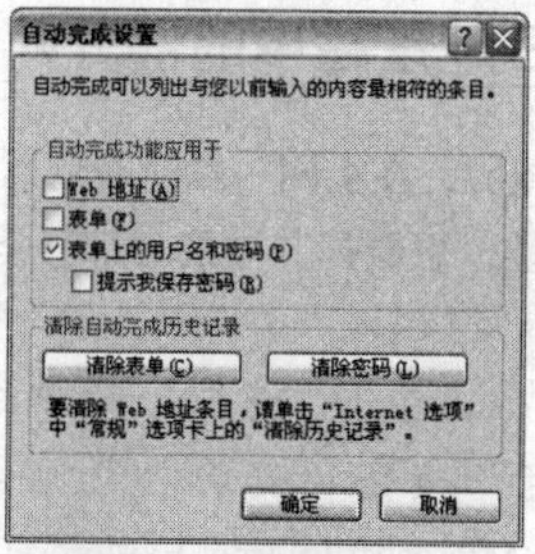

3）在弹出的“自动完成设置”对话框中，把“自动完成功能应用于”栏下的“Web 地址”功能选项取消勾选，单击“确定”按钮即可。

61. 如何取消自动输入密码功能

有一次在收邮件时，刚输入完用户名和密码后便弹出一个窗口询问“是否保存密码”，由于没有太在意，随手就单击了“确定”按钮。结果后来不管是谁，只要是用这台电脑上网，打开邮箱的网站不需要输入用户名和密码就可以自动登录到我的信箱，这样太没有安全感了，如何将保存在电脑中的密码删除?

要删除密码其实也不难，在 IE 窗口中单击“工具”菜单，在弹出的下拉菜单中选择“Internet 选项”命令，打开“Internet 选项”对话框。接着选择“内容”选项卡，在“个人信息”栏下单击“自动完成”按钮，弹出“自动完成设置”对话框。

然后，在“Internet 选项”对话框中的“清除自动完成历史记录”栏下单击“清除表单”按钮，便会弹出一个“Internet 选项”对话框，单击“确定”按钮，即可清除用户名，如下图所示。

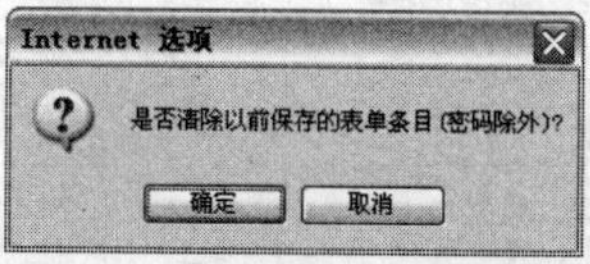

最后，在“自动完成设置”对话框的“清除自动完成历史记录”栏下单击“清除密码”按钮，也会弹出一个“Internet 选项”的对话框，单击“确定”按钮即可清除以前保存的所有密码，如下图所示。

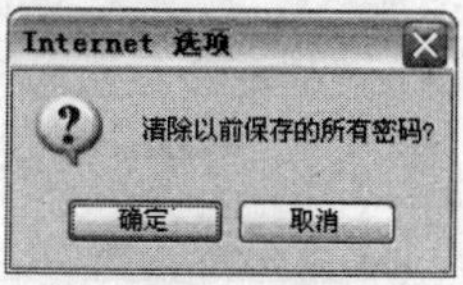

62. 如何删除 IE 地址栏中的部分网址记录

大家可能都有这样的经历，在上网一段时间后，IE 地址栏的下拉菜单中保存了一些以前访问过的网址，想删掉其中的一部分但不知道从何下手，怎么才能删除呢？

1）打开“开始”菜单，单击“运行”命令，在弹出的运行框中键入“Regedit”，单击“确定”按钮，打开注册表编辑器，找到“HKEY_CURRENT_USER\ Software\Microsoft\Internet Explorer\TypedURLs”，如下图所示。

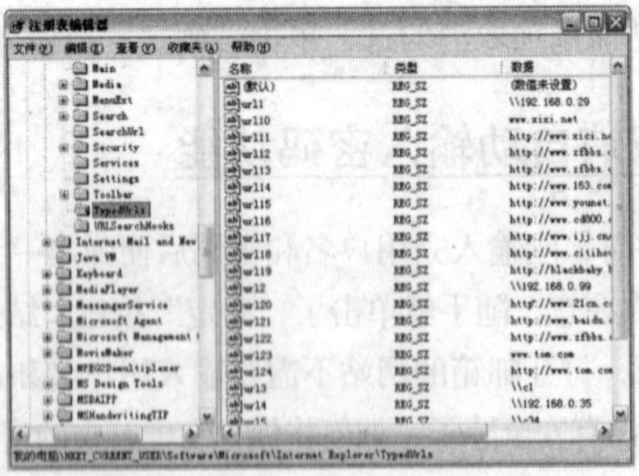

2）在右边窗口中找到想要删除的记录如“西祠胡同”的网址，将其前面对应的名称“url 10”选中，然后在“注册表编辑器”主窗口的工具栏中单击“编辑”菜单，在弹出的下拉菜单中选择“删除”命令。

3）随后便会弹出“确认数值删除”对话框，单击“是”按钮即可，再次打开 IE 的地址列表发现其中的“西祠胡同”的地址已经不存在了。

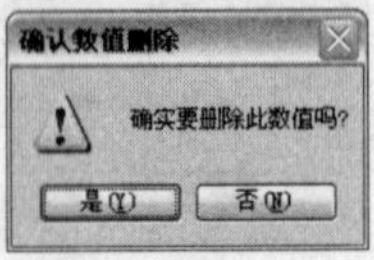

63. 为何 IE 窗口不能自动最大化

在上网的时候，打开 IE 浏览器，可是 IE 窗口不能最大化，如何才能让电脑每次打开 IE 浏览器后，其窗口能自动最大化呢？

一般来讲，解决这个问题有两个方法：

（1）用鼠标右键单击“IE 快捷方式”图标，在随后弹出的快捷菜单中选择“属性”选项，系统便会自动弹出“启动 Internet Explorer 浏览器属性”的对话框。

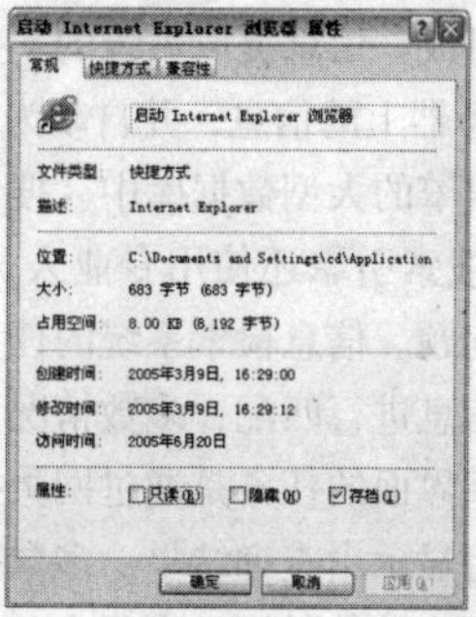

在“启动 Internet Explorer 浏览器属性”对话框的“快捷方式”选项卡中，找到“运行方式”项，在其后面的下拉菜单中选择“最大化”选项，单击“确定”按钮即可，如下图所示。

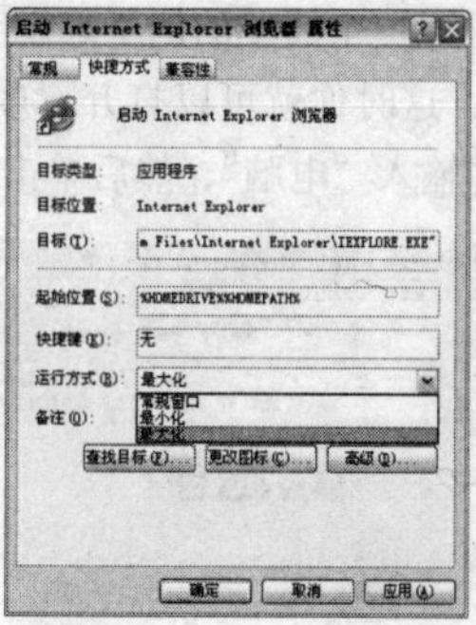

（2）打开 IE 浏览器，先把鼠标光标移动到 IE 浏览器的边框上（出现双向箭头时），按下鼠标左键把窗口拖到和显示器窗口一样大小（最大），然后关闭 IE 浏览器，下次打开的时候 IE 就会自动按照拖动的大小打开，也就是自动最大化了。

提示!!

最后关闭的 IE 窗口必须是那个扩大的窗口，这样 IE 才能记住窗口拖动的大小，否则 IE 再次打开时没有效果。

64. 什么是搜索引擎

搜索引擎由存放信息的大型数据库、信息提取系统、信息管理系统、信息检索系统和用户检索界面组成。信息提取系统的主要任务是在因特网上主动搜索 WWW 服务器或新闻服务器上的信息，并自动为它们制作索引，索引内容甚至信息本身则存放在搜索引擎的大型数据库中。搜索引擎管理系统的任务是对信息进行分类处理，有些搜索引擎还使用专业人员对信息进行人工分类和审查，以保证信息没有质量问题。信息检索系统的任务将用户输入的检索词与存放在大型数据库系统中的信息进行匹配，多数情况下还需要根据内容对检索结果进行排序。搜索引擎检索界面的任务是通过网页接收用户的查询请求，用户输入查询内容后，网页上将显示出查询结果。多数搜索引擎的检索界面都相差无几。在 Internet 上具有搜索功能的网站有很多，如新浪、搜狐等，这些网站都为用户提供了信息搜索服务。

搜索引擎其实也是一个网站，专门为你提供信息“检索”服务，它使用特有的程序把因特网上的所有信息归类以帮助人们在浩如烟海的信息海洋中搜寻到自己所需要的信息。这里以一个简单的例子来说明，如果你需要买电脑，可又不知道具体的市场行情，这时你就可以打开百度“http://www.baidu.com”，在搜索引擎的文本输入框中输入“电脑”，然后单击“百度搜索”按钮。

随后百度立刻会为你搜索出网上和电脑相关的网站信息，你只要单击搜索结果的网站即可进入它的网站浏览，如下图所示。

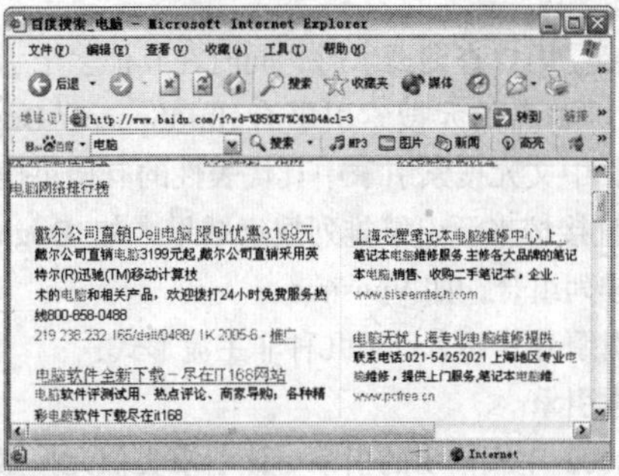

65. 搜索引擎的分类

搜索引擎按其工作方式主要可分为 3 种，分别是全文搜索引擎（Full Text Search Engine）、目录索引类搜索引擎（Search Index/Directory）和元搜索引擎（Meta Search Engine）。

（1）全文搜索引擎。

全文搜索引擎是名副其实的搜索引擎，国外最具代表性的有 Google、Fast/AllTheWeb、AltaVista、Inktomi、Teoma、WiseNut 等，国内著名的有百度（Baidu）。它们都是通过从互联网上提取的各个网站的信息（以网页文字为主）而建立的数据库中，检索与用户查询条件匹配的相关记录，然后按一定的排列顺序将结果返回给用户。

从搜索结果来源的角度，全文搜索引擎又可细分为两种，一种是拥有自己的检索程序（Indexer），俗称“蜘蛛”（Spider）程序或“机器人”（Robot）程序，并自建网页数据库，搜索结果直接从自身的数据库中调用，如上面提到的 7 家引擎；另一种则是租用其他引擎的数据库，并按自定的格式排列搜索结果，如 Lycos 引擎。

（2）目录索引。

目录索引虽然有搜索功能，但在严格意义上算不上是真正的搜索引擎，仅仅是按目录分类的网站链接列表而已。用户完全可以不用进行关键词（Keywords）查询，仅靠分类目录也可找到需要的信息。目录索引中最具代表性的莫过于大名鼎鼎的 Yahoo（雅虎）。其他著名的还有 Open Directory Project（DMOZ）、LookSmart、About 等。国内的搜狐、新浪、网易搜索也都属于这一类。

（3）元搜索引擎。

元搜索引擎在接受用户查询请求时，同时在其他多个引擎上进行搜索，并将结果返回给用户。著名的元搜索引擎有 InfoSpace、Dogpile、Vivisimo 等（元搜索引擎列表），中文元搜索引擎中具代表性的有搜星搜索引擎。在搜索结果排列方面，有的直接按来源引擎排列搜索结果，如 Dogpile，有的则按自定的规则将结果重新排列组合，如 Vivisimo。

除上述 3 大类引擎外，还有以下几种非主流形式：

（1）集合式搜索引擎。

如 HotBot 在 2002 年底推出的引擎。该引擎类似元搜索引擎，但区别在于不是同时调用多个引擎进行搜索，而是由用户从提供的 4 个引擎当中选择，因此叫它“集合式”搜索引擎更确切些。

（2）门户搜索引擎。

如 AOL Search、MSN Search 等虽然提供搜索服务，但自身既没有分类目录也没有网页数据库，其搜索结果完全来自其他引擎。

（3）免费链接列表。

这类网站一般只简单地滚动排列链接条目，少部分有简单的分类目录，不过规模比起 Yahoo 等目录索引来要小得多。

66. 常用搜索引擎有哪些

搜索引擎其实也是一个网站，只不过该网站专门为你提供信息“检索”服务，它使用特有的程序把因特网上的所有信息归类以帮助人们在浩如烟海的信息海洋中搜寻到自己所需要的信息。常用的搜索引擎有如下几个：

百度：http://www.baidu.com

Google：http://www.google.com

搜狐搜索：http://dir.sogou.com

yahoo：http://cn.yahoo.com

3721：http://www.3721.com

新浪：http://search.sina.com.cn

67. 分类目录型的检索

分类目录型的检索，就是指将所有的网站或者网页分门别类地罗列在一起，方便大家查找。下面以查找冰心的散文来给你说明一下如何使用目录式搜索，具体的操作步骤如下：

1）打开 IE 浏览器，在地址栏中输入“http://www. sina.com.cn”，进入新浪网的中文主页。

2）在其主页中，选择“搜索”按钮进入新浪网的搜索页面，选择“分类目录”选项，在网页的下方会出现许多已经分类的网页链接。

3）在“文学”这个类别中，单击“散文”超级链接进入如下的页面。

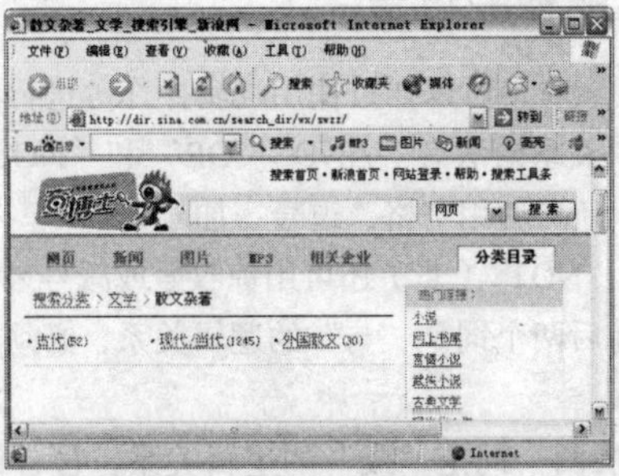

4）在该页面中单击“现代/当代”超级链接，在打开的页面中找到作家冰心的相应的链接。

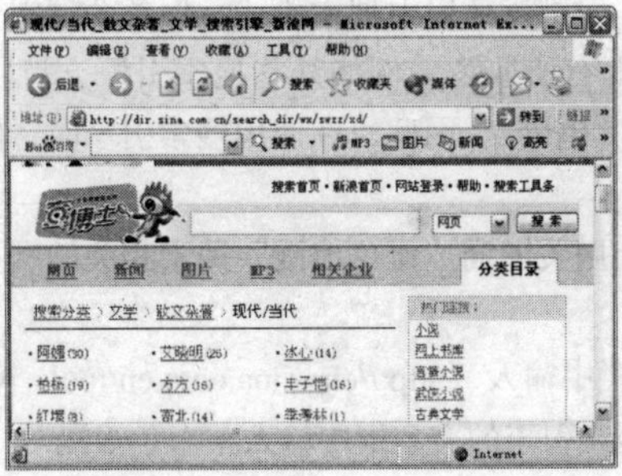

5）单击“冰心”这个超级链接后，系统会自动弹出一个页面，其中罗列的都是有关冰心作品的链接。

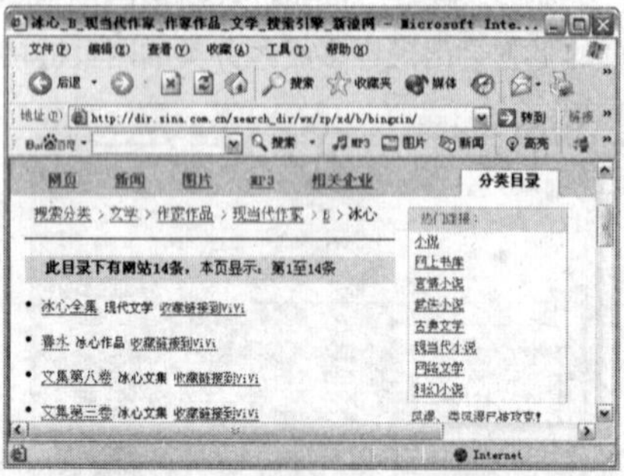

6）选择你需要找的链接后，用鼠标单击后即可进入其中的页面了。

68. 基于关键词的检索

在使用关键词搜索时，可以通过使用逻辑操作等进行多个关键词查询。搜索引擎中常用的逻辑关系语法有“AND”“OR”和“NOT”。在填写搜索关键词时，“AND”（与）还可使用空格、逗号、加号和“&”来表示；“OR”（或）还可用“/”来表示；“NOT”（非）还可用惊叹号或减号来表示。

“AND”：表示前后两个词是“与”的逻辑关系，必须同时包含用户所有关键词才满足要求。

“OR”：表示前后两个词是“或”的逻辑关系，包含任意一个关键词就满足要求。

“NOT”：表示不包含的意思。

各种搜索引擎一般都支持以上搜索语法，但各个搜索引擎本身又有各自的特点，在具体功能上有所取舍。例如某些搜索引擎支持同义词模糊匹配。如“计算机”可以匹配“电脑”。因此，在使用搜索引擎时，应该阅读网站提供的帮助信息。

如要在新浪网上用关键词“血色浪漫”搜索相关的网页或网站，其具体的操作步骤如下：

1）在 IE 地址栏中输入“http://cha.sina.com.cn/tools /webpage”，进入新浪网的搜索首页，在搜索引擎的文本框中输入“血色浪漫”，如图所示。

2）单击“搜索”按钮，弹出“搜索结果”页面。在页面的下方罗列出了许多包含这个关键字的网站或者网页的链接。

3）在网站的结果中，单击其中任意一个超级链接，就可以进入相应的网页中进行查看了。

> 提示!! 在文本框中输入的关键词对于搜索结果是相当重要的，用户一定要仔细考虑。

有些搜索引擎进行全文检索时，采用的是精确查询方式，即查找文中是否出现过完整的关键词。例如键入“中国北京”，会找出包含“中国北京”的网站或网页，但是会忽略包含“中国首都北京”的网站。

69. 选择搜索引擎的方法

现在互联网上大大小小的搜索引擎大约有几百个之多，而且每个都声称自己是最好的。如果毫无选择地乱用，只会是事倍功半，甚至越搜索越糊涂。

选择什么样的搜索工具才算得上恰当呢？一般来说，有以下几条判断标准。

（1）搜索引擎的更新速度。

查询速度当然是搜索引擎的重要指标，优秀的搜索工具内部应该有一个含时间变量的数据库，能保证所查询的信息都是最新的和最全面的。这是衡量一个搜索引擎好坏的重要指标。

（2）搜索引擎的准确性。

准确性高是我们使用搜索引擎的宗旨。好的搜索引擎内部应该含有一个相当准确的搜索程序，搜索精度高，查到的信息总能与我们的要求相符。

（3）搜索引擎的易用性。

易用性也是我们选择搜索引擎的参考标准之一，一个搜索引擎是否能搜索整个互联网，而不仅仅限于万维网？搜索结果出来之后，我们能改变描述的长短或者改变显示结果页面的数量吗？能否实现这些功能，应该是选择搜索引擎的重要考虑因素。

（4）搜索引擎的功能是否完善。

理想的搜索引擎应该既有简单查询的能力，也应该有高级搜索的功能。高级查询最好是图形界面，并带有选项功能的下拉菜单，可以使用像“AND”（或“&”号）、“OR”（或“|”号）、“NOT”（或“!”号）等操作符来连接词或词组，这样可以缩小搜索范围，甚至可以限定日期、位置、数据类型等。

70. 搜索引擎的查找方法

各个搜索引擎都提供一些方法来帮我们精确地查询内容，使之符合我们的要求。不同的搜索引擎，提供的查找技巧和实现的方法各有不同，但一些常见的技巧如出一辙。

（1）简单信息查找。

简单查找是最常用的方法，当我们输入一个关键词时，搜索引擎就把包括关键词的网址和与关键词意义相近的网址一起反馈给我们。例如，查找“科技”一词时，模糊查找就会把“科学”“科委”“技术”等内容的网址一起反馈回来。

（2）使用双引号进行精确查找。

简单查找往往会反馈回大量不需要的信息，如果查找的是一个词组或多个汉字，最好的办法就是将它们用双引号括起来（即在英文输入状态下的双引号），这样得到的结果最少、最精确。例如在搜索引擎的 Search（查询）框中输入带双引号的“电脑技术”，就等于告诉搜索引擎只反馈回网页中有“电脑技术”这几个关键字的网址，这会比输入不带双引号的“电脑技术”得到更少、更好的结果。

（3）使用加减号限定查找。

很多搜索引擎都支持在搜索词前冠以加号（+）限定搜索结果中必须包含的词汇，用减号（-）限定搜索结果不能包含的词汇。例如：要查找的内容必须同时包括“盐城、信息、网络”3 个关键词时，就可用“盐城+信息+网络”来表示。再例如要查找“电脑”，但必须没有“技术”字样，就可以用“电脑-技术”来表示。

（4）使用逻辑词辅助查找。

比较著名的搜索引擎都支持使用逻辑词进行更复杂的搜索设定，常用的有 AND（和）、OR（或）、NOT（否，有些是 AND NOT）及 NEAR（两个单词的靠近程度），恰当应用它们可以使结果非常精确；另外也可以使用括号将搜索词分别组合，如要查找的内容必须同时包括“Computer、information、network”3 个关键词时，就可用“Computer AND information AND network”来表示。

提示!! 输入代表逻辑关系的字符时，一定要用半角。

71. 使用百度搜索引擎在指定网站内搜索

在百度这个搜索引擎中，能够支持在某个网站内搜索。在一个网址前加“site:”，可以限制只搜索某个具体网站、网站频道或某域名内的网页。具体操作步骤如下：

1）在对话框中输入“电话 site:www.baidu.com”，这表示在“www.baidu.com”网站内搜索和“电话”相关的资料。

2）随后单击“百度搜索”按钮，在其下方就会罗列出许多符合这个搜索条件的信息，你可以在这些信息中找到自己所需要的资料。

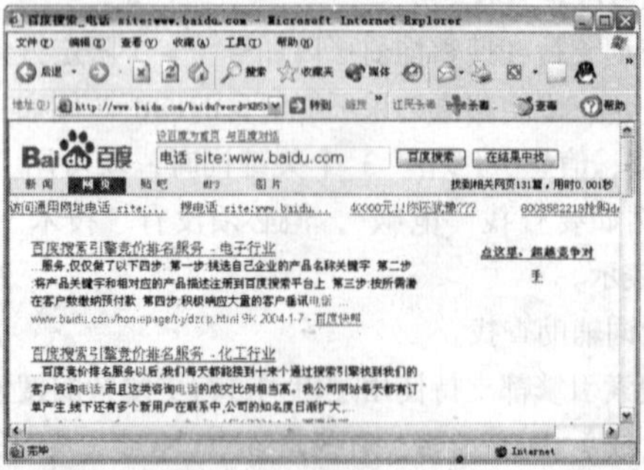

提示!!

搜索关键词在前，“site:”及网址在后；关键词与“site:”之间须留一个空格隔开；“site”后的冒号“:”不分半角和全角，百度搜索引擎会自动辨认。“site:”后不能有“http://”前缀或“/”后缀，网站频道只局限于“频道名.域名”方式，不能是“域名/频道名”方式。